Fidelis Ruppert

Älter werden –
weiterwachsen

Fidelis Ruppert

Älter werden –
weiterwachsen

Vier-Türme-Verlag

Bibliographische Information der Deutschen Nationalbibliothek

Die Deutsche Nationalbibliothek verzeichnet diese Publikation in der Deutschen Nationalbibliographie. Detaillierte bibliographische Daten sind im Internet über http://dnb.d-nb.de abrufbar.

2. Auflage 2015
© Vier-Türme GmbH, Verlag, Münsterschwarzach 2013
Alle Rechte vorbehalten

Lektorat: Marlene Fritsch
Umschlagfoto: Dr. Matthias E. Gahr © Vier-Türme-Verlag
Druck und Bindung: Friedrich Pustet KG, Regensburg
ISBN 978-3-89680-846-2

www.vier-tuerme-verlag.de

Inhalt

Einführung

Ist man so alt, wie man sich fühlt? 7

1. Das Alter als Chance

Rechtzeitig das Alter entdecken 11

Ins Alter hineinreifen 19

Wenn die Reife des Alters verfehlt wird 30

Hindernisse aus dem Weg räumen 35

2. Durch die Vergangenheit in die Zukunft

Danken lernen 44

Gewohntes abgewöhnen 48

Erfolg relativieren 54

Eigenes Versagen wahr-nehmen 60

Schmerzen der Vergangenheit zulassen 64

Verzeihen können 73

3. Befreiende Schritte beim Älterwerden

»Ich bin so frei!« – und lasse los 82

»Die Älteren ehren – die Jüngeren lieben« 98

Kann ein alter Schoß (noch) fruchtbar sein? 111

Wird man im Alter frömmer? 120

Hauptsach' g'sund!? 130

Den Tod täglich vor Augen haben – wachsam
leben und sterben 146

Schlussbetrachtung

Das ganze Leben: neu werden – hinüberwachsen 160

Anhang

Zurücktreten und weitergehen –
Interview mit Klaus Hofmeister über die Zeit
nach dem Ausscheiden aus dem Amt des Abtes 169

Quellen- und Literaturverzeichnis 190

Anmerkungen 197

Einführung

Ist man so alt, wie man sich fühlt?

Vor einigen Jahren habe ich bei unseren Mitbrüdern in Tansania an einer Geburtstagsfeier teilgenommen. Der ehemalige Abt – er stammte aus Münsterschwarzach – war 80 Jahre alt geworden. Ein junger afrikanischer Mitbruder hielt eine schwungvolle Ansprache über das Älterwerden in Afrika. Er sagte, traditionell unterscheide man drei Arten von Alten:

Zunächst der »mzee kijana« – der junge Alte. Das ist einer, der nicht wirklich alt geworden ist. Er hat sich nicht entwickelt, er ist unreif geblieben und lebt auch jetzt noch entsprechend. »Junger Alter« ist deshalb kein Lob, sondern es ist spöttisch und abwertend gemeint, als Kritik an einem Menschen, der seinen Charakter nicht entfaltet hat und nicht reif geworden ist.

Die zweite Art von Alten sind jene, die aus ihrem Leben etwas gemacht und Erfahrung gesammelt haben. Diese Erfahrungen können sie jetzt an die Jüngeren weitergeben und so für sie zu »advisors«, zu Ratgebern werden.

Die dritte Art von Alten ist der »mzee wa Mungu« – der »Gottesalte«, einer, der in besonderer Weise mit Gott verbunden ist. Durch diese besondere Verbundenheit bringt er Segen in die Gemeinschaft.

Es geht also in der afrikanischen Gesellschaft nicht darum, dass jemand möglichst lange jung bleibt – weder äußerlich noch innerlich –, sondern dass er bewusst die Qualitäten eines Alten, einer Alten entwickelt, was sich vor allem in Lebensweisheit und Gottverbundenheit zeigt.

Im Gegensatz dazu hat sich in unseren Breiten der Spruch festgesetzt: »Man ist so alt – oder so jung –, wie man sich fühlt.« Meistens sagt das jemand, wenn er auf sein Alter angesprochen wird, es ihm aber wichtig ist zu betonen, dass er *eigentlich* ja noch viel jünger ist, weil er sich eben jünger fühlt und vom Alter noch nichts wissen will. Man verdrängt damit die Tatsache, dass man *eigentlich* doch schon älter ist, als man sich fühlt. Es ist schön, wenn man in vorgerücktem Alter noch bei guter Gesundheit ist und geistige Frische hat. Aber ist es klug, das eigentliche Alter zu ignorieren und damit auch die wichtigen Fragen, die jetzt lebensgeschichtlich anstehen?

Der Philosoph Gerd Achenbach hat sich intensiver mit diesem Spruch befasst[1] und festgestellt, dass sich in einer mehrbändigen Sammlung von Sprichwörtern aus dem 19. Jahrhundert mehr als 500 Sprichwörter und Redensarten mit dem Alter und dem Altwerden befassen. Er konstatiert: »Keine einzige der zusammen 522 volkstümlichen Redensarten aber erinnert auch nur von fern an jenen uns Heutigen geläufigen Gemeinspruch, man sei so alt, wie man sich fühlt! (...) Diese Überzeugung muss neuesten Datums sein, das heißt, wir haben es hier offenbar mit einer genuin modernen Volksweisheit zu tun – wobei freilich noch zu prüfen ist, ob die Neuerwerbung eine ehrwürdige ›Weisheit von der Gasse‹[2] ist oder eine Gassenweisheit.« Nicht jeder Spruch, der flott und gekonnt klingt, muss auch Ausdruck echter Lebensweisheit sein. Das gilt auch für diesen.

Bei den Sprichwörtern, die Achenbach erwähnt, geht es normalerweise um die Würde oder um Probleme des Alters. Es gibt auch Worte, die sich darüber lustig machen, wenn jemand sein Alter nicht akzeptieren will. So zitiert Achenbach ein Epigramm von Andreas Gryphius: »Man lacht nicht, weil du alt, glaub mir; man lacht allein, weil du, die doch so alt, durchaus nicht alt willst sein.« Mein junger afrikanischer Mitbruder würde dem sofort zustimmen und sagen, Gryphius habe hier vom »mzee kijana« geredet. Dasselbe gilt auch von folgendem Zitat: »Mancher Graukopf steckt noch in der Bubenhaut und geht sein Lebtag in Kinderschuhen.« Äußerlich ist jemand alt und grau geworden, aber er wirkt noch unreif und unerwachsen, als hätte er im Leben nichts dazugelernt. Es macht sich nicht bezahlt, sein wahres Alter zu verdrängen. Man tut sich selbst keinen Gefallen, weil man so die Chance verpasst, sein Alter und damit eine entscheidende Lebensphase fruchtbar zu gestalten. Arthur Schopenhauer zitiert in seinen »Aphorismen zur Lebensweisheit« ein Wort von Voltaire: »Wer nicht den Geist hat, der seinem Alter entspricht, hat seines Alters ganzes Ungemach.« Und Gerd Achenbach kommentiert dazu: »Man sieht: Während es einmal für klug galt, seinem wirklichen Alter gemäß zu sein, und während sich dies außerdem mit allerlei Erwartungen verband, die zu erfüllen waren, (...) scheint für den Zeitgenossen, für die Allerweltsausgabe desselben jedenfalls, allein die Anstrengung zu bleiben, sich für jung zu geben.« Es ist ein Ausdruck von Reife, wenn jemand die Chancen und Gefahren der jeweiligen Lebensphase erkennt und sie auf die Zukunft hin zu nutzen weiß.

Es scheint also an der Zeit zu sein, sich wieder nach dem tieferen Sinn des Alters zu fragen und Wege zu suchen, um diesen abschließenden und »krönenden« Abschnitt unseres Lebens sinnvoll zu gestalten. Vielleicht sind heute deshalb so viele vom Jugendwahn besessen, weil uns das positive Bild der reifen und weisen Alten abhanden gekommen ist.

Daher soll es in diesem Buch vor allem darum gehen, sich in alten Traditionen – in christlichen und außerchristlichen –, aber auch in den Zeugnissen von Zeitgenossinnen und Zeitgenossen nach Modellen und Erfahrungen umzusehen, die einen tieferen Sinn des Alters erschließen und attraktive Ziele und neue Wege für die Phase des Alterns aufzeigen. Es wird auch darum gehen, wie bisherige Lebensphasen gut verabschiedet oder neu integriert werden können, damit sie das Weitergehen nicht belasten, sondern zur Fruchtbarkeit des Alters beitragen können.

Die folgenden Ausführungen sind aus Kursen, die ich in Münsterschwarzach gehalten habe, erwachsen. Sie trugen den Titel: »Älter werden und weiterwachsen«. Ich habe sie mit Franz Troppmann entwickelt, der dabei viel von seiner beruflichen Erfahrung in psychologischer Beratung eingebracht hat. In diesen Kursen haben wir mit Menschen im Pensions- und Rentenalter, aber auch mit solchen, die sich rechtzeitig auf diese Lebensphase einstellen wollten, über die Themen reflektiert und sind dabei oftmals in einen sehr offenen persönlichen Austausch gekommen, der alle Beteiligten bereichert hat.

Auch meine Mitbrüder Pater Udo Küpper und Pater Meinrad Dufner haben in der Leitung der Kurse wesentlich zur Vertiefung dieser Thematik beigetragen, besonders zu dem Thema: »Betend älter werden«. Es zeigte sich immer deutlicher, wie sehr Beten – zumindest für gläubige Menschen – ein entscheidendes Vehikel für den Weg durchs Alter und hinein in ein neues Leben ist, wobei die wesentliche Frage war, was Beten und Glauben dann wirklich heißt und welches die passenden Formen sein können. Wenn wir solche Kurse gemeinsam halten, leisten wir nicht nur anderen Menschen einen Dienst, sondern diese Kurse befruchten auch unser eigenes und gemeinsames Älterwerden im Kloster.

Die Basis der vorliegenden Ausführungen bildet vor allem meine eigene Erfahrung mit diesen Themen sowie die reichen Erfahrungen der Mönchstradition, in der wir stehen, aber auch Begegnungen mit anderen Kulturen, besonders in Afrika. Es wird sich zeigen, dass Erfahrungen aus Traditionen, die von unserem aktuellen mitteleuropäischen Lebensgefühl etwas weiter entfernt sind, sehr gut in unsere heutige Zeit hineinpassen und uns »neue alte« Perspektiven eröffnen können. Ein besonderer Dank gilt auch der Lektorin, Frau Marlene Fritsch, die mein Schreiben immer wieder ermutigt und professionell begleitet hat.

1. Das Alter als Chance

Rechtzeitig das Alter entdecken

»Wer alt werden will, muss rechtzeitig damit anfangen«, lautet ein bekanntes Sprichwort. Ich selbst habe mit vierzig Jahren angefangen, ernsthaft an das Alter zu denken – nicht, weil ich das beschlossen hätte, sondern weil meine Lebensumstände mich dazu gezwungen haben. Von diesem inneren Prozess möchte ich hier einiges mitteilen, weil ich vermute, dass die meisten Menschen solche Erfahrungen und Überlegungen kennen.

Es war in der Lebensmitte; innerlich und äußerlich fühlte sich für mich vieles chaotisch an. Damals wurden viele Bücher über die Krise in dieser Lebenszeit veröffentlicht. Vorher war dieses Thema in der breiten Öffentlichkeit weitgehend unbekannt. Meist ging es in diesen Büchern darum, dass diese Krise ihre Ursache darin hat, dass im bisherigen Leben viel aufgebaut und erreicht wurde, aber der Eindruck entsteht, dass das noch nicht die Erfüllung jener Sehnsucht ist, die tiefer im Herzen lebt. Auch ich fragte mich: Ist etwas Neues »dran«, etwas Tieferes, etwas »Richtigeres«? Und wenn ja: Was bedeutet das für einen Mönch, der schon seit Jahren auf einem geistlichen Weg ist, sich jetzt aber als verunsichert erlebt?

1978 – das war nicht nur für mich eine schwierige Zeit. Viele, mit denen ich einige Jahre zusammengelebt hatte, verließen die Gemeinschaft. Diese »Austrittswelle« konnte man auch in anderen Klöstern beobachten. Vieles, was bisher getragen hatte, trug nicht mehr, und Neues war oft noch nicht in Sicht.

Ich erinnere mich noch gut, wie ich an meinem vierzigsten Geburtstag völlig hilflos in meiner Klosterzelle saß und nicht wusste, wie es weitergehen sollte. Allerdings gab es schon eine dunkle Ahnung, dass das nicht das Ende, sondern irgendwie ein neuer Anfang sein könnte, obwohl sich noch nichts Konkretes zeigte. Das hing damit zusammen, dass ich kurz zuvor Johannes Tauler (gestorben 1361) entdeckt hatte, der mir mit seiner schlichten und tiefsinnigen Sprache neue Perspektiven für mein Leben eröffnete und mich noch lange begleitete. Ich war in einem Zeitschriftenartikel[3] auf ihn gestoßen, und vor allem seine Ausführungen über die Krise um das vierzigste Lebensjahr waren für mich wie eine Erleuchtung.

Als ich Tauler las, wurde mir deutlich, dass es jetzt nicht darum ging, *etwas ganz anderes zu tun* oder gar den Lebensweg zu ändern, sondern darum, *das Bisherige anders zu tun*, eine neue und tiefere Perspektive und Motivation zu entdecken. Ich witterte Morgenluft. Zusammen mit Pater Anselm Grün konnte ich damals diese neuen Entdeckungen bei einem Besinnungstag unserer Gemeinschaft vorstellen. Es war uns, als ob die Krise, unter der wir damals alle litten, eine neue Botschaft beinhalte. Es war, als hätte sich uns ein Tor in die Zukunft geöffnet.[4]

In dieser Zeit entdeckte ich auch ein Buch von Josef Goldbrunner mit Ausführungen zu den Lebensaltern.[5] Ein kleines Diagramm aus diesem Buch blieb mir im Gedächtnis haften und hat mich seither begleitet:

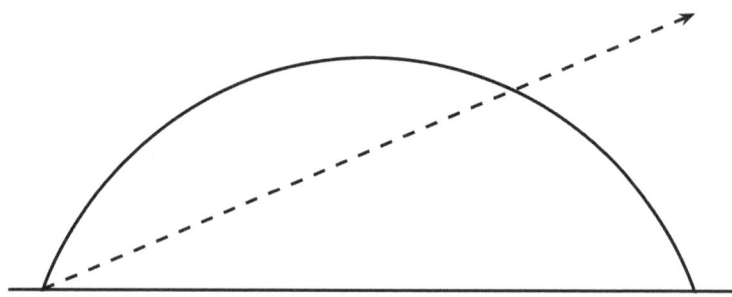

Das Diagramm beschreibt die Dynamik unseres Lebens: Der Lebensbogen steigt zunächst auf und fällt dann unweigerlich abwärts. Das ist sozusagen der äußere Verlauf des Lebens. Der Pfeil dagegen zeigt die geistige Entwicklung des Menschen an. Diese kann weiter steil nach oben gehen, auch wenn der äußere Lebensbogen abwärts fällt. Und gerade dort, wo der Lebensbogen nach der Mitte und auf dem Zenit zu fallen beginnt, stößt der Pfeil, der die geistige Entwicklung beschreibt, in eine neue Freiheit. Hier geht es nicht um Erfolg und Leistung, sondern um einen inneren Weg, einen transzendenten Sinn, der nicht mit äußerem Tun und äußeren Aufgaben identisch ist.

Ich war damals zwar nicht an äußerem Erfolg oder irgendeiner Karriere interessiert, aber ich war voll mit aktuellen und oft sehr schmerzlichen Problemen befasst, die eine tiefere Perspektive verdeckten oder sie nur sehnsüchtig ahnen ließen, ohne dass eine Möglichkeit bestand, an jenen Stellen wirklich tiefer zu graben.

Aber was heißt das eigentlich? Einem Mönch, zumal einem, der schon zwanzig Jahre im Kloster ist, hätte das eigentlich klar und selbstverständlich sein müssen. War es aber nicht. Ich kann auch im Kloster auf einem Weg sein, der eigentlich kein Weg ist, sondern eher ein Raum, in dem ich mich bewege, statt auf einem Weg, der – wie im Diagramm – in immer neue Weiten hinein tendiert. Das meint: Ich kann über Jahre hinweg gut integriert in der Gemeinschaft leben, meine Pflichten tun und mein Gebetsleben praktizieren. Das geschieht dann wie in einem geschlossenen Raum, ohne dass ich dabei viel Neuland erkunde. Die Neugier des Herzens und die große Sehnsucht des Anfangs können mir dabei jedoch verlorengegangen sein.[6]

Diese Einsicht brach in der Lebensmitte mit aller Wucht in meiner Seele auf. Ich fühlte mich zwar in jener Zeit durchaus auf einem Weg, zugleich aber auch blockiert und etwas hilflos gegenüber dem, was sich offensichtlich neu zeigen wollte. Das Diagramm von Goldbrunner war wie eine Chiffre, hinter der sich ein

Geheimnis verbarg, das es zu erkunden galt. Seit mehr als 35 Jahren geht dieses Bild nun mit mir, ohne dass ich wüsste, wie ich das dahinterliegende Geheimnis erklären könnte. Aber es hat meine Neugier und die Sehnsucht wach gehalten, sodass ich viel Neues entdecken durfte, ohne schon das Ganze zu kennen. Hier wurde eine Linie deutlich, die über meine »aktive« Zeit hinausreichte. Das war auch lebensgeschichtlich ein Glück für mich. Einige Jahre später wurde ich zum Abt gewählt. Es waren sehr dynamische Jahre und Jahrzehnte. Aber das Diagramm und auch die Schriften von Tauler tauchten darin immer wieder auf. Sie halfen mir, nicht in meinen äußeren Aufgaben aufzugehen. Immer war da der Gedanke: Es gibt noch die andere Ebene, den Pfeil der geistigen Entwicklung. Spontan war mir klar, dass dort meine eigentliche Identität zu finden ist, dass das mein eigentlicher Mönchsweg ist, nicht mein Amt.

Ich hatte nicht oft Zeit, um den Weg des Pfeils, den Weg des Herzens zu pflegen. Aber es gab immer wieder genug erleuchtende Begegnungen und Erfahrungen. Das Herz blieb wach, um auf diesem inneren Weg Neues zu entdecken. Das war wohl auch meine entscheidende Kraftquelle für die Bewältigung der äußeren Aufgaben.

Ein weiterer wichtiger Einschnitt war mein 55. Geburtstag. Weil ich zu dieser Zeit dringend etwas Ruhe brauchte, hatte ich mich einige Tage zurückgezogen, und zwar in ein altes Haus im Wald, das unserer Gemeinschaft gehört und etwa 30 Kilometer vom Kloster entfernt ist. Dorthin kann sich jeder von uns einige Tage zurückziehen, wenn er Stille und Alleinsein braucht. Am Abend sinnierte ich vor mich hin: »Morgen bin ich dann 55.« Bisher war ich »Anfang 50«. Auf einmal sagte ich mir: »Jetzt gehe ich auf die 60 zu.« Das klang ganz anders. Es war wie ein Schock. Bisher hatte ich oft gesagt – halb im Spaß, halb im Ernst –, dass ich wohl mit 60 oder 65 sterben würde. Ich konnte mir nie vorstellen, dass ich älter werden sollte. Das war nicht negativ gemeint, es war einfach so. Und plötzlich ging ich dann auf die 60 zu! Der größte Teil meiner Lebenszeit war vorbei – war's das?

Ich lief hinaus und ging auf dem Weg vor dem Haus hin und her. Es blies ein kalter Wind, kein Stern war am Himmel zu sehen, trübe Wolken zogen vorbei: Das passte zu meinem Inneren. War's das wirklich?, fragte ich mich.

Ich war in meinem Leben nicht faul gewesen. Auch die »Innenseite« hatte dabei eine wichtige Rolle gespielt. Aber plötzlich, im Angesicht des Todes, war die Frage nochmals dringlicher geworden, was mein Leben denn nun *eigentlich* solle. Erschüttert stellte ich fest, dass ich wie am Anfang stand und nichts in Händen hatte. Das war nicht das Ergebnis von logischen Überlegungen, sondern ein existenzieller Schock, der mich überfiel. Das Diagramm und der Pfeil bekamen eine neue Dringlichkeit, als hielten sie weitere Botschaften für mich bereit.

Allmählich kehrte wieder Ruhe in meine Seele ein. Ich setzte mich in der Stube an den warmen Kachelofen und begann, mir Notizen zu machen. Darüber gäbe es viel zu sagen, aber hier ist nur der konkrete Entschluss wichtig, der daraus entstand: Ich wollte eine Reise nach Peru machen. Die Idee hatte ich schon vor längerer Zeit gehabt, aber mir fehlte der Mut dazu. Orlando Vasquez, über den wir für unseren FAIR-Handel Erzeugnisse peruanischer Kunsthandwerker bezogen, hatte mir angeboten, mich mit der traditionellen Kultur der Indianer bekanntzumachen. Ich hatte seit Langem die vage Idee, dass die Begegnung mit solch einer elementaren Kultur ein wichtiges Ereignis für meine Seele sein könnte.

Als ich mich endlich dazu entschloss und nach Peru flog, stellte ich bald fest, dass ich damit richtig gelegen hatte – und die geistlichen Erfahrungen, die ich dort machte, hatten eine Tiefe und Nachhaltigkeit, wie ich es vorher nicht für möglich gehalten hätte.[7]

Jetzt spürte ich wieder: Der Lebensbogen zeigte schon kräftig nach unten, aber der Pfeil deutlich nach oben. Die kosmischen und liturgischen Erfahrungen, die ich dort sammeln konnte, bewirkten einen Schub neuer Energie für mein Arbeiten. Doch ich spürte auch, wie sehr das mit der Pfeilrichtung verbunden war, die weit ins Alter hinein und darüber hinaus trägt. Zudem war die fixe Idee, dass mein Leben mit 60 oder 65 zu Ende sein könnte, verflogen. Es hatte sich ein weiter Horizont geöffnet.

Die Frage nach dem Alter und nach dem Sinn des Alters tauchte dann erneut massiv auf, als für mich die Überlegung immer konkreter wurde, wie lange ich im Amt des Abtes bleiben sollte. Ich war auf unbegrenzte Zeit gewählt worden, und deshalb musste und durfte ich den Zeitpunkt des Ausscheidens selbst bestimmen. Irgendwie war mir klar, dass ich das vor dem 70. Lebensjahr tun sollte. Außerdem wollte ich die noch verbliebenen Kräfte in anderer Weise einsetzen und die bisherigen Erfahrungen kreativ verarbeiten. Nach langen aktiven Lebensphasen brauchte es nochmals eine Phase der Beruhigung und Vertiefung. Es war mir zudem klar, dass vieles, was sich bisher gezeigt und entfaltet hatte, auch in diese letzte Phase meines Lebens mit hinübergehen und ihr Inhalt und Form geben würde, auch wenn diese Vorstellungen noch ziemlich vage blieben. Auf diesen Lebensabschnitt werde ich an späterer Stelle in diesem Buch noch zurückkommen.

Es hat mir auf jeden Fall geholfen, dass ich recht frühzeitig und dann immer wieder – ich habe hier nur einige meiner »Erinnerungserlebnisse« erwähnt – mit den Themen von Alter und Lebensende konfrontiert wurde. Die Alltagsgeschäfte haben dieses Thema oft zugedeckt, aber unterschwellig blieb es präsent und wirksam. Vermutlich geht es vielen oder sogar den meisten Menschen so. Die Frage ist, ob man die Signale wach genug wahrnimmt oder ob man sie möglichst schnell wieder verdrängt. In Pascal Merciers Roman »Nachtzug nach Lissabon« erinnert sich beispielsweise der Chauffeur Felipe: »Vor zwei Jahren hatte ich einen Herzinfarkt. Ich fand es sonderbar, danach wieder zur Arbeit zu gehen. Jetzt fällt es mir wieder ein, ich hatte es ganz vergessen.«[8]

Der Herzinfarkt hatte den spontanen Eindruck vermittelt, dass jetzt etwas anders werden müsste, aber dieser Eindruck war schnell wieder vergessen. Nun erinnert er sich plötzlich wieder, als er einem Menschen begegnet, der im Alter nochmals »ausgestiegen« ist und ganz Neues entdeckt hat. Und er wird erneut nachdenklich. Ob er auch konkret wird?

Solche Erfahrungen kennt wahrscheinlich beinahe jeder Mensch. »Es geht jetzt wieder!«, sagt einer, der von einer schweren Krankheit genesen ist. Es ist ja gut, wenn es wieder geht. Aber vielleicht war die Krankheit auch ein Signal, dass sich im Leben etwas ändern sollte. Dass »es wieder geht«, sagt noch nicht, dass es einfach so weitergehen sollte. »Es geht noch!«, sagt mancher, der eigentlich merken müsste, dass es nicht mehr geht, wie es für ein Amt oder eine Aufgabe notwendig wäre. Es geht ja »noch«, vielleicht auch »gerade noch«. Wenn jemand in extremen Situationen bereit ist, »noch« sein Letztes und Äußerstes zu geben, ist das hoch anzurechnen – es gibt im Leben ohnehin Situationen und Probleme genug, in denen uns nichts anderes übrig bleibt, als bis zum »bitteren Ende« auszuhalten. In vielen Fällen kann dieses »Noch« aber auch ein Ausdruck von Unfähigkeit sein, die Realität zu erkennen und rechtzeitig loszulassen. Für mich ist »Es geht noch!« immer ein Signal, um nachzufragen, ob es denn auch wirklich noch weitergehen muss.

Um diese Erfahrung, dass man Unangenehmes lieber nicht wahrhaben oder schnell wieder vergessen möchte, geht es auch in Grimms Märchen »Die Boten des Todes«: Ein Mann hatte mit dem Tod ausgemacht, dass er ihm ein Zeichen gibt, bevor er kommt und ihn holt. Eines Tages kam nun der Tod und wollte ihn mitnehmen. Der Mann wehrte und beschwerte sich, dass der Tod ihm das vereinbarte Zeichen nicht gegeben hätte. »Schweig!«, erwiderte der Tod, »habe ich dir nicht einen Boten über den anderen geschickt? Kam nicht das Fieber, stieß dich an, rüttelte dich und warf dich nieder? Hat der Schwindel dir nicht den Kopf betäubt?

Zwickte dich nicht die Gicht in allen Gliedern? Brauste dir's nicht in den Ohren? Nagte nicht der Zahnschmerz in deinen Backen? Ward dir's nicht dunkel vor den Augen? Über das alles, hat nicht mein leiblicher Bruder, der Schlaf, dich jeden Abend an mich erinnert? Lagst du nicht in der Nacht, als wärst du schon gestorben?« Der Mensch wusste nichts zu erwidern, ergab sich in sein Geschick und ging mit dem Tod fort.[9] Dieses Märchen drückt etwas aus, was die meisten Menschen wohl selbst kennen: Wenn man die Signale nicht ernst nimmt, ist es eines Tages zu spät, und die Fakten überholen uns.

Deshalb möchte ich Sie, liebe Leserin und lieber Leser, an dieser Stelle einladen, ein wenig innezuhalten und nachzuhorchen, wo denn in Ihrem bisherigen Leben solche Erfahrungen angeklopft haben. Diese oft leicht verdrängten Erinnerungen können nachdenklich machen; sie brauchen uns nicht zu erschrecken, sondern können das Herz öffnen und neugierig machen für das, was derartige Erlebnisse ankündigen wollen und wovon im Folgenden noch ausführlicher die Rede sein wird.

Zuvor möchte ich hier noch eine ganz »frische« persönliche Erfahrung berichten: Während ich dabei war, diese Kapitel meines Manuskriptes zu überarbeiten, haben mich Zahnschmerzen überfallen, wie ich sie bisher noch nie erlebt hatte, und ihre Ursache war trotz intensiven ärztlichen Bemühens tagelang nicht auszumachen. Mein einziger Wunsch war, dass diese schrecklichen Schmerzen endlich aufhören, damit ich »wieder weitermachen« kann, denn ich hatte für diese Tage auch sonst noch allerhand Pläne. Erst allmählich dämmerte mir, dass diese schmerzliche Erfahrung wohl etwas mit dem zu tun hat, was ich gerade schreibe. Im obigen Grimmschen Märchen kommt ja auch »der Zahnschmerz in deinen Backen« vor. »Es geht jetzt wieder«, kann ich mir seit heute sagen, der Schmerz scheint besiegt. Ich kann also weitermachen wie bisher. Das muss ja auch nicht verkehrt sein. Aber ich merke, dass diese Schmerzerfahrung und die Einsichten, um die es hier geht, jetzt ein gutes Stück vom Kopf weiter nach unten »gerutscht« sind und mein eigenes existenzielles Bewusstsein sich etwas verändert hat. Etwas zu erkennen und etwas tiefer drinnen, weiter unten zu spüren, das ist nicht dasselbe. Ich kann das jetzt dankbar zur Kenntnis nehmen, und es wird wohl unterschwellig eine Langzeitwirkung entwickeln und prägend auf mein Selbstbild wirken.

Ein weiterer aktueller Fall: Just in dieser Woche hat Papst Benedikt XVI. zum Erstaunen der Welt seinen Rücktritt angekündigt. Er ist nicht der Meinung, dass »es ja noch geht«, sondern dass die Signale seines Alters eine andere Sprache sprechen, die er ernst nehmen möchte. Viele Kommentatoren vermuten – zu Recht oder zu Unrecht –, dass nicht nur in der Kirche ein neues Nachdenken über dieses »Es geht ja noch« einsetzen wird. Jedenfalls hat hier jemand ein geschichtsträchtiges Zeichen gesetzt.[10]

Ins Alter hineinreifen

Wenn junge Menschen ihr Leben planen, überlegen sie, wie sie ihre familiäre und berufliche Situation gestalten und eventuell auch, welche Art von Karriere sie anstreben wollen. Wenn dann die Zeit der Berufstätigkeit zu Ende geht und auch die Kinder aus dem Haus sind, genügt das bisherige Lebensmodell nicht mehr, falls nicht in der Zwischenzeit – etwa in der Zeit der Lebensmitte – weitere Ziele oder Perspektiven hinzukamen. Was soll jetzt Sinn und Ziel des weiteren Lebens sein, ist die Frage, die sich nun stellt. Sie ist auch deshalb besonders drängend und lebensentscheidend, weil uns als heutige Menschen nach der Zeit der Berufstätigkeit oft noch mehrere Lebensjahrzehnte bevorstehen, die gestaltet werden wollen. Was ist ihr Sinn und ihr Ziel?

Die Mönche der Frühzeit haben versucht, solche Ziele für das Leben als Ganzes zu formulieren. Sie hatten weder Familie noch berufliche Karriere zu planen und suchten ein geistig-geistliches Ziel für das Gesamt ihres Lebens. Diese Suche nach dem Sinn und Ziel des Lebens überhaupt hat viele Berührungspunkte mit den Weisheitslehren der klassischen Philosophien und Religionen. Es gibt verschiedene Versuche, diese weisheitlichen Traditionen für die heutige Zeit fruchtbar zu machen.[11] Im Folgenden werde ich mich vor allem an der Mönchstradition orientieren und sie auf unsere heutige Situation hin befragen.

Johannes Cassian (gestorben ca. 435), ein Mönchsvater, der auch Benedikt von Nursia nachhaltig geprägt hat, legt ausführlich dar, dass unser Leben ein doppeltes Ziel habe[12]: Das eigentliche Ziel sei das Reich Gottes im Jenseits, aber auch unser irdisches Leben habe ein eigenes Ziel, nämlich die Reinheit des Herzens. Mit diesem biblischen Begriff (vgl. Matthäus 5,8) meint er ein Herz, das den inneren Frieden gefunden hat, das frei geworden ist von Ängsten und Lastern, das heißt von negativen Verhaltensmustern aller Art, und deshalb selbstlos lieben und auf dem kontemplativen Weg voranschreiten kann.[13]

Benedikt von Nursia (gestorben 547) formuliert dieses Ziel mit etwas anderen Worten: Am Ende des Prologes seiner Klosterregel sagt er, wenn ein Mönch durch viele Engpässe des Lebens und einen entsprechenden Reinigungsprozess hindurchgegangen und auf dem inneren Weg weit fortgeschritten sei, »dann wird das Herz weit, und er läuft in unsagbarem Glück der Liebe den Weg der Gebote Gottes« (Benediktsregel, Prolog 49). Benedikt spricht hier vom »weiten Herzen«, also von einem Herzen, das nicht mehr engherzig und engstirnig, nicht mehr in sich selbst verschlossen ist. In einem solchen Menschen bricht eine große Liebe und Freude auf, und in dieser neuen Freiheit läuft er geradezu in Freude und Begeisterung seinen Weg. Die »Weite des Herzens« ist bei den Kirchenvätern und den frühen Mönchen ein häufig benutzter Begriff, um anzudeuten, dass ein Mensch in die Weite der Liebe und der inneren Freiheit gekommen ist. Dieser Begriff deutet auch darauf hin, dass der Mensch nun bereit ist für den kontemplativen Weg und die Gottesschau, die dann sein Herz und sein Bewusstsein immer mehr erweitert.

Nach dieser eher allgemeinen Beschreibung des geistlichen Zieles zeigt Benedikt an anderer Stelle, wie sich diese Erfahrung im konkreten Leben auswirkt. Im 7. Kapitel seiner Regel zeichnet er unter dem Begriff der Demut den geistlichen Weg des Mönches. Er sagt hier: Wenn der Mönch das Ziel erreicht hat, dann bricht in ihm die »vollendete Gottesliebe« auf, die keine Furcht mehr kennt, die »Große Liebe«, die bewirkt, dass dieser Mensch sich vor nichts und niemandem mehr fürchtet. Das führt zu innerem Frieden und Gelassenheit. Benedikt beschreibt im Anschluss daran, was diese Liebe außerdem noch bewirkt: »Aus dieser Liebe wird er alles, was er bisher nicht ohne Angst beobachtet hat, von nun an ganz mühelos, gleichsam natürlich und aus Gewöhnung einhalten (...) und aus Freude an der Tugend« (Benediktsregel 7,67–69). Ein solcher Mensch wird also das Gute nicht mehr tun, weil er Angst vor Strafe hat, sondern weil sein Herz voll Liebe ist. Und es wird ihm auch nicht mehr – wie bisher – schwerfallen, gut zu sein, sondern er wird es aus dieser Liebe heraus mit einer gewissen Leichtigkeit tun, »mühelos, gleichsam natürlich und wie aus Gewohnheit«. Das Gute ist ihm jetzt zur zweiten Natur geworden, er hat sogar »Freude an der Tugend«.

Die Verwendung des Wortes »Tugend« an dieser Stelle zeigt, dass es sich hier um den klassischen Tugendbegriff handelt, das heißt, man spricht dann von Tugend, wenn das Gute mit Leichtigkeit, wie selbstverständlich getan wird. Wenn man sich anstrengen muss, um etwas Gutes zu tun, dann ist das noch keine Tugend, auch wenn es natürlich ein guter Akt und durchaus empfehlenswert ist. Tugend meint, wenn ein Mensch wenigstens in diesem Bereich nicht nur Gutes zu tun bemüht ist, sondern wenn er selbst gut geworden ist. Das Gute ist ihm zur zweiten Natur, zur inneren Haltung geworden. Er versucht nicht nur zu lieben, sondern ist ein Liebender, eine Liebende geworden, weil tief drinnen die göttliche Liebe aufgebrochen ist. Hier ist ein Mensch in eine innere geistliche Reife gekommen, die auch nach außen wirksam wird. Dorthin ist es ein weiter Weg. Was muss auf diesem Weg geschehen? Dazu nennt Benedikt im folgenden Satz den Kontrastbegriff, nämlich das »Laster«. Er sagt, dass Gott schon jetzt, also in diesem Leben, durch den Heiligen Geist diese Liebe schenken wird, wenn der Mönch »von Fehlern und Sünden rein wird« (Benediktsregel 7,70). Es ist also ein Reinigungsweg notwendig. Dass schlechtes, sündhaftes Verhalten nicht in die »Große Liebe« führen kann und vorher bereinigt werden muss, dürfte einsichtig sein. Wichtig ist in diesem Zusammenhang der Ausdruck »Fehler«. Der lateinische Ausdruck *vitium* bzw. *vitia* kann »Fehler« heißen, aber auch »Laster«, also ein Fehler, den man nicht gelegentlich *macht*, sondern ein Fehler, den man *hat*, den man immer wieder, gewohnheitsmäßig macht. In diesem Zusammenhang meint der Ausdruck *vitia* dann die schlechten Gewohnheiten und Verhaltensmuster als Gegenstück zur guten Gewohnheit, der Tugend. Was uns wirklich am Lieben hindert, sind also nicht gelegentliche Fehler, die uns unterlaufen, sondern schlechte Gewohnheiten und Verhaltensmuster, die in uns und um uns ein Klima schaffen, in dem Liebe nicht gedeihen kann. Um das Ziel der »Großen Liebe« zu erreichen, braucht es also einen Reinigungsweg, der all das zu beseitigen sucht, was die Liebe hindern und blockieren kann.[14] Davon wird weiter unten noch ausführlich zu reden sein. Zuvor aber noch ein weiterer Blick auf das Ziel.

Basilius der Große (gestorben um 400), ein bedeutender Theologe und Mönchsvater, auf den sich auch Benedikt stützt, hat das diesseitige Ziel des Weges nochmals konkreter formuliert, und zwar bewusst auf das Alter hin. In seiner Klosterregel stellt er die Frage, was denn alte Mönche für die jungen bedeuten können. Er sagt, wenn sie noch gut bei Gesundheit seien, sollten sie ein Vorbild sein in jedem guten Werk. Wenn sie aber krank seien und nichts mehr tun könnten, dann sollten sie in einen solchen Zustand der Seele gekommen sein, »dass aus ihrem Antlitz und jeder ihrer Bewegungen die Überzeugung leuchtet, dass sie unter Gottes Auge und in der Gegenwart des Herrn stehen«. Es geht nicht um das Tun und das Reden, sondern um die Ausstrahlung. Ihr Gebetsleben, ihr Leben in der Gegenwart Gottes beginnt wortlos auszustrahlen; man kann es ihrem Gesicht ansehen und an ihrem Verhalten ablesen.

Was dabei ausstrahlt, ist vor allem Liebe, wie Basilius dann weiter ausführt. Die Mönche sollen »die besonderen Eigenschaften der Liebe zeigen, die der Apostel aufzählt: ›Die Liebe ist langmütig, gütig, nicht eifersüchtig, sie prahlt nicht, ist nicht aufgeblasen, sie handelt nicht taktlos, sie sucht nicht das Ihre, lässt sich nicht erbittern, sie trägt das Böse nicht nach, sie freut sich nicht über das Unrecht, freut sich vielmehr mit an der Wahrheit. (...) sie erträgt alles; die Liebe hört niemals auf‹ (1 Korinther 13,4–8). Dies alles kann auch im schwachen Körper getan werden.«[15] Solche Menschen sind in einer Weise Liebe geworden, dass diese auch durch die Schwäche des kranken Körpers nicht beeinträchtigt wird.

Der Hinweis auf den Text aus dem 1. Korintherbrief lässt vermuten, dass es nicht nur um die wortlose Ausstrahlung geht, sondern dass die Liebe auch das konkrete Verhalten der Alten gegenüber den Jungen prägen soll, dass sie Geduld mit ihnen haben, sich nicht prahlerisch aufblähen, sich nicht taktlos benehmen und auch nicht eigensüchtig sind oder eigensinnig usw. Diese Menschen sind nicht mehr jung, aber lebendig – in einer Art von liebevoller Lebendigkeit, die auf andere überstrahlt.

Boniface Tiguila, ein Benediktiner aus Togo, spricht ebenfalls von der Ausstrahlung der Alten, sofern sie in eine wirkliche Reife hineingewachsen sind: »Wenn man aufmerksam das Gesicht eines weisen Afrikaners betrachtet, dann ist man überrascht von dem Frieden, den er ausstrahlt, selbst durch die Runzeln hindurch, die das Leid in sein Gesicht eingegraben hat. Und dieser gewisse Frieden, der von ihm ausgeht, kommt aus der Fähigkeit zu Geduld, Innerlichkeit und Schweigen, die er während der Stunden des Schweigens, der Kontemplation gesammelt hat. ›Als schaute er den Unsichtbaren!‹ (Hebräer 11,27; vgl. auch 2 Korinther 4,16–18).«[16] Eine solche Reife ist nicht selbstverständlich. Es braucht die Mühe eines langen Reifungsweges, durch viel Leid und Schweigen hindurch, und schließlich ist es die Gegenwart des Unsichtbaren, der im Alten oder in der Alten aufstrahlt.

Solche Zielbeschreibungen können für manche Leserin oder manchen Leser etwas zu hoch angesetzt erscheinen, sodass sie gleich zu Beginn kapitulieren möchten. Aber es ist gar nicht gesagt, dass man dieses Ziel so erreichen muss, wie es hier beschrieben ist. Jeder Schritt auf dem Weg in die größere Liebe oder in den Frieden des Herzens kann schon ein Gewinn für mich selbst und für meine Umgebung sein. Entscheidend ist doch, ob ich überhaupt ein geistliches Ziel für dieses Leben und vor allem auf dem Weg durch das Alter habe, ob ich mich wenigstens auf den Weg dorthin mache oder ob ich lieber bleiben will, wie ich eben so bin.

Bei meinen Kursen über »Älter werden und weiterwachsen«, die ich in der Einleitung schon erwähnt habe, ist es für viele Teilnehmer und Teilnehmerinnen eine Überraschung, dass auch unser irdisches Leben ein konkretes geistliches Ziel haben kann, das anzustreben sich lohnt, weil es uns in eine neue Weite und Freiheit führt. Das war bis dahin für viele außerhalb ihres Gesichtsfeldes. Aus ihrer Kindheit hatten sie meistens die Vorstellung mitgenommen, man müsse sich in diesem Leben moralisch gut verhalten, beten und Gutes tun, damit man zur Belohnung in den Himmel kommt. Das ist zwar nicht falsch, aber dieses einseitig moralische Lebenskonzept hatte für viele Menschen seine Anziehungskraft verloren, und nichts war an seine Stelle getreten. In früheren Zeiten gab es auch das Ziel, heilig zu werden, und mancher heute alte Mensch hatte vielleicht in seiner Jugend die Sehnsucht, das zu tun. Doch aufgrund vieler unreifer und skurriler Verzerrungen des Begriffs »Heiligkeit« ist auch das für die meisten Menschen keine Zielvorstellung mehr, obwohl das klassische Konzept des Heiligen, wie er auch in anderen Religionen bekannt ist, durchaus wert wäre, wieder mehr ins Bewusstsein zu kommen; es wäre gar nicht so weit von dem entfernt, was oben über die Zielvorstellungen von Benedikt und Basilius oder der afrikanischen Tradition ausgeführt wurde oder wie es beispielsweise die birmanische Friedensnobelpreisträgerin Aung San Suu Kyi formuliert: »Heilige sind Menschen, die nicht verharren, (...) die immer weitergehen und durch diesen Prozess fähig werden, Verantwortung zu übernehmen.«[17]

Der Prozess, von dem sie hier spricht, meint offensichtlich einen inneren und äußeren Entwicklungsprozess, der in eine menschliche und geistliche Reife führt. Diese Reife oder Heiligkeit dient dann nicht der Verzierung oder Verklärung der eigenen Person, sondern sie ist ein Erfahrungsschatz, der sich im Lauf des Lebens angesammelt hat und aus dessen Reichtum großzügig an andere Menschen weitergeschenkt werden kann. Dies sind wohl Grundlinien im Bild einer oder eines Heiligen, unabhängig von religiösen oder kulturellen Unterschieden. Sich ein wenig in diese Richtung zu bewegen und zu entfalten, kann wohl für jeden – vor allem älteren – Menschen ein anregendes Bild sein. Wie weit man kommt, ist dann nicht entscheidend. Auf jeden Fall weitet sich der innere Horizont.

Hier hat das simple Diagramm mit dem Lebensbogen und dem Pfeil, der immer weiter in die Zukunft stößt, seine besondere Bedeutung. Ich zeichne dieses Diagramm immer zu Beginn eines Kurses auf ein großes Plakat und hänge es im Raum auf. Es stimuliert spontan Interesse und Neugier und weckt alte Sehnsüchte. Eigentlich ist diese Botschaft nichts wirklich Neues. Eine solche Sehnsucht ist wohl bei vielen Menschen im Lauf ihres Lebens immer wieder einmal aufgebrochen und dann wieder zugedeckt worden. Jetzt, an der Schwelle zu einem neuen Altersabschnitt und mit der Chance auf eine größere Freiheit, können diese Gedanken eine neue geistige Schubkraft entwickeln. Immer wieder sagen mir Teilnehmer, die ich nach einiger Zeit wiedertreffe, dass dieses Diagramm mit ihnen gegangen sei und sie immer neu stimuliert hätte, ein derartiges Ziel zu entdecken und weiterzuverfolgen.

Es ist nicht wichtig, ob Menschen das Ziel des Lebens so übernehmen, wie es die frühen Mönche formuliert haben. Jeder und jede sollte aufgrund eigener Erfahrung und persönlicher Sprache ein geistig-geistliches Ziel formulieren. Bei unseren Kursen geben wir folgende oder ähnliche Anregungen zur persönlichen Reflexion: Wie möchte ich denn am Ende meines Lebens (geworden) sein? Was für ein Typ Mensch und mit welchen Eigenschaften? Vielleicht gibt es auch jemanden im Kreis Ihrer Verwandten und Bekannten, den Sie darin bewundern, wie er sein Alter und die damit zusammenhängenden Probleme meistert oder wie in seinem Leben eine neue geistige, geistliche Weite aufgebrochen ist. Vielleicht haben Sie solch einen Menschen bisher bewundert, ohne zu bedenken, dass Sie sich selbst bemühen könnten, ähnliche Eigenschaften oder Werte in Ihrem eigenen Leben zu entfalten.

Wenn bei uns im Kloster ein Mitbruder stirbt, erstellen wir einen »Nekrolog« für ihn, einen Lebensbericht, der auf einem Raum von etwa einer Seite das Leben dieses Mitbruders nachzeichnet und auch einige Bemerkungen über seinen Charakter oder bestimmte Eigenheiten seines Wesens enthält. Ich schlage in meinen Kursen oft vor, dass die Teilnehmer ebenfalls einen solchen Nekrolog verfassen, bei dem der Schwerpunkt auf der letzten Phase des Lebens liegt, und zwar so, als würde nach ihrem Tod ein Angehöriger diesen Nekrolog schreiben. Als Frage geben ich mit auf den Weg: Was möchte ich denn, dass man nach meinem Tod mit gutem Gewissen über meine letzte Lebensphase schreiben könnte? Vielleicht: »Unser lieber Urgroßvater ist im gesegneten Alter von 95 Jahren von uns gegangen. In der letzten Phase seines Lebens hat sich sein Wesen erfreulich verändert. Im Unterschied zu früheren Jahren wurde er immer geduldiger, liebenswürdiger usw.« Oft wird dann in der Runde herzlich gelacht, aber diese lockere Heiterkeit kann helfen, unverkrampft und offen über den weiteren Horizont des Lebens nachzudenken. Es soll ja auch Freude bereiten, in eine größere Freiheit hineinzugehen, selbst wenn der Weg dorthin schwierig werden kann. Benedikt spricht davon, dass man dann regelrecht in »unaussprechlichem Glück der Liebe« läuft. Das wird wohl kein Dauerzustand sein, aber es braucht immer wieder diese Freude und Begeisterung für das Ziel.

Wichtig ist, dass jeder und jede einmal für sich selbst in seiner oder ihrer eigenen Sprache ein Ziel formuliert, das sie oder ihn anspricht und anzieht. Dabei ist es noch gar nicht wichtig, wie weit man tatsächlich diesem Ziel näherkommt. Vielleicht differenziert sich auch manches beim Weitergehen nochmals neu. Vielleicht überarbeitet man in einigen Jahren auch lächelnd und weiser geworden den eigenen Nekrolog. Wichtig ist, dass man sich überhaupt auf den Weg macht und weiß, dass die Phase des Alters einen eigenen Wert hat und eine befreiende Botschaft bereithält.

In diesem Sinn möchte ich hier noch die Überlegungen einer Frau anführren, die in relativ fortgeschrittenem Alter eine Therapie begonnen und in eine neue Freiheit gefunden hat: »Ohne Halt an einem Zielpunkt in der Zukunft wird das Leben auf eine rein retrospektive Daseinweise eingeschränkt. Das kann Resignation und Depression zur Folge haben. (...) Da helfen weder Altersturnen noch Heimfasching weiter. Es gilt vielmehr für alte Menschen, was Viktor Frankl für die im Provisorium lebenden Lagerinsassen[18] fordert: dass es gelingen muss, sie wieder auf die Zukunft, auf ein Ziel in der Zukunft hin auszurichten. Dem Menschen sei es nun einmal eigen, nur unter dem Gesichtswinkel einer Zukunft, also irgendwie sub specie aeternitatis, das heißt unter der Perspektive der Ewigkeit, eigentlich existieren zu können.«[19] Vom Ziel hängt also die Dynamik unseres Lebens ab.

Die gleiche Einsicht hatte schon der Mönchsvater Johannes Cassian. Als er vom Ziel, vom doppelten Ziel des Mönches sprach, wovon zu Beginn dieses Kapitels schon die Rede war, da verwies er auf Kaufleute, die reich werden, und auf Menschen, die Karriere machen wollen und denen deshalb nichts zu schwer und keine Gefahr zu groß ist, um ihr Ziel zu erreichen. Oder auf den Bauer, der eine gute Ernte haben möchte und deshalb keine Mühe und kein Wetter scheut und alles sogar gerne auf sich nimmt, um sich später an einer guten Ernte erfreuen zu können. Cassian folgert, dass nur der, der ein klares Ziel hat und von diesem Ziel begeistert ist, auch die Mühen des Weges auf sich nimmt und sie sogar gerne auf sich nimmt. Ein echtes Ziel bewirkt Begeisterung, und die Begeisterung bewirkt die notwendige innere Spannkraft und Kreativität.[20]

Ich möchte an dieser Stelle noch einen Psalmvers erwähnen, den ich gerne zu Beginn eines Kurses von »Älter werden und weiterwachsen« zitiere, und zwar im Zusammenhang mit dem Diagramm vom Lebensbogen mit Pfeil:

Der Gerechte sprießt wie die Palme,
er wächst empor wie die Zedern des Libanon.
Die gepflanzt sind im Hause des Herrn,
sprießen auf in den Höfen unseres Gottes:
noch im Alter gedeihen sie,
sie bleiben voll Saft und Frische.

Psalm 92,13–15

Der Gerechte, der gläubige Mensch wird mit einer Palme und einer Zeder verglichen, also mit großen, stattlichen Bäumen, die sehr alt werden. Sie stehen im Heiligtum, sie wurzeln in heiligem Boden. Deshalb gedeihen sie auch noch im Alter und tragen Frucht, sie bleiben voll Saft und Frische. Das kann auch ein Bild für das Wachsen im Alter sein.[21] Es ist wohl nicht gemeint, dass einer dann noch von körperlichen Kräften strotzen muss, sondern dass er geistigen Lebenssaft in sich hat. Hier ist nicht die Rede davon, dass er »jung« aussieht, sondern dass man trotz Alter und Furchen im Gesicht noch Frische und Lebendigkeit ausstrahlen kann, offen ist für Wachstum und Zukunft.

Diesen Psalm beten wir Mönche jede Woche in der Morgenfrühe des Samstags, auch die alten und sehr alten Mönche. Was denken wir dann? Ist dieser Psalmtext für uns ein Mutmacher, lebendig und zukunftsoffen zu bleiben – notfalls auch »in einem schwachen Körper«, wie Basilius im obigen Zitat formulierte?[22] Vermutlich ist man auch als Mönch nicht jedes Mal wach genug, um die Brisanz dieses Textes zu spüren. Aber es genügt, sich immer wieder einmal davon anfragen zu lassen. Im Lauf der Jahre wird das nicht ohne Wirkung bleiben.

Abschließend zu diesem Kapitel möchte ich noch eine Selbstverständlichkeit gesagt haben: Wenn hier vom »Ziel« die Rede ist, dann muss klar sein, dass dieses Ziel nicht mit der »Methode Karriere« erreicht werden kann. Es ist nicht ein Ziel, das man geschickt planen und konsequent mit allen Mitteln verfolgen kann, bis man es erreicht hat. Es geht um einen Lebens-, um einen Wachstumsprozess, dessen Ergebnis nicht ein vorher geplantes Resultat ist, sondern eine Frucht, die einem als Geschenk zufällt. In diesem Lebensabschnitt steht nicht mehr das Machen im Vordergrund, sondern ein Werden, das vor allem Geschenk, aber nicht Erfolg oder Verdienst ist. Was wir »tun« können – davon wird in den folgenden Kapiteln die Rede sein –, ist vor allem, Hindernisse aus dem Weg zu räumen, damit die »Große Liebe« eine Chance bekommt, und sich bei all dem von den Signalen locken lassen, die in eine neue Weite führen wollen. Aber wo und wie das alles geschieht, das liegt nicht in unserer Macht. »Für den Weg des Pilgers gibt es keine Landkarte«, sagt dazu treffend ein Sprichwort.

Wenn die Reife des Alters verfehlt wird

Die Mönche der frühen Zeit hatten zwar hohe Ziele für ihr Leben in dieser Welt formuliert, aber sie waren keine blinden Idealisten, sondern nüchterne Realisten. Sie sprachen nicht nur in Ehrfurcht von den großen Vätern und Müttern, die eine hohe geistliche Reife erlangten und in die »Große Liebe« hineingewachsen waren, sondern sie sahen auch, wie oft dieses Ziel verfehlt wurde und das Alter keine Früchte bringen konnte.

Bevor Johannes Cassian ausführlich von einer ziemlich verunglückten Begegnung eines alten Mönches mit einem jungen erzählt[23], verbreitet er sich eine ganze Seite lang über das Thema, dass das Alter und die grauen Haare noch lange kein Zeichen für Weisheit und Reife seien. Es scheint, dass er in Bezug darauf eine Reihe schlechter Erfahrungen gemacht hat. »Maßstab für den Reichtum der Alten sollen ja nicht die ergrauten Haare, sondern der Eifer der Jugendzeit und die Früchte ihrer vormaligen Mühen sein«, schreibt er. Reife muss die Frucht eines langen Lebens und ernsten Bemühens sein. Und weiter sagt er, dass »bedauerlicherweise« die Zahl derer ziemlich groß sei, »die, in ihrer Lauheit, die sie von Jugend auf angenommen haben, und in Mutlosigkeit alt geworden, Autorität für sich beanspruchen, nicht aufgrund der Reife ihres Charakters, sondern wegen der Zahl ihrer Lebensjahre«. Lauheit und Mangel an Eifer seit ihrer Jugend hat diese Alten nicht reifen lassen. Es steht ihnen also in keiner Weise zu, irgendeine Art von Autorität zu beanspruchen. Deshalb soll man nicht bedenkenlos allen Alten folgen, vor allem nicht jenen, »deren Haupt lediglich graues Haar bedeckt oder die allein die Länge ihres Lebens empfiehlt«, sondern man soll jenen folgen, die »ihr Leben in der Jugend lobenswert und gänzlich rechtschaffen vorgezeichnet haben und die auch nicht von ihren eigenen Überheblichkeiten, sondern von den Überlieferungen der Vorfahren unterrichtet wurden«.[24] Ein reifer Alter wird nur, wer sich an der großen Weisheitstradition orientiert und nicht ausschließlich um sich selbst und seine eigene Überheblichkeit kreist.

Ähnlich spricht auch Boniface Tiguila über seine Erfahrungen in der afrikanischen Tradition: »Es ist aber klar, dass der Faktor ›Alter‹ nicht genügt, um jemanden mit der fast heiligen Autorität des Meisters zu bekleiden. (...) So sehr ein Alter, der in guter Weise diese Autorität des Alters aufgrund seines Lebens in der Gesellschaft verkörpert, respektiert, geachtet, geliebt und ihm wie von selbst gefolgt wird, so sehr wird ein Alter, der nur durch seine grauen Haare eine gewisse Respektabilität besitzt, wie ein Taugenichts (gâchis) betrachtet und einfach nur aufgrund von Nächstenliebe ertragen.« Die Schlussbemerkung ist hier beachtenswert: Auch wenn einer aus seinem Leben nichts gemacht hat oder nichts machen konnte, bleibt ihm gegenüber eine grundlegende Achtung und Menschenliebe erhalten – eine Aufgabe der Jüngeren, solch einen Menschen nicht ganz fallen zu lassen.

Boniface Tiguila gibt auch einen Hinweis darauf, dass es Gründe gibt, warum ein Leben nicht gelingt. Zunächst formuliert er in scharfer Gegenüberstellung: »Ich wage sogar zu behaupten: unsere Alten sind entweder Dichter oder Hohlköpfe, Philosophen oder Narren, sie sind entweder kontemplativ oder völlig abgestumpft durch die Verhältnisse unseres Lebens.«[25] Die konkreten Verhältnisse sind in Afrika oft extrem schwierig. Deshalb kann es sehr leicht geschehen, dass jemand auf die schiefe Bahn gerät. Andernfalls werden die harten Fakten des Lebens einen Menschen herausfordern, sich selbst zu übersteigen und zu einer besonderen Reife zu gelangen. In extremen Lebenssituationen wird auch das Ergebnis von Lebensentwürfen oftmals extrem positiv oder negativ sein. Deshalb geht es hier nicht um die moralische Bewertung eines Menschen, dessen Leben nicht gelungen ist, sondern um das Verstehen der Voraussetzungen und der Prozesse, die ein Leben gelingen lassen oder eben nicht.

In der Benediktsregel wird nichts über unreife Alte gesagt. Aber indirekt warnt Benedikt davor, dass das Lebensalter bei Entscheidungen eine Rolle spielt: »Nirgendwo darf das Lebensalter für die Rangordnung den Ausschlag geben oder sie von vornherein bestimmen, haben doch Samuel und Daniel, obgleich noch jung, Gericht über die Ältesten gehalten« (Benediktsregel 63,5f.).

Die normale klösterliche Rangordnung wird bis heute nicht nach dem Lebensalter gezählt, sondern nach dem Datum des Klostereintritts. Aber auch dieses geistlich-klösterliche Alter, das einer hat, darf keine Rolle spielen, wenn ein Amt besetzt wird, auch nicht bei der Wahl des Abtes: »Entscheidend für die Wahl und Einsetzung seien Bewährung im Leben und Weisheit in der Lehre, mag einer in der Rangordnung der Gemeinschaft auch der Letzte sein« (Benediktsregel 64,2).

Was zählt, ist einzig und allein »Bewährung im Leben und Weisheit«. Ähnlich formuliert Benedikt auch die Kriterien, wenn es um die Besetzung anderer Ämter im Kloster geht. Hier wird klar ausgesprochen, dass Alter und Lebensweisheit nicht unbedingt parallel zu sehen sind und deutlich voneinander unterschieden werden müssen. An einer anderen Stelle sagt er, dass der Abt bei wichtigen Angelegenheiten die ganze Gemeinschaft zusammenrufen soll, und gibt hier einen deutlichen Rat: »Dass aber alle zur Beratung zu rufen seien, haben wir deshalb gesagt, weil der Herr oft einem Jüngeren offenbart, was das Bessere ist« (Benediktsregel 3,3). Es ist erstaunlich, dass er der Überzeugung ist, der Herr offenbare »oft einem Jüngeren, (...) was das Bessere ist«. Es klingt wie ein Wink gegenüber den Alten, nicht zu meinen, dass sie die Weisheit gepachtet hätten. Auf jeden Fall wird hier nochmals deutlich, dass Alter und Lebensweisheit nicht unbedingt Hand in Hand gehen.

Beachtenswert ist im obigen Zitat der Hinweis auf Daniel und Samuel, die als junge Männer schon über die Älteren gerichtet haben. Die Geschichte von Daniel ist bekannt: Zwei Älteste aus der Gemeinde hatten die schöne Susanna verführen wollen. Als sie sich ihnen jedoch verweigerte, verleumdeten sie diese, sie hätten sie beim Ehebruch ertappt. Weil sie Älteste und sehr geachtet waren, glaubte man ihnen. Der junge Daniel, der prophetische Begabung besaß, durchschaute die Alten, saß über sie zu Gericht und überführte sie der Lüge. Zu einem der beiden sagte er: »In Schlechtigkeit bist du alt geworden; doch jetzt kommt die Strafe für die Sünden, die du bisher begangen hast« (Daniel 13,52). Ein ungeheurer Vorwurf! Die Szene erinnert ein wenig an die Situation, als man eine Ehebrecherin zu Jesus bringt und ihm sagt, man müsse sie steinigen. Nach langem Schweigen sagt Jesus: »Wer von euch ohne Sünde ist, werfe als erster einen Stein auf sie.« Auf dieses Wort Jesu hin »ging einer nach dem anderen fort, zuerst die Ältesten« (Johannes 8,7–9). Es sind die Ältesten, die sich als Erste getroffen fühlen und gehen.

In der Bibel, im Mönchtum und in den Weisheitstraditionen der Völker wird erwartet, dass die Alten im Lauf ihres Lebens reif und weise geworden sind. Es wird aber auch von solchen berichtet und oft pointiert erzählt, die nicht den Weg der Reife gegangen sind und einfach so dahinleben. Dabei geht es nicht in erster Linie darum, diese Alten zu kritisieren, die ja aufgrund ihres Alters immer noch einen gewissen Respekt genießen, sondern es soll vor allem den Jungen eine Warnung sein, nicht selbst auch zu einer Karikatur des weisen Alten zu werden. Johannes Cassian beginnt seine Warnungen vor den unreifen Alten mit der Bemerkung, dass auch »nicht alle jungen Mönche in gleicher Weise brennend im Geist oder in den besten Grundsätzen und Gebräuchen unterwiesen sind«[26]. Diesen jungen Mönchen will er mit den negativen Beispielen die Augen öffnen, damit sie mit Eifer auf dem Weg bleiben.

Einen zusätzlichen Aspekt bringt Bénézet Bujo vor Augen, ein weithin bekannter afrikanischer Theologe, der aus dem Kongo stammt und viele Jahre in Freiburg in der Schweiz Moraltheologie gelehrt hat. In einem Buch über das Verhältnis von afrikanischen und europäischen Traditionen kommt er auf die Bedeutung des Alters zu sprechen. Er erläutert zunächst die Wertschätzung für die Lebensweisheit der Alten und ihre Bedeutung für die Tradition und das Fortbestehen des Volkes. Dann stellt er aber fest, dass sich auch in Afrika, vor allem in den führenden Schichten, eine Mentalität breitmache, in der die Lebensweisheit keine Rolle mehr spielt. »Das Altwerden heute in Afrika könnte zu ähnlichen Problemen führen wie in Europa, wenn man der Verzerrung der Tradition keinen Einhalt gebietet. Die heute Alternden, die zwischen reinem Wissen, Macht und Reichtum hin- und hergerissen werden, haben den Jüngeren kein weise machendes Beispiel vorgelebt und könnten von diesen als unerfahrene, neokoloniale Alte (mzee kijana) beschimpft und abgelehnt werden.« Zum Ausdruck »mzee kijana« erläutert Bénézet Bujo in einer Anmerkung: »Dieser Kiswahili-Ausdruck bedeutet wörtlich ›junger Alter‹ und möchte gerade Unerfahrenheit und Unqualifiziertheit unterstreichen. Zugleich wird dem Betreffenden der Titel ›Alter‹ abgesprochen.«[27]

Die »jungen Alten« sind hier jene, die zwar Macht und Einfluss besitzen, aber nicht die Weisheit, um Leben, vor allem das Leben der nachwachsenden Generation, nachhaltig zu fördern. Dass sie keine persönliche Reife entwickelt haben, kann man bedauern. Gefährlich sind diese »jungen Alten« aber deshalb, weil sie mit ihrer Macht und ihrem Einfluss die Gesellschaft und den Staat nachhaltig beschädigen können.

Es scheint also sowohl für das Schicksal des Einzelnen wie auch für das der menschlichen Gemeinschaft überhaupt von Bedeutung zu sein, dass sich möglichst viele Menschen zu »echten Alten« entwickeln, zumal in unseren Breiten die Alten zunehmend die große Mehrheit bilden werden, sowohl in der säkularen Gesellschaft wie auch in der Kirche und in den Klöstern. Bisher pflegte man darauf hinzuweisen, dass die Jugend unsere Zukunft ist. Das gilt auch weiterhin, aber die Zukunft wird auch immer mehr davon beeinflusst werden, wie die Alten geworden sind.

Hindernisse aus dem Weg räumen

Wenn das Ziel klar ist, kann die Reise dorthin immer noch verunglücken. Es gibt so viel in unserer Seele, was diesem Ziel entgegensteht. Reife oder die »Große Liebe« kann man nicht beschließen, sie sind Ergebnisse eines Weges, eines Reinigungsweges, ein langsamer Prozess des Wachstums, auf den man sich einlassen muss. Das Alter bietet dazu eine besondere Chance, zumal für jene, die bisher in irgendwelcher Verantwortung, vor allem Führungsverantwortung standen und gleichsam von Berufs wegen andere führen oder belehren oder bessern sollten oder wenigstens glaubten, dies zu tun. Solange man Verantwortung für andere hat, besteht die Gefahr, die Probleme vor allem bei ihnen zu sehen und sie dort lösen zu wollen. Wenn man dann berufliche oder familiäre Verantwortung abgegeben hat, besteht die Chance, sich mehr bei sich selbst auf die Suche zu machen und mehr als bisher oder jetzt endlich den Weg der Selbsterkenntnis zu gehen.

»Man kann sich immer noch den ganzen Tag ärgern, ist jetzt aber noch weniger dazu verpflichtet«, könnte man ein bekanntes Sprichwort ein wenig umändern. Oft hört man von Menschen, die sich gerne aufregen, auch wenn sie die Sache nicht persönlich betrifft, Worte wie: »Ist das nicht schlimm? Muss man sich da nicht aufregen? Und hat Jesus nicht auch oft einen heiligen Zorn gehabt?« Allzu oft hat Jesus wohl keinen heiligen Zorn gehabt, aber die Frage ist hier auch vielmehr, ob es nicht andere Stellen im Evangelium gibt, die im jetzigen Lebensabschnitt wichtiger sind, zum Beispiel:

»Warum siehst du den Splitter im Auge deines Bruders, aber den Balken in deinem Auge bemerkst du nicht? Wie kannst du zu deinem Bruder sagen: Lass mich den Splitter aus deinem Auge herausziehen! – und dabei steckt in deinem Auge ein Balken? Du Heuchler! Zieh zuerst den Balken aus deinem Auge, dann kannst du versuchen, den Splitter aus dem Auge deines Bruders herauszuziehen« (Matthäus 7,3–5).

Jesus verweist auf eine radikale Selbsterkenntnis, die immer bei einem selbst beginnt. Um es nochmals zu wiederholen: In bestimmten beruflichen oder familiären Situationen ist es verständlich, wenn man sich auf allerlei Splitter in den Augen der anderen konzentrieren muss. Aber spätestens im Alter – am besten natürlich schon viel früher – ist ein günstiger Zeitpunkt, die Scheinwerfer der Erkenntnis auf sich selbst zu richten. Diese Chance ist sogar eine unabdingbare Notwendigkeit, wenn man sich auf den Weg in eine geistig-geistliche Reife begeben möchte.

Man könnte natürlich fragen, ob man sich denn jetzt überhaupt nicht mehr um andere kümmern sollte. Das wäre die falsche Schlussfolgerung. Wenn ich – um beim Beispiel des Zorns zu bleiben – an mir selbst arbeite und mein zorniges Herz allmählich in einen inneren Frieden findet, dann kann ich in ganz neuer Weise für andere da sein. »Zornige alte Männer« gibt es genug. Wir bräuchten noch mehr von denen, die verstehen, versöhnen, verbinden und Frieden stiften können. Eine Aufgabe von reifen Alten.

Mit dem Zorn sind wir bei einem der klassischen Laster. Bei der Beschreibung des Zieles sagte Benedikt, dass sich die Tugend, die gute Gewohnheit und auch die »Große Liebe« im Leben eines Menschen in dem Maß entfalten können, wie die Laster, die schlechten Gewohnheiten und Prägungen, überwunden werden. Er spielt damit auf den klassischen Lasterkatalog an, der auf den Mönchsvater Evagrius Ponticus (gestorben 399) zurückgeht. Nach seiner Psychologie gibt es im Menschen acht negative Grundmuster oder »Grundgedanken« – er nennt sie oft einfach »Gedanken« oder »schlechte Gedanken« –, die jedem Menschen immer wieder zu schaffen machen und oft zu Sünde oder großen Abhängigkeiten und Süchten führen können. Es sind dies: Völlerei (Fresslust), Unzucht, Habgier, Zorn, Traurigkeit (anhaltende Niedergeschlagenheit), Akédia (geistige Lustlosigkeit), eitle Ruhmsucht und Stolz. In vielen Schriften erläutert er die Hintergründe dieser »Gedanken« und gibt Hilfestellungen, wie man gut und konstruktiv damit umgehen und das innere Durcheinander, das diese »Gedanken« oft verursachen, allmählich klären und beruhigen kann, um auf dem Weg in die »Große Liebe« und die innere Freiheit voranzukommen.[28] In späteren Jahrhunderten ist aus dem Schema der acht Grundgedanken das Schema der sieben Hauptsünden oder gar sieben Todsünden geworden. Während Evagrius Ponticus sein Konstrukt pädagogisch verstand, also als Hilfe für den Menschen, sein inneres Durcheinander zu verstehen und heilsam darauf zu reagieren, wurde daraus in der Tradition ein Sündenkatalog, vor dem man die Menschen warnte bzw. mit dem man ihnen oft Angst einjagte, ohne wirkliche Hilfestellungen zum sinnvollen Umgang mit diesen Grundkräften zu geben.

Evagrius hatte helfende Absichten. Trotzdem zögere ich oft, den Kursteilnehmern sein hilfreiches Schema vorzustellen, weil die massiven Bezeichnungen der Laster vor allem ältere Menschen an Moralpredigten aus ihrer Kindheit erinnern und abschreckend wirken können. Wenn ich es dann trotzdem tat, war ich überrascht, dass einige Teilnehmer spontan reagierten und sagten, dass sie jetzt ein wichtiges Verhaltensmuster, eben ein »Laster« bei sich entdeckt hätten, das sie angehen wollten, um auf dem inneren Weg weiterzukommen. Das Schema des Evagrius gibt ihnen plötzlich eine Verstehenshilfe für ihre eigene innere Landkarte an die Hand.

Das stimmt auch mit der anderen Beobachtung überein, dass das Schema der sieben Haupt- oder Todsünden in neuerer Literatur eine überraschend große Rolle spielt, und zwar vornehmlich nicht in theologischen oder christlich moralisierenden Schriften, sondern in Veröffentlichungen aus dem Bereich der Psychologie, Soziologie und Philosophie. Die Autoren nutzen dieses Schema, um den seelischen Zustand unserer modernen Gesellschaft zu analysieren und Anregungen zu dessen Überwindung anzubieten.[29] Neuerdings hat auch ein deutscher Bischof, Franz-Josef Bode aus Osnabrück, ein Buch zu diesem Thema veröffentlicht, das im Untertitel lautet: »Vom Umgang mit den eigenen Abgründen«[30]. Diese Formulierung trifft genau das, was Evagrius meinte, nämlich die Abgründe des eigenen Herzens, in die wir ständig abzugleiten drohen, zu erkennen und gut damit umgehen zu lernen. Diese innere Auseinandersetzung mit den eigenen Abgründen nennen die frühen Mönche den »geistlichen Kampf«. Er wird nie gegen andere geführt, die wir vielleicht nicht für ausreichend geistlich und fromm halten, sondern gemeint ist der Kampf mit sich selbst, um allmählich in den inneren Frieden und die innere Freiheit zu kommen und wirklich lieben zu lernen.

Der geistliche Kampf sollte eigentlich das ganze Leben durchziehen. Da aber in den »aktiven« Phasen unseres Lebens viele andere »Kämpfe« zu bestehen sind, hat er nun im weniger aktiven Alter die Chance, mehr in den Mittelpunkt unserer Aufmerksamkeit zu treten oder tatsächlich der Grundakkord, das Grundmotiv unseres weiteren Lebens zu werden.

Es ist hier nicht der Platz, um das Thema des geistlichen Kampfes ausführlich zu entfalten.[31] Beispielhaft möchte ich auf den Zorn eingehen, von dem schon mehrmals die Rede war.[32] Evagrius Ponticus ist der Meinung, dass der Zorn ein spezielles Problem der Alten sei. Dabei denkt er vor allem an jene, die auf dem geistlichen Weg schon fortgeschritten sind. Er sagt, der Teufel sei besorgt, weil diese Mönche im Gebet schon so gute Fortschritte gemacht haben; deshalb stachle er sie ständig zum Zorn auf, damit sie nicht beten könnten, denn sobald man still werde, um zu beten, tauche vor dem inneren Auge das Bild des Bruders auf, über den man sich aufgeregt hat. Zorn stört das Beten oder verhindert es gänzlich. Evagrius spricht hier von einer Erfahrung, die wohl die meisten Menschen kennen, die nach einem großen Ärger zu beten oder gar in der Stille zu meditieren versuchten.

Doch auch unabhängig vom Beten können Zorn und Groll eine prägende Rolle im Alter spielen, weil sich im Leben vieles angesammelt hat, worüber man immer noch zornig werden oder dem man immer noch »nachgrollen« kann. Deshalb besteht die Gefahr, »alt und bissig« zu werden und allmählich immer mehr zu verbittern.

Was sagen nun die Mönche zu diesem Thema? Benedikt rät: »Den Zorn nicht zur Tat werden lassen« (Benediktsregel 4,22). Damit ist nicht gemeint, dass man nicht zornig werden dürfe, denn Benedikt weiß, dass man das nicht vermeiden kann; man soll aber versuchen, nicht im Zorn zu handeln. Das entspricht der gängigen Meinung des frühen Mönchtums: Der Zorn ist eine Grundkraft im Menschen, die in sich neutral ist und sowohl zum Guten wie zum Bösen dienen kann, ähnlich wie wir heute wissen, dass die Aggression eine wichtige Grundkraft ist, die unserem Leben Dynamik verleiht, aber in rechte Bahnen gelenkt werden muss. Man kann zornig über das Böse sein, vor allem das Böse im eigenen Herzen, um den Mut zu haben, sich damit auseinanderzusetzen. Zorn darf sich – nach der Lehre der frühen Mönche – jedoch nie gegenüber einem Menschen entladen, das wäre gegen die eigentliche Natur (*contra naturam*) des Zornes. Das eigentliche Ziel der Zorneskraft ist, dass sie sich in Sanftmut wandelt, was in der Sprache der Mönche dasselbe ist wie Liebe. Diese Sanftmut soll die Kraft des Zornes in sich tragen, das heißt, sie ist nicht eine schwächliche Pseudotugend, sondern es ist eine Liebe, die innere Stärke besitzt und sich von nichts und niemandem einschüchtern oder beirren lässt.

Um zu verstehen, was damit gemeint ist, kann man an Formen des gewaltfreien Widerstandes denken, bei dem Menschen riskieren, geprügelt oder eingesperrt zu werden, aber nicht bereit sind, zurückzuschlagen. Oder um auf ein bekanntes Beispiel hinzuweisen: Nelson Mandela, der endlos lange Jahre in den Gefängnissen des Apartheid-Regimes verbracht hat, hätte mit der Vitalität, der

Zornes- und Aggressionskraft, die er offensichtlich besitzt, nach seiner Befreiung ein zorniger, aggressiver Revolutionär werden können. Stattdessen wurde er zu einem einflussreichen Vermittler, Versöhner und Friedensstifter. Es kann nicht jeder ein Mandela sein, aber es ist gut, solche Vorbilder zu kennen, die Mut machen, wenigstens einmal anzufangen und mit den alten Mönchen zu versuchen, den Zorn in Richtung Sanftmut und Liebe umzulenken.

Welche Anregungen können wir uns bei diesen Mönchen holen? Sie machen uns zunächst deutlich, dass der Zorn etwas Normales ist und dass wir lernen können, gut damit umzugehen und seine Kraft in Richtung Liebe umzulenken. Der erste Schritt ist wohl der oben zitierte Hinweis des heiligen Benedikt, den Zorn wahrzunehmen, aber nicht im Zorn zu handeln. Dazu gibt es einige Beispiele bei den Wüstenvätern. Berühmt war Abba Isidor, der anscheinend eine recht zornige Veranlagung hatte, mit dieser aber gut umgehen lernte. Es heißt von ihm, er habe den Zorn nie bis zur Kehle heraufkommen lassen. Das bedeutet, er hatte gelernt, schon rechtzeitig den aufsteigenden Zorn wahrzunehmen, bevor er zu stark wurde und explodierte.[33] Das ist ein Hinweis auf das Bemühen der Wüstenväter, eine innere Wachsamkeit zu entwickeln, um die Bewegungen der Seele rechtzeitig wahrzunehmen und mit den Emotionen umzugehen, solange sie »noch klein« sind und den Menschen noch nicht überschwemmen, denn dann ist es zu spät.[34]

Von gleichem Abba Isidor wird auch berichtet, dass er einmal, als er in einen Streit verwickelt wurde, einfach davonlief, bevor der Zorn bei ihm überkochte. Er nahm sich aus der »Gefahrenzone« heraus, um von der Emotion nicht überwältigt zu werden. Das ist noch nicht die Lösung des Problems, kann aber erst einmal für einen klaren Kopf sorgen, um mit der Situation besser umgehen zu können, denn Zorn macht bekanntlich blind, und »ein wütender

Mönch« kann sich benehmen wie »eine einsame Wildsau«. Da ist es manchmal eben besser, zunächst etwas auf Distanz zu gehen. Es gibt aber auch kreativere Vorschläge. So rät Evagrius, statt vor sich hin zu grollen und zornige Gedanken zu wälzen, solle man schon mal die Kraft des Zornes in Richtung Sanftmut und Liebe lenken, indem man sich im Zustand inneren Ärgers bewusst um Arme kümmert oder Bettlern Almosen gibt. Man könne sogar dem, der einen geärgert hat, ein Geschenk machen oder ihn zum Essen einladen. Das klingt vielleicht etwas kurios, aber es geht wohl um eine psychologische Strategie, das heißt den Versuch, die innere Aufmerksamkeit von der Fixierung auf den Zorn abzulenken und die aufgewühlte zornige Energie in Mitgefühl und liebevolle Zuwendung umzuwandeln. Auch diese Strategien sind kein Allheilmittel, aber die Hinweise von Evagrius können zumindest anregen, nach eigenen Erfahrungen zu suchen und passende Wege zu finden, um mit dem Zorn kreativ umgehen zu lernen. Wahrscheinlich haben Sie selbst schon allerhand Erfahrungen mit Groll und zornigen Aufwallungen gemacht, auch positive. Es lohnt sich, diese auf dem Hintergrund der Lehre der alten Mönche zu reflektieren und daraus zu lernen.

Ein weiterer Rat von Evagrius ist, Psalmen zu singen, weil es den Zorn besänftigen kann. Der fromme Inhalt des Psalms bringt den Zornigen vielleicht auf friedlichere Gedanken, aber wahrscheinlich ist es das Singen selbst, das die Seele aufhellen kann, weshalb schon die griechischen Philosophen sagten, dass Gesang und Musik ein gutes Heilmittel für zornige Seelen seien. Dieser Rat kann vor allem für ältere Menschen von Nutzen sein, weil sie in besonderer Weise Gefahr laufen, in trüben und grollenden Stimmungen zu versinken, wobei dieses Heilmittel besonders wirksam wird, wenn man selbst singt und musiziert. Wahrscheinlich ist es auch ein besonderes Heilmittel für uns Mönche, da wir mehrmals täglich zum liturgischen Singen zusammenkommen und sich dadurch – neben dem tieferen religiösen Sinn unserer gemeinsamen Liturgie – unsere Emotionen gemeinsam ein wenig reinigen, die der Jungen ebenso wie die der Alten. Wenn es gelingt, generell in einer positiven Grundstimmung zu leben, wird wohl auch die Gefahr unkontrollierbaren Zorns geringer werden.

Dafür ist auch die sogenannte antirrhetische Methode von besonderem Nutzen, die für Evagrius Ponticus ein wichtiges Mittel zum guten Umgang mit den »bösen Gedanken« und Verhaltensmustern ist.[35] Zu Deutsch könnte man sagen, es ist die Methode der Gegenrede oder Widerrede. Gemeint ist, dass man einem lästigen oder gefährlichen »Gedanken«, der einen innerlich emotionsgeladen bedrängt, ein Bibelwort entgegensetzt, das zu einer Art Heilmittel für diesen »Gedanken« bzw. das dahinterliegende Verhaltensmuster werden kann. Für den Zorn hat Evagrius – ähnlich wie für alle acht »Grundgedanken« – 64 Bibelstellen als Empfehlung zusammengestellt.[36] Als Beispiel zitiert er ein Wort aus Johannes 13,34: »Ein neues Gebot gebe ich euch: Liebt einander, wie ich euch geliebt habe.« Oder aus dem 1. Johannesbrief (2,9): »Wer behauptet, er sei im Licht, aber seinen Bruder hasst, der ist immer noch in der Finsternis.«

Methodisch ist es so gedacht, dass man solch ein Wort vor sich hin sagt, wenn das Herz von Zorn und Hass aufgewühlt ist. Dann bin ich zwar zornig auf meinen Bruder, aber die Bibel verpflichtet bzw. erinnert mich im selben Augenblick an das »neue Gebot«. Der Johannesbrief sagt mir beispielsweise, dass ich noch in der Finsternis bin – ich, und nicht der Bruder, auf den ich zornig bin. Solch ein Wort oder solch eine Überlegung werden nicht auf Anhieb eine Änderung bewirken. Es geht einfach darum, dem zornigen Gefühl immer wieder ein positives Wort entgegenzusetzen, ohne die zornigen Worte und Bilder innen vertreiben zu wollen. Man könnte auch sagen: Beide Stimmen dürfen da sein und können miteinander streiten. Die Wüstenväter nennen diesen Vorgang »drinnen kämpfen«: Man flieht nicht aus der Situation, versucht nicht, sich abzulenken oder den bösen Gedanken zu vertreiben, sondern man stellt sich innerlich dem Kampf.[37] Ziel ist nicht, innerlich endlose Streitgespräche zu führen, die bekanntlich kein Ergebnis bringen, sondern das positive Wort, das eigentlich die eigene Grundeinstellung ausdrückt, wird dem zornigen Gefühl als Alternative entgegengestellt, in der Hoffnung, dass die Gewalt des Zornes sich allmählich beruhigt und seine Kraft sich in Richtung Liebe umleiten lässt. Wenn Frieden eingekehrt ist, ist vielleicht auch der Anlass des Zornes nicht mehr wichtig. Vielleicht spürt man aber auch genug Ruhe und Gelassenheit, um das eigentliche Thema kreativ angehen zu können.

Wer gewohnheitsmäßig besonders leicht zum Zorn erregt werden kann, kann ein solches »Anti-Zorn-Wort« auch grundsätzlich für einige Zeit als Gebetswort mit sich nehmen, es wiederholen, damit es seine innere Haltung zu prägen beginnt und dann vielleicht beim nächsten Konfliktfall früher ein guter Umgang mit dem Zorn möglich ist.[38]

Diese antirrhetische Methode ist also kein schneller Trick, mit einem Problem umzugehen, sondern sie ist eher so etwas wie eine Langzeittherapie, ein geduldiges Einüben einer friedlichen, liebevollen Haltung, die nicht nur mit dem Zorn besser umgehen hilft, sondern gleichzeitig das innere Beten durch ein ständig wiederholtes Gebetswort einübt. Damit kann der ganze Alltag eine geistliche Prägung bekommen.

Der hier beschriebene Umgang mit dem Zorn kann eine Art Modell sein, wie wir auch mit den anderen »Lastern« umgehen lernen, die uns hindern, in eine größere Reife und Liebe hineinzuwachsen. Es wird uns wahrscheinlich zeitlebens nicht an Möglichkeiten für dieses geistliche Kämpfen fehlen, wenn wir den Spruch bedenken, der Hans Moser zugeschrieben wird: »Menschen verlieren zuerst ihre Illusionen, dann ihre Zähne und ganz zuletzt ihre Laster.«[39]

2. Durch die Vergangenheit in die Zukunft

Wir haben uns lebenslang und bis ins hohe Alter mit allerhand Problemen auseinanderzusetzen. Doch im Alter kommt die spezielle Aufgabe hinzu, sich – mehr als in früheren Jahren – auch mit der eigenen Vergangenheit zu befassen. Vieles möchte noch einmal in guter Weise gewürdigt, vieles auch friedlich und versöhnt verabschiedet werden, und so manches muss heilen dürfen. Wenn wir mit unserer Vergangenheit nicht Frieden machen, kann sie zu einer Bürde werden, die den Weg in die Zukunft nachhaltig belastet. Der Weg in die Zukunft muss zunächst noch einmal durch die Vergangenheit führen, oder wie Karl Rahner sagt, wir müssen das Leben, das wir hinter uns gebracht haben, nochmals vor uns bringen, um es nochmals anzuschauen, auch mit den Augen Gottes.[40]

Man könnte zunächst an das Negative denken, das man loswerden muss, um freier in die Zukunft gehen zu können. Ich möchte aber mit dem Gegenteil beginnen: mit dem, was gut war, was man an Schönem erleben durfte, was man in vielfältiger Weise erreichen konnte und worauf man mit gutem Recht auch ein wenig stolz sein darf.

Danken lernen

Wenn man im Alter etwas mehr freie Zeit hat als früher, schweift die Fantasie immer häufiger in die Vergangenheit ab. Altes, halb Vergessenes taucht wieder auf. Wer ein Tagebuch geführt hat, wird öfter als früher darin blättern, und in Gesprächen wird man häufiger von der Vergangenheit erzählen. Je nach Art der Lebensgeschichte oder persönlicher Veranlagung wird man sich mehr auf die erfreulichen oder mehr auf die jammervollen Geschichten konzentrieren. In jedem Fall kann es hilfreich und Leben fördernd sein, sich die positiven Seiten der Vergangenheit immer wieder ins Gedächtnis zu rufen, all das, wo das eigene Leben schön, erfolgreich und fruchtbar gewesen ist. Wenn einem dann noch bewusst wird, wie oft andere Menschen daran beteiligt waren, dass es einem selbst gut ging, dass man Erfolg hatte und vieles erreichen konnte, dann kann Dankbarkeit ins eigene Herz einziehen. Gleichzeitig kann man in großer Dankbarkeit auf viele Menschen schauen – in der Erinnerung oder in der aktuellen Umgebung –, die so unendlich viel zur Gestalt des eigenen Lebens beigetragen haben. Das macht Hoffnung, dass es auch in Zukunft immer wieder genug Menschen geben wird, mit denen zusammen man das weitere Leben – und vielleicht auch das Sterben – bestehen und gestalten kann.

Besonders gewichtig können dabei Erinnerungen an solche Situationen sein, in denen nicht nur alles reine Freude und Leichtigkeit war, sondern in denen wir uns durch viele Mühen, Schmerzen und Misserfolge hindurch schließlich doch erfolgreich durchringen, durcharbeiten konnten. In meinen Kursen stelle ich manchmal die Frage:»Was hat mir denn in schwierigen, oft ausweglos scheinenden Situationen geholfen? Ich lebe ja immer noch!« Nach einer Zeit stiller Reflexion gibt es dann dazu einen Austausch in kleinen Gruppen. Es ist erstaunlich, wie viel es da zu erzählen gibt und welch positive Atmosphäre in der Gruppe entsteht, obwohl die Teilnehmer eigentlich von schwierigen Dingen erzählen, die aber plötzlich in einem sehr befreienden Zusammenhang stehen. So mancher ist auch erstaunt, wie häufig er in dieser Hinsicht seinen Glauben erwähnt, ein Thema, über das er in seinem Alltag eher selten spricht. Plötzlich wird den Teilnehmern deutlich, wie oft auch ihr Glaube in schwierigen Situationen eine entscheidende Hilfe war.

Viele unserer tiefsten und wertvollsten Erfahrungen haben wir nicht in freudvoller Umgebung gemacht, sondern sie sind Früchte schmerzlicher und mühevoller Lebensphasen, und die wichtigsten Lehren für die Bildung unserer Persönlichkeit haben wir oft Situationen zu verdanken, die das Letzte von uns gefordert haben. Dass wir immer noch leben und dass wir auch noch gern leben, obwohl vieles so schwierig gewesen ist, hängt damit zusammen, dass wir die meisten dieser unangenehmen und schmerzlichen Ereignisse nicht auf die Negativliste unserer Lebenserinnerungen setzen, sondern sie zu denen zählen, die unser Leben bereichert und ihm Profil gegeben haben. Sie können eine wichtige Ressource für den Weg in die Zukunft sein.

Die Erinnerung an Situationen, in denen man Schwieriges durchstehen und an dem man vielleicht sogar wachsen konnte, gibt einem die Freiheit, auch in eine ungewisse Zukunft vertrauensvoll hineinzugehen. Gelassenheit und Gottvertrauen haben nichts mit naiver, lebensfremder Gläubigkeit zu tun, sondern mit der Erfahrung, dass ich Gott und dem Leben trauen kann, weil ich oft erlebt habe, dass dieses Vertrauen getragen hat. Gelassenheit und Gottvertrauen sind Folgen von Erfahrungen, von gelebtem Leben, und sie können einem zu einem dankbaren Blick auf das Leben überhaupt führen.

Am Ende eines Kurses von »Älter werden und weiterwachsen« sagen wir manchmal den Teilnehmern, sie sollten sich bitte alle Ressourcen aufnotieren, die ihnen in diesen Tagen bewusst geworden sind und die ihnen für den Weg in die Zukunft hilfreich sein können. Das bringt oft überraschende Ergebnisse zutage. Während bisher die Zukunft den Teilnehmern eher nebulös und verunsichernd erschien, kommen ihnen jetzt viele Erfahrungen, Einsichten, Fähigkeiten und Entdeckungen in den Blick, die sich als hilfreiches Marschgepäck für den weiteren Lebensweg erweisen können. Erfahrungen aller Art, die wir dankbar betrachten und annehmen, können so zu Bausteinen für die Zukunft werden. Dankbarkeit schafft Mut für die Zukunft.

Manchmal sagen mir Menschen: »Ich bin Gott unendlich dankbar für mein Leben.« Oder: »Ich danke Gott jeden Morgen, dass ich gesund aufstehen kann.« Gelegentlich frage ich dann freundlich zurück: »Haben Sie ihm das schon ausdrücklich gesagt?« Dann tritt meistens eine etwas peinliche Stille ein. Ich gestehe dann ehrlich, dass ich es auch oft vergesse. Es ist schön, wenn wir wenigstens grundsätzlich dankbar sind und wissen, dass wir nicht alles nur selbst geschafft haben. Aber warum sprechen wir es nicht auch aus? Jemand sagte mir einmal, man solle sich bemühen, wenigstens dreimal täglich für irgendeine Kleinigkeit dankbar zu sein und es Gott auch zu sagen. Als ich diesen Rat hörte, ging mir spontan die Ahnung auf, wie viel innere Weite und Freiheit daraus erwachsen könnte. Ich habe auch über einen alten, kranken Menschen gehört, dass sein auffallendster Charakterzug der letzten Jahre gewesen sei, dass er für alles dankbar sein konnte. Man kann ahnen, was ein solcher Mensch ausstrahlt!

Davon sind wir vielleicht noch weit entfernt. Aber bei der Lektüre der folgenden Ausführungen, die uns in verschiedenste Bereiche unseres bisherigen Lebens führen, können wir ein wenig neugierig nachschauen, wo wir überall – für kleine und große Dinge – Grund zur Dankbarkeit haben. Vermutlich wird es viel zu entdecken geben. Je häufiger wir solche Anlässe wahrnehmen und sie bewusst »be-danken« – vor uns selbst und vor Gott –, desto mehr kann eine Grundhaltung der Dankbarkeit auf dem Grund unserer Seele wachsen, die uns zudem gütig und zukunftsoffen macht. Das können wir für den Weg ins Alter gut brauchen, gerade auch als Gegenwicht zu all jenen Dingen, die uns ständig die Erdenschwere unseres Lebens spüren lassen.

Für den Benediktiner David Steindl-Rast ist Dankbarkeit ein Grundbegriff, ein Grundanliegen seiner kontemplativen Spiritualität. Dankbarkeit öffnet das Herz des Menschen für Gottes beständige Gegenwart, lässt ihn ganz im Jetzt leben und weitet das Herz erwartungsvoll auf die Zukunft hin. Dankbarkeit ist für ihn »das Bewusstsein, dass das ganze Leben Geschenk ist«[41]. Es geht also nicht nur darum, gelegentlich oder auch oftmals dankbar zu sein, sondern Dankbarkeit soll allmählich zu einer Grundhaltung werden und schließlich das ganze Bewusstsein prägen. Bruder David benützt im englischen Original seiner Schriften für Dankbarkeit nicht das normale Wort *gratitude*, sondern *gratefulness*, was man auch wörtlich mit »Dankerfülltsein« übersetzen könnte. Da ist ein Mensch voll des Dankes, als gäbe es in ihm eine Quelle, aus der ständig Dankbarkeit sprudelt und ihn die Fülle des Lebens erfahren oder wenigstens erahnen lässt.[42] Bruder David ist inzwischen 87 Jahre alt und kündet immer noch unermüdlich von seinem Weg der Dankbarkeit.

Gewohntes abgewöhnen

So sehr dieser dankbare Blick auf die Vergangenheit wichtig ist: Es darf nicht darum gehen, sich darin einzurichten, immer wieder die alten Erlebnisse herzuholen, die alten Fotoalben anzuschauen und die gleichen alten Geschichten zu erzählen. Das tut uns selbst nicht gut und den Zuhörern auch nicht. Die Vergangenheit ist nicht unsere Zukunft. Tagebücher wollen nicht nur gelesen, sondern auch fortgeschrieben werden. Das Leben will weitergehen, weiterleben.

Für viele Menschen ist der Übergang zum Alter kein großes Problem. Sie freuen sich auf das Neue. Sie haben sich nicht zu sehr mit ihren äußeren Tätigkeiten identifiziert, haben viele Interessen und Talente entwickelt, mit denen sie auch ohne Beruf oder besonderes Amt getrost in die Zukunft gehen und auch noch für andere Menschen von Nutzen sein können. Solche Menschen leben in der neuen Freiheit des Alters noch einmal ganz neu auf und erleben eine neue Phase beglückender Kreativität.

Für andere bewirkt aber der Übergang ins Alter, vor allem das Ausscheiden aus Beruf und Verantwortung, eine tiefe Krise. Die Zukunft steht wie eine Mauer vor ihnen, weil sie sich mit einem Amt oder überhaupt mit ihrer Arbeit übermäßig identifiziert und daraus ihre Wertschätzung bezogen haben. Doppelt problematisch kann die Situation werden, wenn man von einem Tag auf den anderen aus Amt und Würden bzw. aus einer völlig ausfüllenden Arbeit entlassen wird. Das kann durch plötzliche Arbeitslosigkeit Wirklichkeit werden, aber auch, wenn das Ausscheiden zu einem bestimmten Datum zwar seit Jahren bekannt ist, man es aber verdrängt hat und erst dann aufwacht, wenn der Tag gekommen ist und man plötzlich im Leeren steht. Wenn ein solches Ereignis eintritt, ist das ein besonders schmerzliches Problem, wie eben bei allem, was unerwartet über uns hereinbricht. Merkwürdig ist jedoch, dass es erstaunlich viele Menschen gibt, die den Termin ihrer Pensionierung seit Langem kennen und dann doch wie aus heiterem Himmel in ein Loch fallen. Ich erinnere mich an Gespräche mit überbeschäftigten Menschen, die mir sagten, sie hätten keine Zeit, sich jetzt schon über die Zeit »danach« Gedanken zu machen. Dann muss man sich nicht wundern, wenn der Übergang in den Ruhestand entsprechend »holpert«.

Es gibt aber auch Menschen, die sich rechtzeitig Gedanken machen und ein wenig vorausschauen. Unsere Kurse sind ausgeschrieben für Menschen im Pensions- und Rentenalter, aber auch bewusst für solche, »die sich rechtzeitig darauf vorbereiten wollen«. Es gibt daher immer auch Teilnehmerinnen und Teilnehmer, die noch voll in ihrem Beruf stehen, aber mit der Absicht kommen, sich Anregungen für die Zeit »danach« zu holen. Manche von ihnen haben panische Angst vor der Pensionierung, auch schon vor Altersteilzeit, weil sie sich ein Leben ohne ihr Amt oder ihre Arbeit nicht vorstellen können. Wenn sie dann aber einige Tage über ihr Leben und das, was sie eigentlich wollen, nachgedacht haben, wird so manchem klar, dass er sich gar nicht so mit seiner Arbeit identifiziert hat, wie es ihm bisher schien. Auf einmal geht ihm auf, dass es viele andere Dinge und Themen gibt, die ihm liegen, mit denen er sich »endlich mal« befassen möchte. Ich habe schon erlebt, dass jemand nach dem Kurs einen früheren Termin für seine Pension ins Auge gefasst hat, weil ihn plötzlich eine neue Lust gepackt hatte, auch andere Seiten zu leben, die er bisher vernachlässigt hatte. So etwas kann man einem Menschen dann auch äußerlich ansehen: Er ist entspannter, es strahlt etwas in ihm.[43]

Trotzdem kann es bei diesem Übergang noch genügend Schwierigkeiten geben. Wenn jemand beispielsweise eine bedeutende Stellung innehatte, Einfluss, Privilegien, wenn er Aufmerksamkeit von seiner Umgebung bekam und das alles dann plötzlich nicht mehr hat, kann er allerhand »Entzugserscheinungen« bekommen. Das hängt dann nicht mit bewussten Einstellungen zusammen, sondern mit Gewohnheiten, die der bisherige Lebensstil mit sich brachte und die wie selbstverständlich zum Leben dazugehörten. Plötzlich fehlt etwas, was bisher ganz normal und alltäglich war.

Als wir den 80. Geburtstag meines Vorgängers, Abt Bonifaz Vogel, feierten, haben wir schwerpunktmäßig solche Persönlichkeiten aus Kirche und Gesellschaft eingeladen, die zu dieser Zeit nicht mehr im Amt waren, es während der Amtszeit von Abt Bonifaz jedoch noch innehatten. Einer dieser Herren, den ich auch persönlich gut kannte, kam auf mich zu und bedankte sich überschwänglich: »Ich habe mich über Ihre Einladung riesig gefreut. Wissen Sie, wenn man nicht mehr im Amt ist, wird man kaum noch eingeladen. Man wird einfach vergessen.« Diese Worte haben sich mir deutlich eingeprägt. Eigentlich ist es ja natürlich, dass man nicht immer alle ehemaligen Honoratioren einladen kann. Das war auch diesem Herrn klar. Aber plötzlich fehlt einem dann doch etwas, wenn man nicht mehr eingeladen wird und »dabei sein« darf.[44]

Die Frage ist dann nur, wie man mit diesem »Entzug« umgeht. Man kann sich selbst bedauern, ärgerlich werden und über den Undank der Welt murren – »Schließlich habe ich doch eine Menge geleistet und die können froh sein, dass es mich gegeben hat«. Man kann sich aber auch sagen, dass man jetzt wirklich nicht mehr wichtig ist, sondern andere, und dass man nun mit sich selbst einen anderen Weg gehen muss. Es ist gut, dankbar auf das zu schauen, was im Leben gut war und gelungen ist, aber es ist ebenso wichtig, nicht daran zu kleben, sondern mit dieser Dankbarkeit in eine neue Zukunft zu gehen und neue Chancen wahrzunehmen.

Meistens wird man ausdrücklich – oft auch in sehr feierlicher Form – aus seinem Amt oder seiner Aufgabe verabschiedet. Es ist gut, Dank auszusprechen und die Lebensleistung eines Menschen nochmals zu würdigen. Gelegentlich kann man bei solchen Verabschiedungen hinter vorgehaltener Hand aber auch die Bemerkung hören: »Hoffentlich hat er kapiert, dass er jetzt nichts mehr mitzureden hat.« Es könnte ja sein, dass jemand das Lob als Bestätigung dafür ansieht, dass er eigentlich unentbehrlich und auch weiterhin »wichtig« ist. Verabschiedung ist Verabschiedung. Natürlich ist es schön, wenn man erlebt, dass »die anderen« auch später noch dankbar an einen denken. Aber das darf nicht zu einer Dauererwartung werden.

Für den Rest des Lebens bleibt normalerweise die Frage, wie man dann ohne besonderen Status und ohne besondere Aufmerksamkeit anderer leben und gut leben kann. Dahinter steht die ehrliche Auseinandersetzung mit mir selbst, wie sehr ich von äußeren Dingen, von Anerkennung und Privilegien abhängig bin oder ob ich mehr von inneren Werten und Erfahrungen leben kann.

Ich habe mir den obigen Ausspruch eines ehemaligen Amtsträgers beim 80. Geburtstag meines Vorgängers gut gemerkt und mir damals schon gesagt, dass es mir später wohl einmal ähnlich ergehen wird. Deshalb habe ich im Lauf der Jahre immer wieder beobachtet, wie Menschen aus Ämtern scheiden, was das so alles mit ihnen macht und was man tun muss, damit man hinterher möglichst unglücklich wird.[45] Ich war entschlossen, mir das nicht anzutun. Als ich dann aus meinem Amt ausschied, habe ich mir in meinem Tagebuch viele Dinge notiert, die jetzt anders sein werden: wo ich in Zukunft keine Rolle mehr spielen werde, wo ich nicht mehr gefragt bin und wo ich keine besondere Aufmerksamkeit mehr erwarten kann. Weiter schrieb ich mir dazu, dass ich das akzeptieren werde, auch wenn es mich manchmal zwickt, weil unbewusste Gewohnheiten etwas anderes erwarten. Wenn ich dann in eine solche Situation geriet, sagte ich mir: »Ach ja, das habe ich mir damals schon aufgeschrieben. Das war doch schon klar für mich!« Das bringt mir ein selbstironisches Lächeln ins Herz, und die Sache ist schnell erledigt. Ich brauche dafür keine weitere Energie zu verschwenden, sondern kann sie für die vielen schönen Dinge einsetzen, die vor mir liegen. Es ist schön, mit Wohlwollen an die Vergangenheit denken zu können, aber es ist auch sehr befreiend, sich von ihr nicht fesseln zu lassen, sondern ungehindert und frei in eine neue Zukunft zu gehen.

Humor, das Lächeln über sich selbst kann dabei eine gute Hilfe sein. Ich traf einmal einen ehemaligen Chefarzt, der nach seiner Pensionierung immer wieder als Senior-Expert nach Afrika reiste, um Missionsärzte während ihres Heimaturlaubes zu vertreten. Als er mir erzählte, wie gerne er dies tat, fragte ich ihn, was denn seine Frau dazu sage, wenn er oft monatelang außer Haus sei. Er antwortete: »Sie hat gesagt: Von mir aus kannst du das ruhig noch öfters übernehmen.« Dann lachte er und erzählte mir, dass er seiner Frau zu Hause empfindlich auf die Nerven falle, weil er sich immer noch wie ein Chefarzt benehme. Da seien solche Auszeiten für ihn und seine Frau eine große Hilfe. Er konnte seine alten Verhaltensweisen also noch nicht ganz ablegen, aber er konnte schon darüber lachen und wusste, dass solche Pufferzeiten ihnen beiden genug Spielraum schaffen, sich an die neue Situation anzupassen. Kluge Einsicht und ein Schuss Selbstironie sind eine gute Hilfe für solche Übergangs- und Umgewöhnungszeiten.

Man muss wissen, dass solche Übergänge auch bei bestem Willen und bester Einsicht oft ihre Zeit brauchen. Wenn man zum Beispiel aus einem Amt scheidet, das von Statussymbolen geprägt war, wird sich nach dem Ausscheiden aus dem Amt sehr bald herausstellen, wie lebenswichtig für einen selbst solche Symbole waren, wie sehr man sich damit identifiziert hat, oder ob man bei allem Gewicht des Amtes Mensch geblieben ist, unabhängig von den Privilegien dieser Position. Am besten fragt man sich das testweise immer wieder einmal, während man noch »in Amt und Würden« ist. Von einer solchen »Testsituation« hat mir ein Bekannter erzählt. Er sagte, dazu müsse man sich vorstellen, nachts einsam in seinem Bett zu liegen, schlaflos, nur mit einem verwaschenen Schlafanzug bekleidet. Man hätte also nichts, das auf andere Eindruck machen könnte, und es wäre auch gar niemand da, auf den man jetzt Eindruck machen könnte. In einer solchen Situation sollte man sich fragen: Kann ich mich so mögen und mit mir zufrieden sein, auch ohne Macht und teure Klamotten? Bin ich mir selbst etwas wert?

Das ist vielleicht ein etwas skurriler Vorschlag. Ich habe ihn noch nicht ausprobiert, zumal schlaflose Nächte bei mir sehr selten sind. Aber ich habe manchmal, wenn ich mich in meinen Aufgaben und in dem, was ich äußerlich darstellen musste, zu verlieren drohte, gefragt: »Gibt es eigentlich mich selbst auch noch? Einfach nur mich selbst, ohne alles andere?« Es ist wichtig, immer wieder bei sich selbst anzukommen und nicht nur auf einer Bühne oder in einer Verkleidung zu leben, in Scheinwelten, die man für die Wirklichkeit hält und in denen am eigentlichen Leben vorbeilebt. Wenn ich mir diese Frage stellte, versuchte ich still zu werden und nach innen zu schauen. Da war dann nur ich, ganz allein, aber nicht einsam. Wenn ich dann in ein leichtes Selbstgespräch verfiel, rutschte ich meistens spontan in den Dialekt meiner Kindheit, meine eigentliche Muttersprache. Und auch das Gebet war plötzlich Dialekt, ganz einfach, ganz nah bei Gott, ohne alles andere, was sonst so wichtig und gewichtig schien. Das hat mir neue Zuversicht gegeben. Ich habe gespürt, dass es eine innere Identität gibt, die nicht verschüttet wurde und die gegebenenfalls auch ohne Status, Leistung und Amt zufrieden leben kann, ohne dass ihr wirklich etwas fehlen würde. Man wird umso leichter auf Gewohntes und Gewichtiges verzichten können, je mehr man die innere Identität entdeckt und Erfahrungen machen kann, die nicht von äußeren Tätigkeiten, Leistung und Anerkennung abhängig sind. Davon wird in späteren Kapiteln noch ausführlich die Rede sein. Abschließend zu diesem Punkt sei noch eine bekannte Maxime von Angelus Silesius erwähnt:

Mensch, werde wesentlich!
Denn, wenn die Welt vergeht,
so fällt der Zufall weg,
das Wesen, das besteht.[46]

Es ist wichtig, dass der Zufall wegfällt, das heißt alles, was uns zugefallen ist und was wir selbst hinzugeholt haben. Dann kann das Wesentliche zum Vorschein kommen.

Erfolg relativieren

Manchmal überschätzen wir unsere Erfolge und Leistungen und meinen deshalb, dass »die anderen« uns ständig dankbar sein müssten. Das kommt oft daher, dass wir unsere Erfolge zu ichzentriert betrachten. Ich möchte das an einem Beispiel erläutern. In Publikationen über unser Kloster heißt es oft, Abt Placidus Vogel, der erste Abt von Neu-Münsterschwarzach, habe die Abteikirche gebaut. Das stimmt – und stimmt auch nicht. Genau so richtig ist, dass die Kirche mithilfe einer riesigen Schar unserer Brüder erbaut wurde, die oft Tag und Nacht gearbeitet haben, meist unter schwierigen und sehr ärmlichen Umständen. Es ist ebenso richtig, dass wir den Bau auch Menschen verdanken, die uns damals während der Nazi-Zeit zu einer Baugenehmigung verholfen haben und dass es eine riesige Anzahl von Menschen gab, die den Bau finanziell unterstützten, sonst hätten weder Abt noch Brüder diese Kirche bauen können. Der Bau der Abteikirche von Münsterschwarzach ist die Leistung und der Erfolg ganz vieler Menschen.

Das ist nun keine besonders überraschende Neuigkeit. Das kann jeder wissen. Aber es scheint mir wichtig, Erfolge, vor allem herausragende Taten und Erfolge, in solchen Zusammenhängen zu sehen. Abt Placidus war eine eindrucksvolle und starke Persönlichkeit, der wir unendlich viel verdanken. Aber was wäre er ohne seine Brüder gewesen und ohne all die anderen? Die Pläne für den Kirchbau wären reine Phantasie geblieben.

Solche Überlegungen schmälern seine Verdienste nicht – im Gegenteil! Sie zeigen ihn plötzlich in Verbindung mit einer großen Zahl tüchtiger Männer seiner eigenen Gemeinschaft und vieler Männer und Frauen außerhalb des Klosters, die gemeinsam dieses Werk geschaffen haben. Das verkleinert nicht seine Persönlichkeit, sondern stellt sie in größere Zusammenhänge. Und das ist auch der Grund, warum das noch junge Kloster überleben konnte, auch als Abt Placidus aus dem Amt geschieden war und schon sehr bald Krieg und Aufhebung über unsere Gemeinschaft hereinbrach. Sein Werk hat überlebt, weil es nicht nur sein Werk war. Von Antoine de Saint-Exupéry wird das Wort überliefert: »Ein Führer, das ist einer, der die anderen unendlich nötig hat.«[47] Er hat die anderen *unendlich* nötig, weil ohne sie kein Werk gelingen und schon gar nicht auf längere Zeit bestehen kann.

»Die anderen« werden nicht nur zum Aufbau, sondern auch zur Weiterführung benötigt. Je mehr es von »den anderen« als ein gemeinsames Werk verstanden wird, desto wahrscheinlicher ist es, dass es auch »hinterher«, nach dem Ausscheiden des Führenden, weiter Bestand hat. Ich habe einmal die humorvolle Bemerkung gehört, man solle bei der Verabschiedung von Spitzenmanagern mit der Lobrede – eventuell auch mit der Auszahlung der satten Abfindung – erst noch drei Jahre warten, weil man bis dahin sehen kann, ob das Lob noch stimmt, ob sich nämlich herausstellt, dass sein Führen und Gestalten wirklich nachhaltig war, sodass es von anderen weitergeführt werden konnte, oder ob da ein Star einen schnellen Erfolg gelandet hat, der auf Dauer nicht tragen konnte. Ein solcher Vorschlag ist skurril, aber er trifft etwas Wichtiges.

Es ist mir wichtig, hier etwas bei diesem Aspekt zu verweilen, weil mich solche Gedanken oft beschäftigt und auch ermutigt haben. Mir war immer klar, dass vieles von dem, was ich im Lauf meiner Amtszeit bewirken konnte, nur möglich war, weil viele Mitbrüder mitgedacht und intensiv mitgearbeitet haben. Besonders deutlich wurde mir das am Ende, als ich für mich persönlich Rückschau auf die vielen Jahre hielt. Es war unglaublich viel geschehen. Zu Beginn meiner Amtszeit hätte ich es nie für möglich gehalten, dass *ich* das alles bewirken könnte. Aber sofort fiel mir ein, dass dieses *Ich* eigentlich ein *Wir* ist. Sofort kamen mir die Bilder in den Sinn, wie *wir* das oder jenes getan haben, wie viele zum Gelingen dieses oder jenes Projektes beigetragen haben. Ich sah sie leibhaft vor mir und habe mich darüber gefreut.

Oft hatte ich sogar nur die Idee für etwas Neues, doch die Arbeit haben andere gemacht. Das gilt besonders für eines der letzten Projekte meiner Amtszeit, das zur alternativen Energieerzeugung. Die ursprüngliche Idee dazu hatte ich wohl, aber ich hatte nicht die geringste Ahnung, wie sie technisch zu realisieren wäre. Dafür hatten wir geniale Fachleute unter den Mitbrüdern und Angestellten, die ein sehr intelligentes Zusammenspiel verschiedener Elemente entwarfen, das ständig angepasst und weiterentwickelt wird. Ich habe heute noch nicht verstanden, wie das alles funktioniert, weil mir dazu die technischen und wissenschaftlichen Voraussetzungen fehlen. Das stört mich und vor allem auch unsere Fachleute nicht, weil sie nicht befürchten müssen, dass ich ihnen in etwas hineinrede, wovon sie viel mehr verstehen als ich. Man könnte natürlich sagen, dass es irgendwie *mein* Projekt ist oder ein Projekt meiner Amtszeit, das man auf meine »Leistungsliste« setzen könnte, aber das wäre eine schräge Sicht der Wirklichkeit. Jeder, der dabei war, kann stolz sein auf seinen Beitrag zum Projekt. Aber es ist ein »Wir-Projekt«. Diese Sicht macht mich nicht kleiner, macht keinen von uns kleiner, aber mich macht sie dankbar, sehr dankbar. Das ist eine schöne Erfahrung. Wer selbst dankbar ist, muss nicht ständig von anderen bedankt werden. Und weil es nicht einfach *mein* Projekt war, hat man es auch nicht mit mir zusammen verabschiedet, sondern weitergeführt.

Das ist ein Beispiel für viele andere. Und diese Sicht könnte man auf alles anwenden, was wir irgendwie geschaffen und geleistet haben. Was war denn wirklich so ganz und gar allein unser eigenes Verdienst? Wie sehr hängen wir auch in unseren besten Leistungen von anderen ab? Das können wir auch am Gegenteil sehen, wenn wir feststellen müssen, dass unsere oder die besten Ideen oder Einzelleistungen anderer nicht zum Tragen kommen, weil eben »die anderen« nicht mitspielen? Erfolg und Misserfolg hängen in reichem Maß auch von anderen ab. Eine solche Sicht der Dinge kann uns helfen, die eigene Leistung nicht zu hoch zu bewerten und sie dann auch, wenn es Zeit ist, gelassen zu verabschieden. Diese Sicht auf das Wir kann ich-bezogene Eitelkeit und die Glorifizierung der eigenen Person verhindern und stattdessen eine Dankbarkeit bewirken, die ein Miteinander sichtbar macht, das tragfähig ist und Hoffnung für die Zukunft macht.

In diesen Zusammenhang passen gut einige Bemerkungen aus den »Fragen eines lesenden Arbeiters« von Bert Brecht:

Wer baute das siebentorige Theben?
In den Büchern stehen die Namen von Königen.
Haben die Könige die Felsbrocken herbeigeschleppt? ...
Der junge Alexander eroberte Indien.
Er allein?
Cäsar schlug die Gallier.
Hatte er nicht wenigstens einen Koch bei sich?[48]

Zur Relativität des Erfolgs möchte ich noch eine andere Erfahrung erwähnen: Vor Jahren musste ich mich einer einfachen Bruchoperation unterziehen. Als ich gerade wieder ins Kloster zurückgekehrt war, stellte sich heraus, dass die Wunde zu eitern begann und ich erneut operiert werden musste. Bei der darauffolgenden Visite stand der Chefarzt, mit dem ich seit Jahren gut bekannt war, an meinem Bett, drückte ein wenig auf die Wunde und sagte ganz nachdenklich vor sich hin: »Hoffentlich heilt's diesmal.« Das irritierte mich: Ein begabter Operateur, eine einfache Operation, alltägliche Routine – und er weiß nicht, ob es heilt, er kann nicht garantieren, dass es heilt! Eigentlich ist das klar: Wir hatten doch gerade erlebt, dass sogar eine Routineoperation verunglücken kann. Bei mir geschah aber in diesem Moment mehr, es war wie eine Erleuchtung für mich, wie ein Durchblick durch viele Situationen des Lebens: Die Operation kann professionell noch so gelungen sein, aber die Viren in der Luft kann man nicht kontrollieren, und man kann auch nicht wissen, ob aus dem Körper selbst eine Reaktion entsteht, die eine neue Krise provoziert.

Ich kann ein vorsichtiger und aufmerksamer Autofahrer sein, aber ich kann nicht verhindern, dass ein anderer leichtsinniger Lenker mit mir zusammenstößt. Ich kann vorsichtshalber mein Auto stehen lassen, werde aber auf dem Gehweg von einem schleudernden Auto angefahren. Plötzlich fielen mir alle möglichen Situationen meines Lebens ein, bei denen die Sache auch schlimmer hätte ausgehen können, und es wurde mir schlagartig bewusst, wie viele unberechenbare Komponenten bei allen Ereignissen und Unternehmungen mitspielen. Eigentlich ist das keine besonders intelligente Entdeckung. Auf so etwas kann man auch durch ein wenig Nachdenken kommen. Für mich war es aber mehr. Es war keine logische, sondern eine existenzielle Einsicht, wenn ich das einmal so nennen darf, ein innerer »Klick«, ein plötzlicher Durchblick in innere Gesetzmäßigkeiten des Lebens. Vieles, was ich bisher erlebt und erreicht hatte, erschien plötzlich in einem neuen Licht. Es wurde mir klar: Einiges von dem, was gelungen und erfolgreich geplant worden ist, müsste man vielleicht mit dem Etikett »Zufall« oder »Fügung« oder »Geschenk« beschriften. Ich habe diese Erfahrung damals in meinem Tagebuch festgehalten und eine Zeitlang bewusst mit dieser neuen Einsicht gelebt. Es war unterhaltsam, mir immer wieder einzugestehen, dass etwas trotz bester Planung auch anders hätte ausgehen können. Es fiel mir so allerhand ein, was auch hinderlich oder verhindernd hätte wirken können. Deshalb konnte ich für alles, was funktioniert hatte und gelungen war, dankbar sein. Die Bedeutsamkeit meiner eigenen Leistung hat sich dadurch um einiges relativiert. Aber das hat mich nicht kleiner gemacht, sondern etwas Größeres deutlicher in den Blick kommen lassen: göttliche Fügung und Vorsehung, die in kleinen und großen Ereignissen wirksam ist und allen negativen Eventualitäten zum Trotz immer wieder vieles gelingen lässt, was genauso gut hätte schief gehen können.

In diesem Zusammenhang ging mir ein Wort aus der Benediktsregel neu auf: »Wenn du etwas Gutes beginnst, bestürme ihn beharrlich im Gebet, er möge es vollenden« (Benediktsregel Prolog 4). Mit diesem Wort konnte ich vorher nicht viel anfangen. Wenn man etwas Gutes vorhat und es auch gut plant, dann wird es schon gehen. Man soll Gott nicht zu viel bemühen. Jetzt klang das alles ganz anders, jetzt ging es darum, alles im Horizont Gottes zu sehen, den wir »beharrlich bestürmen« sollen. Im lateinischen Text ist von *instantissima oratione* die Rede. Es geht um ein »äußerst inständiges Gebet«. Das muss sich nicht in vielen Worten äußern. Es meint eine innere Intensität, es hat seine Kraft aus einer tiefen inneren Überzeugung, die vertrauensvoll nach Gott Ausschau hält. Wenn sich das Gewünschte und Geplante wirklich erfüllt, dann hatte auch Gott die Hand mit ihm Spiel, sodass sich die negativen Spielmöglichkeiten nicht durchsetzen konnten.

In diesen Zusammenhang passt auch ein Wort des Apostels Paulus (1 Korinther 3,6f), in dem er gleichzeitig auf seine eigene Leistung und die seiner Mitarbeiter hinweist: »Ich habe gepflanzt, Apollos hat begossen, Gott aber ließ wachsen. So ist weder der etwas, der pflanzt, noch der, der begießt, sondern nur Gott, der wachsen lässt.« Es war wichtig, dass einer gesät und ein anderer gegossen hat, aber das ist noch nicht der Erfolg. Als alles Notwendige getan war, hat ein anderer dafür gesorgt, dass die Saat tatsächlich wachsen und Frucht tragen kann.[49]

Eigenes Versagen wahr-nehmen

Niemand hat nur Erfolg, und so mancher Erfolg wurde auch auf dem Rücken und zum Nachteil anderer errungen. Vieles, was wir getan haben, war schlecht oder minderwertig. Wer aus einem Amt oder einer Aufgabe scheidet, der hat nie nur eine Erfolgsbilanz vorzuweisen. Das gilt für jede Art von Aufgabe oder Verantwortung, mag sie nach außen hin eindrucksvoll oder eher gering und alltäglich erscheinen, und es gilt zudem für jede Art von Rückblick auf das eigene Leben. Das muss uns nicht verwundern, und wir brauchen uns dessen nicht zu schämen. Jeder Mensch hat, eben weil er ein Mensch ist, seine Schwächen und Begrenzungen. Menschliches Verhalten ist – neben so manch Hervorragendem – immer auch brüchig. Entscheidend ist, wie ich mit den Schwachpunkten meiner Vergangenheit umgehe und ob ich sie überhaupt wahrnehmen kann, ob ich also mit einer gewissen Ehrlichkeit und Objektivität der *ganzen* Wahrheit meines Lebens ins Gesicht schauen kann.

Misserfolg oder Versagen können natürlich ganz verschiedene Ursachen haben. Manchmal steckt dahinter eigene Schuld, Nachlässigkeit oder auch Bosheit. Andererseits kann sich die eigene Verantwortung reduzieren, wenn der Misserfolg oder das Versagen von anderen »mitgestrickt« wurde, wenn Menschen oder äußere Umstände das Tun oder auch das Nicht-Können mit verursacht haben. Ebenso wie sich der eigene Erfolg durch die Mitwirkung anderer Menschen reduzieren kann, so gelegentlich auch der Misserfolg. Solche Einsichten in die Schwachseiten unseres Charakters und unseres Tuns sind wohl in der Rückschau des Alters etwas leichter zu erkennen, als wenn wir noch voll in Arbeit und Verantwortung stehen und daher wenig Distanz zum eigenen Tun haben.

Und doch wäre es auch in dieser Situation schon möglich und notwendig gewesen, mit mehr Selbsterkenntnis auf das eigene Tun und Lassen zu schauen. Der heilige Benedikt jedenfalls erwartet vom Abt, dass er nicht nur um sein Amt und seine Amtsbefugnis weiß, sondern dass ihm auch seine eigenen Schwächen bewusst sind. Er kleidet diese Einsicht in den lapidaren Satz: »Stets rechne er mit seiner eigenen Gebrechlichkeit« (Benediktsregel 64,13). Wörtlich könnte man auch übersetzen: »Er sei stets misstrauisch in Bezug auf seine eigene Gebrechlichkeit *(fragilitas)*.« Natürlich soll ihn das nicht daran hindern, klar zu führen und Entscheidungen zu treffen, aber das innere Wissen um die fragilen Anteile seiner Persönlichkeit lässt ihn wachsam sein für seine Reaktionen gegenüber den Brüdern und bewirkt dies in ihm umgekehrt auch Verständnis für die fragilen Seiten seiner Brüder, sodass im Umgang mit ihnen »Barmherzigkeit« oft wichtiger ist als »strenges Gericht«. Die Erinnerung an die eigene Schwäche und eigenes Versagen soll den Abt barmherzig machen gegenüber den Brüdern, weil ihm bewusst ist, dass er selbst ebenfalls der Barmherzigkeit bedarf.[50]

Es ist ein Zeichen von Reife und Weisheit, die *ganze* Wahrheit in den Blick zu nehmen und zu ihr stehen zu können. Immanuel Kant beschreibt diese Weisheit des Alters damit, dass man dann in der Lage sei, »alle Torheiten (der früheren Lebensphasen) einzusehen.«[51] Vieles lässt sich nur aus einer gewissen zeitlichen Distanz und beim allmählichen Aufdämmern von Weisheit klar erkennen; aber es ist wichtig, es wahrzunehmen und gut damit umzugehen. Manches Versagen, das andere geschädigt hat, ist so vielleicht wiedergutzumachen, wenigstens durch eine Entschuldigung oder ein klärendes Gespräch.

Manche Torheit oder vermeintliche Wahrheiten, denen man anhing, kann man nun belächeln ob ihrer Naivität, und manches andere können oder müssen wir auch vor Gott bringen. Karl Rahner sagt dazu: »Mit seiner Umkehr zu Gott darf [der alte Mensch] selbst, was in seinem Leben schief gelaufen ist und finster war, noch einmal mit dem vergebenden Gott zusammen milde und verzeihend beurteilen, darf all das mit der Liturgie der Kirche als ›glückselige Schuld‹ verstehen. Der Blick auf das vergangene Leben kann uns gegen andere toleranter werden lassen.«[52]

Es lohnt sich, dieses kurze Zitat besinnlich auf sich wirken zu lassen: Der Mensch soll sich in seinem Alter nochmals mit seinem gelebten Leben vor Gott stellen und es von ihm anschauen lassen. Er darf dabei wissen, dass Gott nicht nur einen unbestechlich klaren Blick für die realen Fakten hat, sondern er auch »milde und verzeihend« unser Leben beurteilen wird. Und wir sind eingeladen, mit ihm zusammen ebenfalls »milde und verzeihend« auf unser Leben zu blicken. Das will Karl Rahner wohl vor allem jenen sagen, die sich ihr Versagen selbst nicht vergeben können, die immer noch mit sich hadern und mit ihrem eigenen Leben, ihrer eigenen Vergangenheit keinen Frieden schließen können.[53] Der Hinweis auf die »glückselige Schuld« bezieht sich auf das *felix culpa* im *Exsultet*, dem großen Lobpreis auf das Licht in der Osternacht, in dem deutlich wird, dass die Schuld des Menschen ihn auch dem liebenden und erlösenden Gott näher gebracht bzw. den Gott der Liebe und des Erbarmens erst so recht in den Blick kommen ließ. Deshalb wird von einer »glückseligen Schuld« gesprochen, die im Endeffekt »unser Glück« war, weil sie ein Übermaß an Gnade und neuem Leben bewirkt hat. Das geht auch zusammen mit einer Erfahrung, die wir selber oft im Leben machen können, dass sich nämlich manches Versagen und manches Missgeschick im Rückblick als Vorteil und Segen herausgestellt hat. Der »milde und verzeihende« Blick, den wir zusammen mit Gott auch auf das Dunkle in unserem Leben werfen dürfen, kann uns dann – nicht nur nach Meinung von Karl Rahner – auch »gegen andere toleranter werden lassen«. Wer seine Dunkelheiten klar wahr-nehmen und Vergebung – auch von sich selbst – erfahren durfte, kann im Alter wirklich gütig und tolerant gegenüber anderen werden.

Ein Anlass, eigenes Versagen in den Blick zu nehmen, kann das Ausscheiden aus einem Amt oder einer bestimmten Aufgabe sein. Bei meinem Ausscheiden aus dem Amt des Abtes bot sich dazu eine günstige Gelegenheit: Da die letzten Wochen meiner Amtszeit in die Fastenzeit fielen, kam uns der Gedanke, einige Zeit vor der offiziellen Abschiedsfeier einen Buß- und Versöhnungsgottesdienst innerhalb der Gemeinschaft zu feiern. Wir nahmen uns dafür viel Zeit. In einer gemeinsamen Gewissenserforschung nahmen wir das Versagen und die Schwachheiten sowohl des Abtes wie auch der Brüder in den Blick, standen zu diesen Schwächen, baten um Verzeihung und verziehen einander, um dann alles den wissenden und gütigen Händen Gottes zu übergeben. Dabei versuchten wir, den Gottesdienst so zu gestalten, dass die Problemfelder deutlich genug benannt wurden, aber auch genügend Diskretion möglich war, damit niemand bloßgestellt wurde. Am Ende warf jeder den Zettel, auf dem er all das Negative notiert hatte, zusammen mit etwas Weihrauch in eine Feuerschale, die in der Mitte des Kapitelsaales stand, und so konnte alles in Rauch aufgehen – himmelwärts.

Dieser Gottesdienst wirkte sehr entlastend und befreiend auf die ganze Gemeinschaft – und auch auf mich. Damit waren noch nicht alle Probleme und Wunden der Vergangenheit geheilt, aber es war ein gemeinsamer und öffentlicher Anfang gemacht, an dem alle teilgenommen hatten. Als dann bei der offiziellen Verabschiedung auch viel Lob zur Sprache kam, war mir dieser Buß- und Versöhnungsgottesdienst noch lebendig im Gedächtnis und sorgte dafür, dass die lichtvollen und die weniger lichten Seiten meiner Amtszeit in einem guten Verhältnis zueinander blieben. Mein Blick auf die *ganze* Wahrheit vermittelte mir ein Gefühl von Freiheit, auch die Freiheit, ein Lob ohne Vorbehalt anzunehmen. Ich war selbst überrascht, denn bis dahin hatte ich eine derartige Erfahrung niemals gemacht.

Schmerzen der Vergangenheit zulassen

Nicht nur eigenes Versagen kann schmerzen; das Leben fügt uns auch sonst auf vielerlei Weise Wunden zu – durch Menschen, durch Ereignisse aller Art und auch durch uns selbst. Solange wir mitten im Getriebe des Lebens stehen, bleibt oft nicht genug Raum und Zeit, unsere Schmerzen anzuschauen oder heilsam mit ihnen umzugehen. Oft müssen wir schmerzliche Gefühle verdrängen, weil dringende Aufgaben unsere ganze Aufmerksamkeit erfordern und das Leben einfach weitergeht und keine Ruhe lässt. Oft ist erst im Alter wieder Zeit und Gelegenheit, auch das, was schwer für uns war und uns verwundet hat, neu anzuschauen, um es in geeigneter Weise verabschieden oder in Zukunft gut damit leben zu können. Aus der Fülle der Themen, die damit zusammenhängen, sollen hier nur einige Erfahrungen und Überlegungen herausgegriffen werden. Zunächst ist die simple Einsicht wichtig, dass es kein schmerzfreies Leben gibt, dass Misserfolg, Enttäuschung und Verwundungen aller Art zum menschlichen Leben grundsätzlich dazugehören. Modernes Lebensgefühl, unterstützt von vielfachen Formen der Werbung, strebt nach einem schmerzfreien Dasein. Das ist eine Illusion, der viele Menschen in westlichen Gesellschaften nachjagen. In anderen Kulturen kennt man jedoch auch eine grundsätzlich andere Einstellung. Beispielsweise sagt ein afrikanischer Schriftsteller: »Die afrikanische Anthropologie ist ein fröhlicher Existentialismus auf einem tragischen Hintergrund.« Und ein Sprichwort aus Westafrika lautet: »Leben ist Leiden, vermählt mit der Hoffnung.«[54] Hier wird deutlich, dass unser Leben immer auch einen tragischen Hintergrund hat, wir aber trotzdem und aus all dem heraus immer wieder froh und zufrieden leben können – nicht, weil es uns immer gut geht, sondern obwohl es uns nicht immer gut geht. Leiden und Schmerzen sind Teil unseres Lebens, aber in einem Horizont der Hoffnung, die vor Verzweiflung schützt und die Zukunft offen hält. Auch im Leid und in den Schmerzen können wir das Leben spüren, nicht nur in den erfreulichen Situationen.

Hierzu passt wohl eine Erfahrung, die Peter Schellenbaum im Anschluss an eine schwere Krankheit, die ihn an den Rand des Todes geführt hatte, berichtet. Wenn er heute eine belastende oder schmerzliche Situation erlebt, dann hält er inne und sagt sich: »Ich lebe.«[55] Das meint: Er bewertet diese Situation nicht als positiv oder negativ, sondern nimmt einfach das pulsierende Leben wahr, das auch in dieser schmerzlichen Situation spürbar ist.

Das erinnert mich an eine eigene Erfahrung, die wohl in eine ähnliche Richtung weist: Wenn ich manchmal in meinem Tagebuch blättere und auf allerlei erfreuliche und schmerzliche Episoden stoße, dann spüre ich, dass bei den sogenannten positiven wie auch bei den sogenannten negativen Erfahrungen das Leben pulsierte. Ich verspüre dann nicht den Drang, sie in »positiv« und »negativ« einzuteilen oder gar so zu tun, als ob die negativen eigentlich kein richtiges Leben gewesen seien und es sie eigentlich nicht hätte geben dürfen. Wenn ich mich so in meine Aufzeichnungen vertiefe, habe ich das Gefühl, dass sie alle zu meinem Leben gehören, den Reichtum und die Ganzheit meines Lebens ausmachen, und ich möchte auch weiterhin friedlich mit ihnen weiterleben. In den negativen Situationen ist sogar oft mehr an Lebenskraft zu spüren als in ruhigen, friedlichen Zeiten; diese sind wohl angenehmer, aber nicht unbedingt »lebendiger«.

Eine solche Erfahrung von Leben ist wohl in der Rückschau etwas leichter als in der schmerzlichen Situation selbst. Aber die Erfahrung von Peter Schellenbaum und die obigen Hinweise auf afrikanische Lebenskunst zeigen, dass ein tieferes Verstehen und Erleben schmerzlicher Lebenssituationen auch in der aktuellen Situation möglich ist, sofern wir nur wach und erfahren genug sind. Aber vielleicht hilft auch eine solch späte Einsicht, schmerzliche Situationen, die noch vor uns liegen, in anderem Licht zu sehen und zu durchleben.

Trotzdem bleiben die schwierigen Situationen unseres Lebens ein Problem. Schmerzen dürfen nicht verharmlost, sie müssen ernst genommen werden. Das kann gerade in der Zeit des Alters zu einer neuen Herausforderung werden. Manches Problem, mancher Schmerz, die man in früheren Jahren nicht beachtet oder verdrängt hat, können sich jetzt in neuer Weise in unser Bewusstsein schieben, wenn wir mehr Zeit und Ruhe haben und nicht mehr aus Termindruck oder anderer Lebensumstände wegen die Gefühle verdrängen müssen. Ich habe dazu eine für mich selbst überraschende Erfahrung gemacht: Vor einigen Jahren war ich im Urlaub in den Schweizer Bergen unterwegs. Ich war allein, genoss die schöne Landschaft und ließ auch die Fantasie schweifen. Völlig unvermittelt kam mir dabei die Erinnerung an ein Ereignis aus meiner Kindheit in den Kopf, als ich wohl etwa zehn Jahre alt war. Damals hatte meine Großmutter eine etwas abfällige Bemerkung über mich gemacht. Ich weiß heute noch die wortwörtliche Formulierung – es ist die einzige Erinnerung an einen Satz, den meine Großmutter wirklich gesagt hat.

Merkwürdigerweise ist mir diese kleine Episode im Verlauf meines Lebens immer wieder einmal eingefallen. Ich habe sie nie ernst genommen und sie einfach weggeschoben. Sie war mir nicht wichtig. Aber jetzt beim Wandern in der schönen Bergwelt fiel es mir wieder ein und zum ersten Mal ärgerte mich diese Bemerkung. Sie ärgerte mich so sehr, dass ich diesen Ärger nicht mehr loswurde. Und noch dazu fielen mir ständig ähnliche Situationen aus meinem späteren Leben ein, die emotional dazu passten. Der Ärger blähte sich immer mehr auf. Und ringsherum die schöne Bergwelt![56] Es dauerte geraume Zeit, bis mir wirklich bewusst wurde, was da in mir vorging. Aber ich konnte diesen Mechanismus nicht stoppen.

Schließlich war ich es leid, ich setzte mich auf einen Stein und überlegte mir eine Strategie. Auch das war nicht so einfach, weil ich emotional sehr aufgewühlt war. Schließlich fielen mir doch einige Hilfsmittel ein. Also unterhielt ich mich mit dem kleinen Jungen, der ich damals war. Wir waren uns einig, dass die Großmutter wirklich keinen guten Satz gesagt hatte, dass er mir nach sechzig Jahren immer noch schräg in der Seele hing. Wir waren uns aber auch bald einig, dass es sich nicht lohnte, diesen Satz auch nach sechzig Jahren noch ernst zu nehmen und sich davon verletzen zu lassen. Außerdem war die Großmutter damals vielleicht schlecht aufgelegt oder hatte an einem anderen schwierigen Thema zu kauen. Sonst war sie ja ganz nett, und wir kamen beide zu der Einsicht, dass wir ihr viel verdankten. Schließlich beschlossen wir, dass wir uns bei nächster Gelegenheit eine kleine Freude gönnen würden, nämlich eine Portion Eis zu kaufen und zur Versöhnung auch der Großmutter etwas davon anzubieten.

Das war eine sehr lustige Geschichte, kindgerecht und deshalb auch wirksam. Der letzte Punkt dieser Bewältigungsstrategie sollte schließlich sein, für die Großmutter zu beten, nicht nur einmal, sondern immer wieder einmal. Da fiel mir auf, dass ich das viel zu selten getan hatte, obwohl ich ihr viel verdanke. Und immer, wenn ich es tue, habe ich den Eindruck, dass es gut ist, für sie zu beten – und dass es auch gut ist für mich.

Ich habe mir lange überlegt, ob ich diese sehr persönliche und zugleich so kindliche Episode hier erzählen soll. Aber dann entschloss ich mich doch dazu, weil ich vermute, dass ich nicht der einzige Mensch bin, dem ein solches Problem begegnet ist, und weil sich an dieser Geschichte einige Elemente zur Vergangenheitsbewältigung ablesen lassen. Für mich war dies jedenfalls eine wichtige Grunderfahrung, die mir inzwischen auch in einigen ähnlichen Situationen hilfreich gewesen ist.

Bezeichnend für mich war, dass mir diese kleine Episode im Laufe meines Lebens immer wieder in den Sinn gekommen war und dass ich auch den genauen Wortlaut noch wusste. Ich hatte das nie ernst genommen, habe mich nie darüber geärgert, sondern die Erinnerung locker beiseite geschoben. Es gab Wichtigeres. Jetzt fiel mir ein, dass ich das auch bei anderen Themen so gemacht hatte. Ich habe eigentlich den Eindruck, dass ich nicht nachtragend bin. Ich kann auch ärgerliche Dinge relativ leicht loslassen und vergessen, wenigstens vom Kopf und mit gutem Willen. Jetzt wurde mir durch diese Erfahrung klar, dass es nicht genügt, ein ärgerliches Erlebnis nur im Kopf zu verarbeiten; unsere Gefühle führen ein Eigenleben und speichern sich im Unbewussten und im Körper ab. Bei entsprechender Menge und Intensität können sie dann unangenehme und sehr negative Einflüsse auf Körper und Seele ausüben.[57]

Ich stelle mir vor, was passiert wäre, wenn ich nicht in der Lage gewesen wäre, mit diesem plötzlich so heftig auftauchenden Gefühl heilsam umzugehen. Vielleicht hätte sich der innere Aufruhr irgendwann gelegt, aber bei Gelegenheit wäre er wieder aufgetaucht und hätte wohl eine ganze Reihe ähnlicher Emotionen geweckt. Wenn das immer wieder geschieht, schleift sich dieser Ärger allmählich in die Seele ein, was einen Menschen nach und nach »sauer« werden lässt. Und gerade im Alter, wenn man auch noch Zeit hat, sich zu ärgern und dies immer wieder zu tun, wird die Gefahr um einiges größer. Plötzlich verstand ich, warum manche Menschen im Alter so negativ sind, immer nur in schlechten und schmerzhaften Emotionen »herumrühren« und sich über Dinge beklagen, die viele Jahrzehnte zurückliegen. Sie können nicht glücklich werden und belasten damit zudem andere Menschen in ihrer Umgebung. Hier lauert eine wichtige Falle auf dem Weg in die Zukunft.

Es wäre natürlich falsch, würde man daraus folgern, im Alter müsse man sich immer gut beschäftigen, damit die alten »Kisten«, die alten Probleme nicht ans Tageslicht kommen und uns in Ruhe lassen. Das Gegenteil davon ist richtig und wichtig: Wer die Jahre des Alters nicht nur dazu benützt, pausenlos tätig zu sein oder sich ununterbrochen mit etwas zu unterhalten, der hat die Chance, in Phasen der Stille und des Alleinseins wieder an wichtige Ereignisse der Vergangenheit heranzukommen, die verdrängt waren, die aber aus dem Unbewussten heraus immer noch das eigene Leben negativ beeinflussen. Natürlich muss man wissen oder lernen, wie man mit solchen Problemen sinnvoll umgehen kann. Oft braucht es dazu auch die professionelle Hilfe von Psychologen, wenn jemand beispielsweise starke seelische Verletzungen aufweist, die plötzlich und mit Wucht wieder auftauchen.

Es ist aber auch sehr hilfreich, wenn man für weniger dramatische Erinnerungen einige Bewältigungsstrategien kennt, wie zum Beispiel jene, die ich oben in meiner Situation angewandt habe. Eine andere Hilfe im Umgang mit schmerzlichen Erinnerungen ist, sich einfach zuzugestehen, dass dies oder jenes wirklich geschmerzt hat und auch immer noch schmerzt. So kann man dem

Schmerz Raum geben, ohne sich darin zu verlieren. Man kann sich in solchen Momenten auch daran erinnern, dass Schmerzen und vieles, was immer noch wehtut, einfach zum Leben gehören, genauso wie Freude und Erfolg. Dann muss man Schmerzen nicht verdrängen wie etwas, das nicht zum Leben gehört oder sich nicht »schickt«. Was man annimmt, kann leichter heilen als das, was man verdrängt und nicht anschaut. Deshalb kann es in dieser Phase des Lebens ein Glück und eine Gnade sein, wenn man einige gute Freunde hat, Gesprächspartnerinnen und Gesprächspartner, mit denen man sich über solche Erfahrungen austauschen kann. Im persönlichen, vertrauensvollen Gespräch kann man Dinge aussprechen, die man vielleicht noch nie jemandem erzählt hat und die jetzt befreiend ans Licht kommen dürfen. Man findet gelegentlich auch Gruppen älterer Menschen, die sich als eine Art Selbsthilfegruppe verstehen. Sie treffen sich regelmäßig und unterhalten sich dann über die Themen, die ihnen beim Älterwerden bewusst werden, sie beschäftigen. Hierbei kann sich vieles klären und lockern.[58]

In einem solchen persönlichen Gespräch erzählte mir kürzlich eine Bekannte: Wenn ein alter Schmerz bei ihr hochkomme, nehme sie ihn einfach einige Zeit mit sich wie etwas, das zu ihr gehört, ohne sich von diesem Schmerz beherrschen zu lassen. Allmählich setzten dann Selbstheilungskräfte der Seele ein, die ihr helfen, mit dieser Erinnerung zu leben, ohne dass diese ständig ihr Leben belastet. Es geht eigentlich gar nicht darum, schmerzliche Erfahrungen eines Tages einfach zu vergessen, sondern zu lernen, friedlich mit ihnen zu leben, ohne dass sie einen ständig belästigen.

Johannes Tauler, der Mystiker aus dem 14. Jahrhundert, von dem oben schon die Rede war, hat sich zu diesem Thema noch etwas plastischer ausgedrückt. Er spricht zwar über die seelischen Verwerfungen und Schmerzen in der Lebensmitte, aber die Bewältigungsstrategie passt auch hier. »Bleibe nur bei dir selbst und laufe nicht nach außen und leide dich aus und such nicht etwas anderes.«[59] Einfach mal aushalten, nicht davonlaufen, sich ausleiden. Den Schmerz, das Leiden aushalten, bis es wieder aus ist, bis es wieder vergeht. Für diesen Prozess des Aushaltens bringt er noch ein anderes Bild: »Es komme, was nur kommen mag, von außen oder innen: lass alles ausschwären und suche keinen Trost, so löst dich sicher Gott, und dafür halte dich frei und überlass es ihm ganz.«[60] Etwas ausschwären lassen ist kein sehr gebräuchlicher Ausdruck. Wenn man das Wort »ausschwären« im Internet in eine Suchmaschine eingibt, wird mehrmals der Ausdruck »einen Splitter ausschwären lassen« erwähnt. Ein schmerzlicher Splitter im Fleisch muss sich allmählich selber aus der Wunde, aus der vereiterten Wunde herausarbeiten. An Wunden darf man nicht immer herummachen. Wunden brauchen auch Ruhe zum Heilen, und manches Gift und mancher Splitter muss sich langsam herausarbeiten, in Ruhe ausschwären dürfen. Auch seelische Wunden brauchen oft Ruhe, um heilen zu können. Das passt auch genau zu dem, was meine Bekannte formuliert hat: den Schmerz aushalten, damit sich die Selbstheilungskräfte in Ruhe entfalten können.

Zu diesem ruhigen und friedlichen Umgang mit schmerzlichen Gedanken hat sich der oben schon mehrmals erwähnte Evagrius Ponticus geäußert. Er spricht in diesem Zusammenhang von der »Kontemplation des Kampfes«.[61] Mit diesem Kampf ist der geistliche Kampf gemeint, die Auseinandersetzung mit den inneren Prägungen und Verwundungen der Seele, um sie vom eigenen inneren Durcheinander zu reinigen, damit der Mensch in den Frieden des Herzens kommen kann.[62] So kommt das, was einen Menschen bisher schmerzlich umgetrieben hat und womit er sich in heftigen Kämpfen auseinandersetzen musste, allmählich zur Ruhe. Es ist und wird nicht vergessen, sondern kann in Ruhe, ohne negative Emotionen angeschaut werden.[63] Wenn dann in der Fantasie das Bild eines Menschen auftaucht, der einem bitteres Unrecht zugefügt hat, wird es nicht mehr wie früher den Zorn erregen.[64] Dieses ruhige Schauen auf eine bisher als schmerzlich erfahrene Situation weitet den Blick und das Herz, sodass der Mensch jetzt auch tiefere Zusammenhänge sehen und die Probleme in einen größeren Kontext stellen kann.[65] Je mehr dieser innere Friede wächst, desto mehr weitet sich auch das Herz, öffnet sich zum inneren Gebet und zur kontemplativen Vereinigung mit Gott.

An dieser Stelle geht es uns jetzt nicht um das kontemplative Gebet. Aber Evagrius Ponticus spricht etwas aus, was wir vielleicht aus unserer eigenen Erfahrung kennen, wenn wir etwa gelegentlich sagen, dass wir uns früher über das oder jenes sehr geärgert oder darunter gelitten haben, dass wir aber heute in Ruhe darüber sprechen oder über manches sogar lachen können. Wir haben es nicht vergessen und brauchen es auch nicht zu vergessen, aber es ist nun etwas geheilt. Wir blicken tiefer und das Ganze erscheint in größeren Zusammenhängen, die auch unser Herz frei und weit werden lassen. Evagrius Ponticus sagt uns, dass wir durch diese ruhige Betrachtung unserer früheren Schmerzen immer mehr hinter die vordergründigen Probleme schauen können, bis hinein in kontemplative Erfahrungen. So weit sind wir meist noch nicht, aber es ist gut, darum zu wissen. Vorläufig ist es erst einmal befreiend genug, friedlich und versöhnt auf frühere Kämpfe und Schmerzen schauen zu können und dabei im Herzen zu wissen, dass sich uns noch eine tiefere Schau eröffnen kann.

Abschließend zu diesem Thema noch ein kurzer Erfahrungsbericht: Ein älterer Mann, der zu einer Männergruppe gehörte, die sich regelmäßig traf, um über die Probleme ihres Älterwerdens zu sprechen, erzählte folgendes Erlebnis: In einem Biergarten saß am Nachbartisch eine junge Familie mit zwei Kindern. Der kleine Junge und der Vater schienen sich gut zu verstehen und gingen sehr lebhaft und spielerisch miteinander um. Einmal kroch der Kleine dem Vater auf den Schoß und legte den Kopf an seine Brust. Nach einer Weile sprang er wieder auf und hüpfte davon. Der Mann, der diese Szene aus der Nähe beobachtet hatte, war davon sehr gerührt. Es berührte in ihm zunächst eigene schmerzliche Erfahrungen: Er hatte seinen Vater im Krieg verloren und es daher sehr vermisst, so mit einem Vater spielen zu können. Daher machten ihn solche Szenen immer traurig. Jetzt aber war es plötzlich anders. Er dachte zwar weiterhin an seine vaterlose Kindheit, aber er hatte Freude an der Lebendigkeit von Sohn und Vater am Nachbartisch. Da hörte er sich sagen: »Ach, wie schön!« Und als er das in seiner Männerrunde erzählte, wiederholte er: »Ach, wie schön!« Es tat ihm immer noch gut, an diese schöne Szene zu denken. Er merkte, dass nun etwas geheilt war. Er brauchte nichts mehr zu vergessen. Und gerade deshalb gelang ihm dieses »Ach, wie schön!«[66]

Verzeihen können

Ein wichtiger Weg, mit Schmerzen und Wunden der Vergangenheit in Frieden zu kommen, ist das Verzeihenkönnen. Es ist rührend, wenn Menschen, die verfeindet waren, nach vielen Jahren eines Tages zur Versöhnung finden und sich weinend in den Armen liegen. Das ist eine Gnade, die aber nicht immer möglich ist. Eine solche Versöhnung braucht die Bereitschaft dazu von beiden Seiten. Viele Menschen leiden darunter, dass für schmerzliche Konflikte in ihrem Leben eine Versöhnung nicht möglich ist, weil »die andere Seite« sie nicht möchte, nicht verzeihen kann oder vielleicht gar nicht mehr lebt. Diese letzte Möglichkeit trifft uns mit zunehmendem Alter immer häufiger, weil immer weniger von jenen, die uns einmal Schmerzen oder Unrecht zugefügt haben, noch am Leben sind. So findet man sich in der Situation, dass man eigentlich ein Wort der Versöhnung, der Entschuldigung oder des Wohlwollens bräuchte, oder die Möglichkeit, ein ungelöstes Problem zu Ende zu diskutieren, um inneren Frieden finden zu können. Also bleibt der Schmerz, und das innere Grollen geht weiter.

Da dies ein Problem ist, mit dem sich viele und gerade ältere Menschen schwertun, gehen wir in unseren Kursen immer stärker auf dieses Thema ein. Wir sprechen in diesem Zusammenhang vom »Solo-Weg zu Frieden und Versöhnung«. Natürlich ist klar, dass *gemeinsame* Versöhnungswege vorzuziehen sind. Aber hier geht es nun ausschließlich um Situationen, in denen dieser gemeinsame Weg nicht möglich ist und der Betroffene allein zum Frieden finden muss. Die Frage, die sich diese Menschen stellen, lautet dann: »Wie werde ich den Groll los, den ich ständig mit mir herumtrage und der mein Leben oft so unfroh macht?« Beim Nachdenken über dieses Thema kamen wir eines Tages im Leitungsteam auf das Stichwort »nachtragen«: Ich trage jemandem etwas nach, ich trage es nach, das heißt, *ich* trage es – und sonst niemand.

Dann überlegten wir uns eine Übung, wie wir dieses Thema durch eine konkrete Erfahrung bewusster machen könnten: Nachdem wir der Gruppe unseres Kurses die Thematik des Solo-Weges zur Versöhnung kurz erläutert haben, führen wir nun also das Stichwort »nachtragen« ein. Jeder bekommt dann Zeit, sich zu überlegen, wo er anderen Menschen etwas nachträgt. Dann fordere ich alle auf, ihren Stuhl zu nehmen und ihn durch den Saal zu tragen. Passend zum Thema sind die Stühle, die dort stehen, auch einigermaßen schwer. Um das Tun noch deutlicher werden zu lassen, rege ich an, man könne hinter einer anderen Person hergehen und sich sagen: »Ich trage dir nach, dass ...« Ein weiterer Hinweis ist dann, dass die Teilnehmer sich überlegen, dass der oder die andere, denen sie etwas nachtragen, überhaupt nichts davon weiß. Vielleicht ist es der anderen Person auch egal, wie es mir geht, vielleicht lebt diese Person überhaupt nicht mehr. Aber ich sage mir: »Ich trage es dir nach – und bis zu meinem Tod werde ich nicht aufhören, es dir nachzutragen ...«

Anfangs finden die Teilnehmer diese Aktion immer etwas lustig und es geht locker zu beim Tragen dieses Stuhles. Allmählich wird es dann aber ruhiger, weil jeder merkt, dass er damit an schmerzliche Punkte in seinem Leben rührt. Wenn nach einiger Zeit die Stühle abgesetzt werden, hört man lautes Aufatmen. Dann gibt es meist eine lebhafte Aussprache und viel Nachdenklichkeit. Vielen wird an diesem Punkt zum ersten Mal klar, wie sehr ein lang andauernder Groll ihr Leben beschädigt hat und dass sie sich zusätzlich zu der Verletzung in der Vergangenheit jetzt auch noch in der Gegenwart durch Groll und Nachtragen selbst beschädigen – und nur sich selbst schädigen. Solches Nachtragen schadet niemandem als nur mir selbst.

Darüber hat man schon zur Zeit des frühen Mönchtums in der ägyptischen Wüste reflektiert. Amma Synkletika, eine der großen Frauen aus der Frühzeit des Mönchtums, die im 4. Jahrhundert eine Gemeinschaft von Nonnen leitete, spricht sehr ausführlich über die Folgen von Groll und Nachtragen. In einer Ansprache an ihre Nonnen sagt sie, ein Ausbruch von Zorn sei zwar schlimm, aber man würde ihn ja sehr deutlich erkennen können, und es sei dann auch möglich, etwas dagegen zu tun. Und auch ein gewaltiger Zornesausbruch würde mit der Zeit allmählich abflauen. Aber der Groll, das Nachtragen »setzt sich in der Seele fest und lässt sie schrecklicher werden als ein wildes Tier«.

Einen rasenden Hund könne man besänftigen, wenn man ihm etwas zum Fressen hinwirft, und sogar wilde Tiere könne man zähmen. »Wer jedoch von jener bösen Erinnerung beherrscht ist, kann durch kein gutes Zureden überzeugt, noch durch Speise besänftigt werden. Auch die Zeit, die sonst alles verwandelt, kann dieses Leiden nicht heilen.« Selbst die Zeit kann also den Groll nicht heilen, weil er sich immer tiefer in die Seele frisst. Gefährlich wird der Groll auch dadurch, dass er – im Gegensatz zu einem Zornesausbruch – oft ganz unbemerkt in der Seele wirkt und gar nicht recht wahrgenommen oder in seiner Gefährlichkeit unterschätzt wird, sodass viele Menschen »das Nachtragen für gering halten«, obwohl es die Seele zerstören und zerfressen kann, was sich in allerhand Lieblosigkeiten den Menschen gegenüber auswirkt.⁶⁷ Diesen Groll bezeichnet Synkletika mit dem griechischen Wort *mnesikakia*, was man im Deutschen mit »Erinnerungsübel« oder »Erinnerungskrankheit« übersetzen könnte.⁶⁸ Es ist also eine Art chronischer Seelenkrankheit, die durch ständige Erinnerung schmerzlicher Erfahrungen entsteht.

Dieses seelische Phänomen findet auch in einem modernen Roman eine eindringliche Schilderung: in Pascal Merciers »Nachtzug nach Lissabon«. Hier wird es als »das glühende Gift des Ärgers« beschrieben.⁶⁹ Es heißt dort: »Wenn die anderen uns dazu bringen, dass wir uns über sie ärgern – über ihre Dreistigkeit, Ungerechtigkeit, Rücksichtslosigkeit –, dann üben sie Macht über uns aus, sie wuchern und fressen sich in unsere Seele, denn der Ärger ist wie ein glühendes Gift, das alle milden, noblen und ausgewogenen Empfindungen zersetzt und uns den Schlaf raubt.« Dann schildert der Autor ausführlich, wie ein Mensch schlaflos auf der Bettkante sitzt und »auf der menschenleeren inneren Bühne« immer wieder die gleichen Debatten führt mit Gegnern, die überhaupt nicht da sind. Schließlich kommt er zu der deprimierenden Feststellung: »Wir können gewiss sein, dass wir auf dem Sterbebett als Teil der letzten Bilanz festhalten werden – und dieser Teil wird bitter schmecken wie Zyanid –, dass wir zu viel, viel zu viel Kraft und Zeit darauf verschwendet haben, uns zu ärgern und es den anderen in einem hilflosen Schattentheater heimzuzahlen, von dem nur wir, die wir es ohnmächtig erlitten, überhaupt etwas wussten.« Um dann die hilflose Frage zu stellen: »Warum haben uns die Eltern, die Lehrer und die anderen Erzieher nie davon gesprochen? ... Uns in dieser Sache keinen Kompass mitgegeben, der uns hätte helfen können, die Verschwendung unserer Seele an unnützen, selbstzerstörerischen Ärger zu vermeiden?« Die meisten Menschen haben wohl tatsächlich kaum gelernt, mit solchem Groll heilsam umzugehen und das Nachtragen zu lassen.

Es gibt die dramatischen Momente heftigen Grolls, aber auch die stilleren inneren Szenen beißender, nagender Erinnerungen.

In jedem Fall sind nur wir selbst diejenigen, die dadurch beschädigt werden und deren innere Dynamik und Lebensfreude blockiert wird. Die Erfahrung mit dem Stuhltragen, von der ich oben berichtet habe, war für viele Teilnehmerinnen und Teilnehmer wie eine kleine Erleuchtung. Jemand sagte einmal anschließend spontan: »Das passiert mir nicht mehr so schnell.« Ein anderer meinte, etwas erschüttert, aber doch auch befreit: »Zehn Jahre habe ich mir das angetan; jetzt reicht's!«

Für manche Situationen ist diese Übung schon einmal eine gute Hilfe, mit Groll und Nachtragen etwas souveräner umzugehen. Andere sind aber etwas »zäher« und brauchen noch mehr Bearbeitung. Auch dafür bieten wir den Kursteilnehmern (und auch den Lesern) Übungen an.[70] Ein wichtiges Element ist dabei die Überlegung, warum denn »der andere« mich so schlecht behandelt hat.

In Hinblick darauf ist ein wichtiger Gesichtspunkt: Wenn mich jemand schlecht behandelt hat, dann ging es ihm vielleicht selbst auch schlecht. Wer glücklich ist, tut anderen nichts Böses. Und mancher ist deshalb zum »Täter« geworden, weil er vorher – vielleicht sogar sehr oft – selbst »Opfer« gewesen ist. Solche Überlegungen machen die Teilnehmer oft sehr nachdenklich. Auf einmal erscheint einem der Mensch, dem man grollt, in einem neuen Licht. Meist kennen wir ihn ja sehr gut und wissen eigentlich, dass er auch eine schwierige und »wunde« Vergangenheit hatte. Dieser veränderte Blick verändert auch die Gefühle gegenüber diesem Menschen. Anschließend ist Zeit, um sich innerlich mit diesem Gedankenanstoß auseinanderzusetzen oder um sich Notizen zu machen. Hier geschieht schon ein Anfang von innerer Heilung. Selbst wenn Sie nun nicht zu den Kursteilnehmern gehören, können Sie diese Übung oder Überlegung auch für sich anstellen. Nehmen Sie sich einmal Zeit, darüber nachzudenken, und notieren Sie für sich, was Ihnen dabei einfällt oder an Erinnerungen in den Sinn kommt. Sie werden spüren, dass sich auch in Ihrem Denken und Fühlen etwas ändern kann.

Als weiteres Element zu innerer Versöhnung verweise ich oft auf die Benediktsregel 4,72, wo Benedikt im Anschluss an Matthäus 5,44 dazu auffordert:»In der Liebe Christi für die Feinde beten.« Es kann sehr schwierig sein, für einen Menschen zu beten, der einen schwer verletzt hat.[71] Wenn man aber bedenkt, dass er vielleicht auch »ein armer Hund« ist, dem im Leben Schlimmes angetan wurde, dann können innerlich allmählich Verständnis und Mitgefühl wachsen und vielleicht sogar der innere Drang, diesem Menschen im Gebet eine gewisse Hilfe zu senden. Auch dadurch wird sich die Beziehung heilsam verändern, ob dieser Mensch noch lebt oder nicht. Am besten ist, Sie probieren es selbst einmal aus und machen Ihre eigenen Erfahrungen damit.

Ein weiteres Element ist der Hinweis, dass jeder und jede von uns selbst ebenfalls Verzeihung braucht. Wenn wir selbstkritisch auf unser Verhalten schauen, dann wissen wir, wie oft wir an anderen Menschen schuldig werden und sie verletzen, ob wir es beabsichtigen oder nicht. Dann brauchen wir ihr Verzeihen. Und mancher weiß vielleicht aus eigener Erfahrung, wie schmerzlich es ist, wenn einem ein Fehlverhalten oder einfach nur eine Ungeschicklichkeit nicht verziehen und immer wieder vorgehalten wird. Auch solche Überlegungen können im Blick auf unser eigenes Grollen und Nachtragen erhellend und heilsam wirken.

Die Bitte im Vaterunser:»Vergib uns unsere Schuld, wie auch wir vergeben unsern Schuldigern« könnte uns eine ständige Mahnung sein, das Thema des Verzeihens nicht zu vernachlässigen, sondern uns immer wieder daran zu erinnern. Genau das sieht der heilige Benedikt in seiner Regel vor. In Kapitel 13,12f. schreibt er, dass der Abt in den *Laudes* am Morgen und bei der *Vesper* am Abend das Vaterunser laut vorbeten soll,»dass alle es hören können; denn immer wieder gibt es Ärgernisse, die wie Dornen verletzen. Wenn die Brüder beten und versprechen: ›Vergib uns, wie auch wir vergeben‹, sind sie durch dieses Wort gebunden und reinigen sich von solchen Fehlern.« Zwei Mal am Tag, schon am frühen Morgen und dann am Abend wieder, sollen die Brüder daran erinnert werden, wie schnell die Dornen des Ärgers verletzen können und dass es eine tägliche Aufgabe ist, solche Situationen zu bereinigen. In Kapitel 4,73 sagt Benedikt im Anschluss an Epheser 4,26: »Nach einem Streit noch vor Sonnenuntergang zum Frieden zurückkehren.« Es ist wohl nicht realistisch zu erwarten, dass jeder Konflikt vor Sonnenuntergang bereinigt werden kann. Aber die tägliche Erinnerung an die Notwendigkeit des Verzeihens vor Gott und den Menschen kann helfen, dass Ärger und Verletzungen sich nicht zu tief in die Seele fressen und den betreffenden Bruder und auch die Gemeinschaft vergiften. Benedikt ist der Ansicht, dass jeder Verzeihung braucht und selbst auch verzeihen können bzw. es lernen muss. Verzeihen ist ein Dienst, den wir uns Tag für Tag gegenseitig schuldig sind.

Solche Texte und Überlegungen aus der klösterlichen Tradition zeigen den Kursteilnehmern dann auch, dass Mönche mit den gleichen Problemen zu kämpfen haben wie sie selbst, und zwar täglich, und dass das auch vor langer Zeit schon in den Klöstern ein tägliches Thema war. Niemand muss sich schämen, solche Probleme zu haben. Am besten ist, sie als etwas Normales, Menschliches und Alltägliches zu betrachten und mit einer gewissen Selbstverständlichkeit mit ihnen umzugehen, so wie man auch bei gesundheitlichen Störungen, die immer wieder auftreten, allmählich lernt, sie rechtzeitig wahrzunehmen und dann heilsam darauf zu reagieren.

Nach der intensiven Beschäftigung mit einem schwierigen Thema braucht es viel stille Zeit, um all dem Raum zu geben, was sich in der Seele bewegt. Dazu möchte ich auch Ihnen als Leser raten: Wenn Sie die Übungen und Überlegungen zu diesem Thema mit nachvollziehen wollen oder schon nachvollzogen haben, legen Sie das Buch zur Seite und gönnen Sie sich einen Spaziergang oder eine andere kleine »Auszeit«, in der Sie Zeit zum Nachdenken und Stillwerden haben. Kehren Sie dann zu einem späteren Zeitpunkt wieder mit uns dazu zurück und lassen Sie dieses Thema in einem kleinen Ritus ausklingen, wie wir es in unseren Kursen dann oft am Abend dieses Tages anbieten: Jeder kann auf einem Zettel für sich notieren, was und wem er etwas verzeihen möchte oder müsste – auch sich selbst und Gott –, was er unnötigerweise mit sich herumschleppt und endlich hergeben oder Gott hingeben möchte. In unseren Kursen gehen wir dann ins Freie und zünden ein Feuer an. Jeder kann nun seinen Zettel in die Flammen werfen und – wenn er möchte – noch etwas Weihrauch dazugeben, in Erinnerung an Psalm 141,2: »Als Rauchopfer gelte mein Gebet vor dir.«

Bei unseren Kursen geht jeder allein ans Feuer, die anderen begleiten dieses Hingehen und Verbrennen und das Aufsteigen des Rauches mit wacher Anteilnahme. Dabei wiederholen sie immer wieder einen passenden Refrain aus einem Lied oder einen entsprechenden Psalmvers. So ist keiner allein auf seinem Solo-Weg des Verzeihens und Hergebens. (Wenn Ihnen das zu Hause wichtig ist, sollten Sie überlegen, ob Sie zu diesem Ritual nicht eine gute Freundin, einen guten Freund einladen, der Sie dabei unterstützen kann.) Abschließend beten wir gemeinsam das Vaterunser, und dabei besonders bewusst die Worte: »Vergib uns, wie auch wir vergeben!« Meistens stehen wir noch lange schweigend um das Feuer, und manchmal entwickeln sich daraus intensive Gespräche. Man spürt den Beteiligten an, dass sie Lasten abgeworfen haben. Das bedeutet nicht, dass damit alle Probleme beseitigt sind, aber es ist ein Anfang gemacht, alte Wunden heilen zu lassen. Und wenn es nötig ist, lässt sich solch ein Ritus auch privat wiederholen, um das Verzeihen und Hergeben immer mehr einzuüben und vielleicht auch eigene kleine Riten zu entdecken.

Manchmal verbrennen wir die beschriebenen Zettel nicht, sondern legen sie im Raum vor einer Ikone ab. Nach einer längeren Zeit stiller Meditation nimmt jeder seinen Zettel wieder zurück. Sie können sie dann zu Hause vor einem Bild oder einem Kreuz niederlegen und dort liegen lassen oder aber den Zettel selbst zu einem späteren Zeitpunkt verbrennen oder mit einem Gebet in einen Fluss werfen. So hat dann der Einzelne die Möglichkeit, den Ritus in der Weise zu Ende zu bringen, wie es für ihn am besten passt. Wichtig ist auch bei dieser Variante, dass das Hinlegen und Zurückholen des Zettels von allen Anwesenden mit betender Anteilnahme verfolgt wird und sich dabei niemand allein fühlen muss. Dieser kleine Ritus stimuliert die Teilnehmer, für sich selbst eigene kleine Rituale zu entwickeln, um immer wieder Dinge, die sich in Groll und Verbitterung in der Seele festgebissen haben, zu lockern, herzugeben, zu verzeihen bzw. sie in die wissenden und heilenden Hände Gottes zu übergeben.

Wenn sich alte Knoten in der Seele lösen, ist das nicht nur eine befreiende innere Erfahrung, sie kann sich auch äußerlich auswirken. Vor einiger Zeit erzählte mir jemand, er habe eine alte Bekannte getroffen und sei überrascht gewesen, wie frisch und strahlend sie aussah. Er fragte sie, ob sie gerade aus dem Urlaub käme oder ob sie sich vielleicht verliebt hätte, weil sie so strahle. Sie erzählte ihm dann, dass ihr erst kürzlich jemand geholfen habe, langjährigen Groll und Verbitterung in den Blick zu nehmen, zu verstehen und schließlich dem Schuldigen, der schon gar nicht mehr lebte, zu verzeihen. Es sei eine riesige Last von ihr abgefallen und erst dadurch habe sie gespürt, wie schwer die Last war, von der sie jahrelang niedergedrückt wurde. Diese innere Befreiung strahlte also sogar aus dem Gesicht dieser Frau. Das muss eigentlich nicht verwundern, denn Bitterkeit und jahrelanger Groll lassen sich oft an den Gesichtszügen ablesen, sodass man Menschen tatsächlich ansieht, wie vergrämt sie in der Seele sind. Das gilt nicht nur für das Gesicht, sondern für den ganzen Körper. Wenn sich Groll und Bitterkeit festsetzen, kann das Auslöser für allerhand Krankheiten sein. Auf diesem Hintergrund könnte man vielleicht die etwas saloppe Formulierung wagen: Verzeihen können ist gesund, und es macht auch schöner. Und manch altes Gesicht, mag es noch so faltig sein, kann etwas von innerem Frieden und innerer Schönheit ausstrahlen – ein Ausdruck von innerem Versöhntsein mit dem Leben und den Menschen.

3. Befreiende Schritte beim Älterwerden

Nachdem deutlich wurde, wie wichtig es ist, die Vergangenheit in guter Weise verabschieden zu können, soll nun der Blick in die Zukunft gerichtet und sollen nun einige wichtige Themen betrachtet werden, die uns den Weg dorthin ankünden und öffnen können.

»Ich bin so frei!« – und lasse los

»Ich bin so frei!«, sagt man gelegentlich – und greift zu. Man traut sich, ein angebotenes Glas Sekt zu nehmen oder in eine hingehaltene Schachtel Pralinen zu greifen, ohne sich zu zieren. Offenbar könnte man auch so unfrei oder zögerlich sein, dass man sich nicht traut und die angebotene Chance verpasst. Man könnte diesen Spruch auch mit der gegenteiligen Bedeutung verwenden: »Ich bin so frei!« – und lasse dies oder jenes los. Ich bin so frei, Ballast abzuwerfen, um noch freier zu werden, das heißt: Loslassen als Ausdruck von Freiheit und als Weg in immer größere Freiheit.

Loslassen ist ein Thema, das uns das ganze Leben begleitet, ob uns das passt oder nicht. Im Alter wird das Thema drängender. In früheren Jahren konnten wir vieles, was wir lassen mussten, leichter kompensieren und dann eben etwas anderes bekommen oder tun. Im Alter wird die Auswahl kleiner. Vieles, was wir verlieren oder lassen müssen, kann nicht mehr durch anderes ersetzt werden. Wir werden ärmer an Alternativen. Auch deshalb hält man manches noch krampfhafter fest als früher. »Was hab' ich dann noch?« Im Fall von Altersarmut ist diese Frage sehr berechtigt. In anderen Fällen muss diese Frage noch tiefer reflektiert werden.

In vielen Situationen ist es gut und befreiend, etwas herzugeben, auch wenn man es gar nicht unbedingt müsste. Vor Jahren kam eine Frau in regelmäßigen Abständen zu mir, um über Fragen ihres Älterwerdens zu sprechen. Manchmal brachte sie mir ein kleines Geschenk mit, meistens war es blau: ein kleines blaues Trinkglas, ein blaues Väschen oder einen kleinen Fisch aus blauem Glas. Eines Tages erklärte sie mir: Sie liebe die blaue Farbe und habe endlos viele Dinge in Blau gesammelt.»Und was ich so geliebt und gesammelt habe, das verschenke ich jetzt, gebe es einfach her. Das tut so gut!« Sie hätte auch sagen können:»Ich bin so frei!« Einige dieser kleinen blauen Sachen habe ich aufgehoben und schaue sie mir manchmal nachdenklich an.

Viele kennen das befreiende Gefühl, wenn man großzügig den Kleiderschrank oder das Bücherregal durchforstet und möglichst viel ausgeräumt hat. Und viele kennen auch das beklemmende Gefühl, wenn man Wohnräume betritt, in denen alles gesammelt, aufgehoben und festgehalten wird und in denen kein befreiender Rauswurf zu erwarten ist. Diese Art der Vermüllung ist eine sehr traurige Form der Unfreiheit.

Eine sehr schmerzliche Phase des Loslassens setzt dann ein, wenn man feststellt, dass im Lauf des Alters immer mehr Dinge und Möglichkeiten auf Nimmerwiedersehen verlorengehen und daher das Loslassen mit geradezu biologischer Notwendigkeit zu einem Dauerthema wird. Die Schriftstellerin Gertrude Sartory berichtet dazu in ihren Glaubenserinnerungen eine bemerkenswerte Erfahrung. Als ihr bewusst wurde, was sich vor allem seit dem siebzigsten Lebensjahr in ihr selbst und in ihrer persönlichen Umgebung veränderte, sagte sie sich:»Nun ja, ›Tod auf Raten‹! Durchaus im Ton des Einverständnisses!«[72] Man stirbt also allmählich ab. Sie hat das als Faktum akzeptiert: So ist das jetzt. Es macht sie nicht traurig. Dieser Ausdruck hat für sie auch einen »leicht amüsierte(n) Unterton«.

Eines Tages merkte sie allerdings, dass »Tod auf Raten!« kein hilfreiches Wort ist; es ist nur rückwärts gerichtet und schaut auf das, was verlorengeht. Plötzlich hatte sie ein neues Bild vor Augen. Sie kam sich vor »wie ein Klosteraspirant, der in der Vorbereitungsphase des Noviziats sich völlig fixiert auf das, was er hinter sich lassen muss, wenn er seinem alten Leben Ade sagt – statt nach vorn zu blicken auf das Neue, das vor ihm liegt, auf dieses ganz auf Gott hin zentrierte Leben, das er doch ersehnt; wozu sonst sollte er ins Kloster gehen wollen? Der ›Novize‹ ist ein ›Neuling‹, kein ›Ältling‹; er steht an neuen Ufern.«

Das Bild vom Novizen ist Gertrude Sartory wohl auch deshalb eingefallen, weil ihr Mann Thomas viele Jahre Benediktiner gewesen war und sie so mit klösterlicher Lebensweise und Mentalität vertraut war. Es war ein befreiender Einfall, nicht als »Ältling« weiterleben zu müssen, sondern den Novizen, den Neuling als Modell zu nehmen. »Und so bin ich nun ganz besessen von dem Gedanken, dass für den alternden Menschen die Zeit des ›Noviziates‹ begonnen hat – eine dem neuen Leben, dem er entgegengeht, als Einübungszeit vorgeschaltete.«

Sie ist jetzt geradezu »besessen« von diesem Gedanken, mit der Neugier und der Aufgeschlossenheit eines Novizen das Terrain des Alters erkunden zu dürfen. Man spürt eine Begeisterung, die neue Kräfte freisetzt und den weiten Horizont eines Altersnoviziates erahnen lässt. Was zurückgelassen werden muss, verliert an Gewicht und Schmerz. Je intensiver und begeisternder das Neue ins Bewusstsein tritt, desto leichter und lockerer kann man vieles einfach mit der Bemerkung fahren lassen: »Ich bin so frei!« Im Loslassen eröffnet sich eine neue Freiheit. Loslassen allein macht jedoch noch keinen Sinn, wenn nicht klar ist, in welche Räume hinein diese neue Freiheit sich entfalten will.

Viele Menschen schätzen die neue Freiheit des Alters, wenn berufliche oder familiäre Verpflichtungen wegfallen. Jetzt haben sie die konkrete Chance, Neues zu wagen und sich Dingen zu widmen, die bisher zu kurz kamen: Familie und Enkel, Zeit für Reisen und Freunde, für Musik und Wandern, für Hobby, Ehrenamt und vieles andere mehr. Viele Menschen leben in dieser Zeit ganz neu auf, sie entdecken sich und das Leben noch einmal von ganz neuen Seiten. Zudem freuen sie sich, dass sie in neuer Weise für andere da sein können, etwa im Ehrenamt im kirchlichen oder gesellschaftlichen Bereich oder in gelegentlicher Verantwortung und in spielerischem Umgang mit den eigenen Enkeln. Das Neue atmet jetzt nicht mehr die Last des Berufes, sondern die Freude eines freien und erfüllenden Tuns. Henning Scherf, der ehemalige Bürgermeister von Bremen, hat diese neue Lebendigkeit in den etwas saloppen Satz gefasst: »Wir haben unseren Job an den Nagel gehängt, nicht unser Leben.«[73] Das Leben ist mehr als der Beruf. Es darf jetzt in neue Räume weiterwachsen.

Aber auch diese Lebensphase hat ihre Tücken. Man kann in die alte Angewohnheit verfallen, seinen Kalender vollzupacken, sei es mit Reisen, Hobbys und Unterhaltungen aller Art und/oder auch mit allerhand freiwilligen, ehrenamtlichen Tätigkeiten, die eine neue Befriedigung verschaffen. Ein Mann, der mit sechzig Jahren in Pension gegangen war, erzählte mir, dass er erst nach zehn Jahren »Un-Ruhestand« gemerkt habe, dass er sich mit allerhand Ehrenämtern völlig zugepackt hatte, um ja nicht in eine Leere zu fallen. Das war ihm allerdings gar nicht bewusst, weil er sich im sozialen Bereich engagierte und alle Welt froh war, dass er da war. Erst im Rahmen von Besinnungstagen sei er tatsächlich »zur Besinnung gekommen« und habe mit Schrecken erkannt, wie sehr er vor sich selbst auf der Flucht war. Plötzlich sei ihm auch der Sinn seines Lebens wieder klarer geworden: Es sei nicht so, dass er nur eine große Leere in sich habe; er sei eigentlich immer an geistigen

Dingen interessiert gewesen und habe auch im Bereich des geistlichen Lebens viele Entdeckungen gemacht. Er brauche deshalb auch keine Angst vor der Leere zu haben. Nachdem er nun die Hintergründe für seinen »umtriebigen Ruhestand« durchschaut hatte, wollte er einiges an äußerem Engagement reduzieren und allmählich wieder seine geistigen und geistlichen Antennen ausfahren. Jetzt fiel es ihm plötzlich auch leicht, seinen Kalender etwas »auszumisten«.

Es war klug von ihm, dass er nicht gleich ins andere Extrem verfiel und sofort alle Aktivitäten aufgab, sondern schrittweise seine geistigen und geistlichen Räume neu entdecken und erweitern wollte. Das passt zum Altersnoviziat. Es ist ein Prozess, der Zeit braucht. Wir haben in unserem Kloster vor einigen Jahren die Dauer des Noviziates von einem auf zwei Jahre verlängert, ebenso die folgenden Ausbildungszeiten, um den Neulingen mehr Raum und Zeit für ein gesundes Hineinwachsen in den klösterlichen Alltag und ihr Mönchsein zu geben. Und bei uns Älteren sollte es überhaupt nicht mehr pressieren. Wir dürfen uns die notwendige Zeit gönnen, um hinzulauschen auf das, was kommen und sich entfalten möchte, um dann gelassen loszulassen.

Der Journalist Klaus Hofmeister hat kürzlich in einem Beitrag über das Aufhören auf eine »tiefgründige Doppeldeutigkeit« dieses Wortes hingewiesen: »Es steckt das Aufmerken und das Innehalten darin, das auf etwas oder jemand anderen Hören. Wer aufhört, lässt sich unterbrechen, kommt auf neue Gedanken, lässt sich korrigieren, ist bereit zur Kurskorrektur. Wer gut aufhört, kann neu beginnen.«[74] *Aufhören* kann man dann in guter Weise, wenn man schon *auf etwas hört*, das sich ankündigt. »Ich bin so frei!« kann nur ein Herz sagen, das aus Erfahrung weiß, dass jeder Abschied, den wir uns gönnen, Neuland eröffnet.

Solches Loslassen muss man wohl schon im Lauf seines Lebens lernen, sonst ist man im Alter damit überfordert. Je älter wir werden, desto mehr verfestigen sich unsere Gewohnheiten, Bedürfnisse und Reaktionen. Wer in seinem bisherigen Leben alles festgehalten hat und nur schwer loslassen lernte, wird sich im Alter besonders schwertun und mehr unter Verlusten und Verlustängsten leiden, als sich Neuem öffnen zu können. Zu dieser Thematik ist mir seit einiger Zeit ein Ausdruck besonders wichtig geworden, nämlich das »Entwöhnen« bzw. das »Entwöhntwerden«. Er ist mir in einem etwas ungewöhnlichen Zusammenhang begegnet, nämlich in einem Buch über Initiations- und Übergangsriten in Afrika. Der Autor des Buches ist ein anglikanischer Bischof aus Kenia. Er beschreibt darin die Übergangsriten seiner afrikanischen Tradition und versucht, diese für heutige Seelsorge fruchtbar zu machen. Uns sind oft nur jene Initiationsriten bekannt, durch die junge Menschen von der Pubertät ins Erwachsenenalter geführt werden und deren bekanntestes Merkmal die Beschneidung ist. In Wirklichkeit sind solche Übergangsriten über das ganze Leben verteilt, von der Geburt bis zum Tod. Sie bestehen auch nicht nur aus einem Ritual, sondern sind mit Unterweisungen und Einübungen verbunden, die den betreffenden Menschen helfen sollen, die nächste Etappe des Lebens in rechter Weise leben zu können.[75]

Bischof Githiga sagt nun, der erste Übergang, den ein Mensch erlebt, sei die Geburt, wenn er aus dem sicheren Mutterschoß in die unsichere Außenwelt gesetzt wird. Dieser Übergang wird aber noch nicht bewusst erlebt. Der erste bewusst erlebte Übergang ist die Entwöhnung. Kinder werden in Afrika traditionell zwei bis drei Jahre gestillt. Meistens beginnen sie dann von selbst, festes Essen zu sich zu nehmen. Wenn ein Kind aber nicht aufhört, sich von der Mutter stillen zu lassen, dann entwöhnt sie das Kind, indem sie ihre Brust mit Schnupftabak bestreicht. Diese Methode des Entwöhnens ist wohl etwas drastisch, und es gibt sicher auch sanftere Methoden dafür, aber es wird sich zeigen, dass sie als Modell und Erklärung für einen bestimmten geistlichen Prozess verwendet wird.

Wenn das Kind entwöhnt ist, beginnen die Riten zur Feier dieses Übergangs. Bischof Githiga berichtet ausdrücklich von zwei Elementen: Wenn es ein Junge ist, nimmt ihn der Vater mit hinaus aufs Feld, macht ihm einen kleinen Bogen und einen Pfeil und zeigt ihm, wie man schießt. Ist es ein Mädchen, nimmt die Mutter es mit hinaus in den Wald, sie suchen gemeinsam Brennholz, und die Mutter legt dem Mädchen ein kleines Bündel auf den Rücken, um es heim zu tragen. Das bedeutet, dass der Übergang in eine neue Lebensphase eine neue Herausforderung mit sich bringt: Der Junge muss schießen lernen, um später auf die Jagd gehen bzw. im Kriegsfall seinen Stamm verteidigen zu können. Das Mädchen muss lernen, der Mutter bei der Arbeit im Haus zu helfen, um später ebenfalls die Verantwortung für das Haus übernehmen zu können. Das wird zwar noch viele Jahre dauern, aber ein erster Schritt ist gemacht, und die Kinder werden so allmählich auf den Weg des Erwachsenwerdens vorbereitet.[76]

In der Bibel wird uns auch von einer Entwöhnungsfeier berichtet. In Genesis 21,8 heißt es: »Das Kind wuchs heran und wurde entwöhnt. Als Isaak entwöhnt wurde, veranstaltete Abraham ein großes Festmahl.« Dieser Hinweis aus der Frühzeit der biblischen Tradition zeigt, dass es sich bei der Entwöhnung offensichtlich um ein Übergangsritual handelt, das in sehr frühe Zeiten der Menschheit zurückreicht und weit verbreitet war. Bei der obigen Beschreibung des afrikanischen Entwöhnungsrituals wird das Fest nicht ausdrücklich erwähnt, aber es ist immer Bestandteil von Übergangsriten. Dass das Kind jetzt selbstständig essen kann und einen wichtigen Schritt auf dem Weg ins Erwachsenwerden getan hat, muss gefeiert werden. Das Fest und der erste Schritt zu verantwortlichem Handeln gehören zusammen. Dieser Schritt ist so wichtig, dass er, wenn er nicht wie natürlich von selbst geschieht, notfalls mit drastischen Mitteln herbeigeführt wird, wie es offenbar auch bei Isaak war, von dem es heißt, er sei entwöhnt *worden*.

Diesem Vorgang der Entwöhnung begegnen wir später in der geistlichen Literatur. So taucht in der Benediktsregel 7,4 dieses Thema im Zusammenhang mit der Demut auf: »Wenn ich nicht demütig gesinnt bin und mich selbst erhöhe, was dann? Dann behandelst Du mich wie ein Kind, das die Mutter nicht mehr an die Brust nimmt.« Benedikt spricht hier mit Gott und fragt, was geschieht, wenn ein Mensch nicht demütig ist, sondern sich stolz über andere – und wohl auch über Gott – erhebt. Er gibt sich selbst die Antwort, indem er einen Vers aus Psalm 131,2 zitiert, aus dem auch schon die Frage stammte.[77] Gott behandelt einen Stolzen so wie eine Mutter ihr Kind, das immer nur gestillt werden will. Er nimmt ihm, was er nicht hergeben will, um ihn zu Demut und Vernunft zu bringen. In unserer Sprache würde man sagen: »Wenn einer zu sehr auf dem hohen Ross sitzt, dann muss das Leben ihn gelegentlich vom Gaul werfen, damit er wieder normal wird.« Was man nicht freiwillig lernen will, dazu zwingt einen manchmal das Leben – und gelegentlich auch mit drastischen Mitteln. Man wird entwöhnt, wenn man sich nicht selbst etwas abgewöhnen will, um im Leben einen Wachstumsschritt machen zu können.

In diesem Sinn benützt auch der Mystiker Johannes vom Kreuz (1542–1591) das Bild von der Entwöhnung in einem etwas anderen Zusammenhang. In seiner Schrift über die »Dunkle Nacht« erläutert er die Probleme, die auf dem geistlichen Weg entstehen, wenn ein Mensch in Phasen gerät, in denen alles dunkel wird und er den Weg nicht mehr sehen kann. Johannes vom Kreuz versucht, diese seelische Situation zu erläutern, indem er ausführlich den Vorgang der Entwöhnung beschreibt: »Je mehr das Kind aber heranwächst, umso mehr entzieht die Mutter ihm die Pflege, indem sie ihre zarte Liebe verbirgt und ihre süße Brust mit Bitterstoff bestreicht. Sie nimmt es nicht mehr auf ihre Arme, sondern lässt es auf eigenen Füßen stehen, damit es die Eigenheiten des Kindes ablegt und sich wichtigeren und mehr wesentlichen Dingen zuwendet.«[78] Das Kind muss entwöhnt und auf die eigenen Beine gestellt werden. Es muss neue Schritte ins Leben lernen. Anschließend erläutert Johannes vom Kreuz, dass es so gelegentlich auch zwischen Gott und Mensch zugeht: Gott nimmt dem Menschen manch Liebgewonnenes weg, wenn er ihn in tiefere Erfahrungen führen will. Bisher lebte dieser Mensch beispielsweise mit bestimmten Formen des Betens und Glaubens, die ihn befriedigt haben. Er konnte gut mit ihnen leben. Jetzt will Gott ihn tiefer führen. Dazu muss er ihm das wegnehmen, was ihm Befriedigung verschafft hat, damit er für tiefere Erfahrungen bereit wird. Manchmal vollzieht sich solche geistliche Weiterentwicklung wie von selbst, ein anderes Mal glückt sie nur durch einen schmerzlichen Prozess der Entwöhnung.

Dieses Thema beschäftigte auch den Apostel Paulus. In 1 Korinther 3,1–3 beklagt er sich, dass er zu den Korinthern »nicht wie vor Geisterfüllten reden [konnte]«, also wie zu Menschen, die schon einen reifen, erwachsenen Glauben haben, sondern »ihr wart noch irdisch eingestellt, unmündige Kinder in Christus. Milch gab ich euch zu trinken statt fester Speise; denn diese konntet ihr noch nicht vertragen.« Er konnte mit ihnen nur sprechen wie mit unreifen Kindern, die ausschließlich Milch vertragen, aber nicht die »harten Brocken« einer tieferen Lehre und Einsicht. Später kommt er in 1 Korinther 13,11 nochmals auf das Thema in der Ich-Form zu sprechen: »Als ich ein Kind war, redete ich wie ein Kind, dachte wie ein Kind und urteilte wie ein Kind. Als ich ein Mann wurde, legte ich ab, was Kind an mir war.« Paulus kennt selbst diesen Prozess, durch den aus dem Kind ein Mann wird, indem man das Kindhafte und Kindische ablegt, und diesen Prozess will er auch seinen Christen in Korinth zeigen. Dazu müssen sie jedoch aufhören, sich mit Milch zu begnügen, und bereit sein, auch innerlich und geistlich erwachsen zu werden. Interessanterweise hat Barack Obama in seiner Antrittsrede zur ersten Amtszeit als Präsident der

Vereinigten Staaten von Amerika im Jahr 2009 auf diesen zuletzt zitierten Satz des Apostels Paulus angespielt, als er sagte: »Wir sind eine junge Nation, aber – in den Worten der Heiligen Schrift – die Zeit ist gekommen, um alles Kindische abzulegen.« Damit sind wir mit unserem Thema der Entwöhnung im Heute angekommen. Es ist hier nicht wichtig, was Barack Obama konkret damit gemeint hat und was er seinen Landsleuten deutlich machen wollte. Seine Bemerkung zeigt aber, dass es bei der Entwöhnung und beim Erwachsenwerden nicht nur um ein persönliches Thema geht, sondern dass es auch auf eine gesellschaftliche und politische Problematik hinweisen kann. Auch eine Gesellschaft kann verwöhnt, abhängig und unreif sein. Dieser Aspekt soll uns hier aber nicht weiter beschäftigen. Wir bleiben bei uns selbst.

So sehr »Entwöhnung« zunächst ein etwas entfernt liegendes Thema zu sein scheint, so schnell wird es spontan verstanden, wenn wir in Kursen die hier zitierten Texte präsentieren und den Teilnehmenden die Frage stellen, wo sie denn entwöhnt werden müssten, was sie sich abgewöhnen müssten, um freier zu werden, unabhängiger von ihren negativen Gewohnheiten und Verhaltensmustern, vielleicht sogar von Suchtverhalten, das ihre Zukunft zerstoren kann. Statt dem etwas befremdlichen Wort »entwöhnen« können auch Worte wie »abgewöhnen« oder »bleiben lassen« weiterhelfen. Was man sich – vielleicht von Kindheit an – angewöhnt hat, muss man sich jetzt abgewöhnen oder versuchen, es bleiben zu lassen. Dabei geht es – wie der ursprüngliche Sinn des Wortes meinte – beim Entwöhnen bzw. Abgewöhnen nicht nur um *schlechte* Gewohnheiten, sondern auch um solche, die in der Vergangenheit einmal hilfreich oder gar notwendig waren, jetzt aber nicht mehr zum entsprechenden Lebensalter passen. Kindhafte, kindische oder pubertäre Verhaltensweisen sind einem Erwachsenen nicht gemäß.

Oft sagte mir jemand, wenn ich ihn nach einem Kurs wieder einmal traf, dass »die Entwöhnung« aus dem Kurs noch immer kräftig in ihm weiterarbeite, er früheres und aktuelles Verhalten immer mehr durchschaue und jetzt auf dem Weg in eine größere Freiheit sei. Wenn das Wort und das Bild von der Entwöhnung einmal innerlich einrasten, werden sie zu einem Schlüssel, der neue Räume öffnen kann. Die Entwöhnung kann zu einer alltäglichen Herausforderung werden, auch wenn das Wort einem bisher gleichsam unbekannt war. Wenn man das Stichwort »Entwöhnung« in eine Suchmaschine im Internet eingibt, ist es überraschend, wie viele Einträge man dazu geliefert bekommt. Einige beziehen sich auf das Abstillen von Säuglingen, aber die meisten weisen auf die Entwöhnung vom Rauchen und Alkohol hin. Damit ist das Thema erneut bei uns im alltäglichen Leben angekommen.

Die frühkindliche Entwöhnung, die in Afrika als erster Übergangsritus gefeiert wird, zeigt somit ein Thema an, das wie eine Begleitmusik durch das ganze Leben mitgeht und uns zu immer neuen Übergängen und Wachstumsprozessen ermutigen will – und zu einem befreienden Weg in die Zukunft. Je früher man diese Lektion lernt, desto leichter wird man sich im Alter damit tun, immer mehr Dinge und Menschen loszulassen, wozu uns dieser Lebensabschnitt oft genug zwingt, ob uns das passt oder nicht. Je öfter wir aber loslassend sagen konnten: »Ich bin so frei!«, desto mehr kann sich auch im Alter der Raum der Freiheit weiten.

Im Hinblick auf solche Erfahrungen können auch bekannte Redewendungen in einem neuen Licht erscheinen, zum Beispiel: »Ich bin's halt so gewohnt!« oder »Einen alten Baum soll man nicht mehr verpflanzen«. Im Alter ist man nicht mehr so beweglich wie in der Jugend. Man kann von Glück sagen, wenn man dann im gewohnten Umfeld bleiben kann, in dem man sich auskennt und sich zu Hause fühlt. Die Frage ist aber, wo dabei die Grenze zu ziehen ist, von der ab man sich nur noch im Gewohnten aufhalten und nichts mehr ändern will. So sehr Gewohnheit Heimat schafft[79], so sehr können Gewohnheiten auch zum Gefängnis und zur Fessel werden, die am Weitergehen hindern.

Deshalb sollte man sich auch im Alter fragen, wo man beweglich und offen zum Loslassen ist. Ich habe oft erlebt, dass einige unserer Mitbrüder in vorgerücktem Alter noch erstaunlich beweglich waren. Manche haben – wenn die Zeit reif war – ihre berufliche Tätigkeit, die sie meisterlich und gern ausgeübt hatten, aufgegeben und andere Aufgaben übernommen, in die sie sich völlig neu einarbeiten mussten. Sie haben es mit Freude und ganz selbstverständlich getan. Andere haben im hohen Alter noch den Wunsch geäußert, von Münsterschwarzach weg in eine unserer kleineren Gemeinschaften gehen zu dürfen. Das war eine gewaltige Umstellung. Ich wurde auch mal vorwurfsvoll gefragt, warum ich denn so einen alten Baum nochmals versetzen wollte. Ich brauchte diese Kritik nicht zu fürchten, denn die Idee dazu kam von den betreffenden Brüdern selbst. Es ist befreiend, wenn ein Mensch spürt, dass er auch im Alter noch beweglich sein und in ganz ungewohnten Verhältnissen nochmals neu aufleben kann. Das kann auch die Angst vor der Zukunft mindern.

»Abraham war 75 Jahre alt« (Genesis 12,4), als er auf Gottes Ruf hin seine Heimat verließ. Eigentlich ein ziemlich alter Mann. Er soll uns ein Vorbild sein. In den liturgischen Texten des Benediktfestes wird Abraham immer wieder lobend als Vorbild erwähnt. Wir als Mönche denken dabei meistens an unsere Vergangenheit, an das Verlassen der Heimat und des bisherigen Lebens, als wir damals ins Kloster eintraten. Der 75-jährige Abraham kann und soll uns aber gerade im Hinblick auf seine Altersbeweglichkeit ein Modell sein, selbst in den Tagen des Alters noch von Gewohntem Abschied zu nehmen, um sich die innere Freiheit zu bewahren und nicht vorzeitig zu versteinern. Damit ist Abraham nicht nur ein Vorbild für Mönche, sondern für jeden älteren Menschen, auch und gerade in der Bereitschaft, noch im Alter ganz neue Schritte zu wagen.

Der Dalai Lama hat im selben Alter wie damals Abraham einen entscheidenden Schritt getan, als er 2011 die politische Führung des tibetischen Volkes in jüngere Hände abgab und nur noch geistliches Oberhaupt blieb, ein Schritt, der in all den früheren Jahrhunderten nicht denkbar gewesen wäre. »Jetzt ist der richtige Zeitpunkt«, sagt er, »diese Jahrhunderte alte Tradition zu ändern. Es ist doch viel besser, wenn – wie jetzt – ein Dalai Lama das freiwillig und vergnügt tut, als wenn es auf Druck geschieht und er anderer Meinung ist.«[80] Vermutlich hatte er sich lange damit auseinander gesetzt. Solch ein Prozess darf ja dauern und darf auch wehtun. Aber dann kam »der richtige Zeitpunkt« und er hat es »freiwillig und vergnügt« getan. Man kann sich richtig vorstellen, wie er bei diesen Worten weise und verschmitzt gelächelt hat. Man spürt seine innere Freiheit zu einem großen Schritt. Er hätte auch sagen können: »Ich bin so frei ...«

Fulbert Steffensky, der inzwischen 79 Jahre alt ist, hat zu diesem Punkt kürzlich einen sehr persönlichen und geistreichen Beitrag geschrieben mit dem bezeichnenden Titel »Aufbruch in später Zeit. Ich werde nie Boden unter die Füße bekommen, wenn ich ständig dem Vergangenen nachweine.«[81]

Doch nicht immer geht es im Alter fröhlich und frei zu, wenn es um Veränderungen geht. Manchmal sinniere ich darüber, dass vielen Menschen dann ganz ungefragt brutale Veränderungen zugemutet werden, wenn etwa jemand aus großer persönlicher Freiheit plötzlich in einem Alters- oder Pflegeheim landet, das er sich nie selbst ausgewählt hätte. Manchmal versuche mir auch vorzustellen, wie es wohl einem alten und vielleicht auch noch kranken Menschen ergeht, der durch Krieg, Flucht oder Naturkatastrophe von einem Tag auf den anderen alles verliert und so vor dem Nichts oder vor einem völlig neuen, unerwünschten Anfang steht. Solche Szenarien sind real, und die Menschen, die davon betroffen sind, sind keine Einzelfälle. Millionen von Menschen leben in solch katastrophalen Verhältnissen, und keiner wird gefragt, ob er loslassen will oder nicht. Ich weiß nicht, wie ich mich in solchen Situationen fühlen würde. Ich habe noch viele Kindheitserinnerungen an ähnliche Zustände im letzten Weltkrieg und auf meinen Reisen in Afrika und Südamerika habe ich ganz konkret sehr viel Not und Elend kennengelernt. Aber wie es sich anfühlt, wenn man es am eigenen Leib und in auswegloser Situation verspüren muss, das weiß ich nicht. Und doch ist der Gedanke daran manchmal hilfreich für mich: Wenn mir das Loslassen schwerfällt oder ich nicht bekomme, was ich gerne hätte, dann sagt mir die Erinnerung an die vielen Millionen Menschen, dass meine Schmerzen beim Loslassen etwas mit »Jammern auf sehr hohem Niveau« zu tun haben, wie man heute so schön sagt. Das nimmt mir den augenblicklichen Schmerz nicht weg, aber er steht dann in anderen Zusammenhängen. Das Lassen oder Abgewöhnen kann mir leichter fallen, wenn ich mich erinnere, in welchen Umständen unzählige Menschen in meinem Alter leben müssen.

Damit ist nicht gesagt, dass Loslassen leicht sein muss. Es darf wehtun, wie auch der Säugling sich nicht freut, wenn er entwöhnt wird. Die Übergangsriten, von denen die Entwöhnung die erste ist, vollziehen sich meistens in einem Dreischritt: die Phase des Loslassens und der Trennung, dann die sogenannte Schwellenphase, die Phase der Verunsicherung, und schließlich die Phase der Integration, des Ankommens in einer neuen Situation.[82] Übergang hat zunächst mit Abschied und Loslassen zu tun. Darauf folgt die Phase der Verunsicherung, weil das Alte nicht mehr da und das Neue noch nicht zu sehen ist. Sie wird Schwellenphase[83] genannt, in der englischen Literatur spricht man von *liminality*, in dem das lateinische Wort *limen* = Türschwelle steckt. Man sitzt in der zweiten Phase im übertragenen Sinn auf der Türschwelle, ist nicht mehr drinnen und auch noch nicht draußen im Neuen. Man könnte auch sagen, dass man zwischen allen Stühlen sitzt.

Diese Phase der Verunsicherung wird aber auch die Phase der Verwandlung genannt. Wenn ich die Schmerzen des Abschieds und der Verunsicherung aushalte und annehme, wandelt sich innerlich etwas, sodass das Neue wachsen kann. Es ist eine Phase, die viel Geduld braucht und die Bereitschaft, Schmerzen und Verunsicherungen auszuhalten. Das Durchleben dieser Phase ist sehr wichtig für den weiteren Weg. Man darf weder der Versuchung erliegen, wieder ins alte Nest zurückflüchten zu wollen noch, sich möglichst schnell mit etwas Neuem zu arrangieren.

Der Prozess wirklicher Verwandlung braucht Zeit und die Geduld eines Lehrlings. Dieser Schritt ins Neue darf noch ungewohnt und verunsichernd sein. Weiter oben hatte ich Gertrude Sartory zitiert, die vom Altersnoviziat gesprochen hat, dass wir nämlich im Alter in vielfacher Weise nochmals Neulinge, Lehrlinge sind. Beim Lernen ist man noch nicht Meister. Der Weg der Einübung in eine neue Lebensphase ist ein Weg mit Erfolgen und Misserfolgen, Siegen und Niederlagen, Schmerzen und Freuden.

Solche Übergänge sind teilweise auch deshalb mühsam, weil ihr Gelingen nicht nur von unseren Entscheidungen oder unserem guten Willen abhängt. Bisherige Lebensgewohnheiten haben sich auch im Körper abgespeichert und in unserem Hirn feste Reaktionsmuster installiert. Gerald Hüther, ein bekannter Hirnforscher, sagt es in einem Bild: Manche Nervenbahnen haben sich durch ständige Wiederholung der gleichen Verhaltensweisen gleichsam zu Autobahnen entwickelt, die sich dann allmählich wieder zu einem normalen Feldweg zurückentwickeln müssen, und das fordert Zeit und Mühe.[84] Allerdings wird solch ein Prozess umso leichter vorankommen, je mehr man nicht zögerlich oder lustlos, sondern mit innerer Begeisterung an das Neue herangeht. Begeisterung hilft dem Gehirn, die alten Reaktionsmuster schnell abund andere, für die neue Situation hilfreiche Muster aufzubauen. Begeisterung und Freude am neuen Weg sind die besten Voraussetzungen dafür, dass wir nicht dazu verdammt sind, so weiterzumachen wie bisher, sondern neue Wege einschlagen und »über uns hinauswachsen« zu können.[85] Gertrude Sartory hat im Zusammenhang mit dem Altersnoviziat gesagt, dass sie von diesem Gedanken und von dem, worauf sie zugehen darf, »ganz besessen«

ist.[86] Diese »Besessenheit«, diese Begeisterung lässt sie nicht mehr am Alten kleben, sondern öffnet die Tore weit für die Zukunft.

Dieses psychologische Phänomen haben auch schon die frühen Mönche gekannt. Johannes Cassian berichtet, dass es vielen jungen Mönchen schwerfalle, sich von den Vorstellungen und Werten ihrer heidnischen Bildung und Erziehung zu lösen und sich auf die Lebensweise der Mönche einzustellen. Cassian ist der Ansicht, dass diese innere Umerziehung dann umso leichter vonstatten gehe, wenn die jungen Mönche »mit dem gleichen Fleiß und Eifer«, also mit der gleichen Begeisterung an das Studium der Heiligen Schrift und der Väter herangingen, wie sie damals mit Begeisterung die heidnische und weltliche Literatur verschlungen haben.[87] Je mehr man etwas mit Begeisterung und innerer Anteilnahme tun kann, desto schneller wird es zu einer hilfreichen Gewohnheit. Das gilt sowohl für das Noviziat der jungen Mönche wie auch für uns betagte Menschen in der Übergangsphase des »Altersnoviziates«. Voraussetzung ist allerdings, dass wir wirklich ein faszinierendes Ziel vor Augen haben, auf das wir uns hin entwickeln möchten. Wie das Ziel aussehen kann, davon war schon oben im Kapitel »Ins Alter hineinreifen« die Rede und wird auch in den folgenden Kapiteln immer wieder neu in den Blick kommen.

Abschließend ein Zitat, das unser Thema nochmals von anderer Seite her auf den Punkt bringt. Thomas Söding, Professor für Neues Testament, hat in einem Leitartikel zur Finanzkrise einige Überlegungen anhand der Bibel vorgelegt. Viel Geld, so sagt er, ist keine Garantie für ein glückliches Leben, aber »kein Geld zu haben, ist sicher auch nicht gerade eine Glücksgarantie«. Und dann fährt er fort: »Wer nicht arm sein muss, sondern sich leisten kann, arm zu sein, ist ein glücklicher Mensch.«[88] Sich Armut leisten können, sich leisten können, wegzugeben, was man haben und besitzen könnte, das setzt voraus, dass ein anderer »Reichtum« in den Blick gekommen und erfahrbar geworden ist. Daraus entsteht die

Freiheit, arm werden, loslassen zu können: »Ich bin so frei!« Diese Freiheit muss uns noch nicht in jeder Hinsicht möglich sein, aber die verlockende Aussicht darauf könnte uns wohl beflügeln. An dieser Stelle lässt sich noch ein Wort der Psychologin Ingrid Riedel hinzufügen: »Wo dieses Loslassen vom Müssen zum Dürfen hinüberschwingt, kann die Gelassenheit aufkommen, die größte Tugend des Alters, (...) um die die Alten von der Jugend beneidet werden. Auf dem Boden dieser Gelassenheit schließlich wächst die Weisheit.«[89] Es klingt geradezu spielerisch, dass das Loslassen vom Müssen zum Dürfen hinüberschwingen kann.

»Die Älteren ehren, die Jüngeren lieben«

Dass die ältere Generation immer mehr loslassen muss, bedeutet ja nicht, dass sie schließlich nur noch unter sich ist oder auf einem eigenen Planeten lebt. Sie lebt mit den anderen Generationen zusammen. Die Frage ist jetzt, wie dieses Zusammenleben gelingen und was die spezielle Funktion alter Menschen dabei sein kann.

Beginnen wir mit einem Blick in die Benediktsregel. Dort begegnet uns in Kapitel 4,70.71 die lapidare Formulierung: »Die Älteren ehren, die Jüngeren lieben.« Hier wird deutlich, dass beide Gruppen, die Jüngeren und die Älteren, aufeinander bezogen sind. Dass die Älteren zu ehren sind und eine besondere Würde haben, ist eine Selbstverständlichkeit in allen Kulturen und Religionen. Benedikt setzt aber sofort hinzu, dass auch die Jungen ihre Würde haben und die Alten aufgerufen sind, ihnen Liebe entgegenzubringen. Es geht um die Gegenseitigkeit, die Benedikt auch in anderem Zusammenhang wichtig ist, etwa in Bezug auf das Prinzip des gegenseitigen Dienens bei Tisch, bei der Fußwaschung und anderen Gelegenheiten.[90] Jeder darf etwas erwarten, hat aber auch die Pflicht, für andere da zu sein.

Bemerkenswert ist, dass das oben erwähnte Regelzitat gleich zweimal in der Benediktsregel vorkommt. In Kapitel 63,10 heißt es: »Die Jüngeren sollen also die Älteren ehren, die Älteren die Jüngeren lieben.« Hat sich Benedikt gegen Ende der Regel nicht mehr erinnert, dass er dieses Motto schon in den ersten Kapiteln zitiert hatte, oder hat er es bewusst noch einmal wiederholt, weil es ihm besonders wichtig war? Das Motto steht an dieser zweiten Stelle der Regel in einem konkreten Zusammenhang. Es wird nicht, wie im vierten Kapitel, nur als allgemeines Prinzip formuliert, sondern steht im Umfeld von Ausführungen zur Rangordnung im Kloster. Diese Rangordnung, also die Reihenfolge, die die Mönche beim Gottesdienst einnehmen, beim Anstimmen von Psalmen oder beim Gang zur Kommunion und in vielen anderen Situationen des Alltags, wird nicht nach dem Lebensalter geregelt, sondern nach dem Zeitpunkt des Eintritts ins Kloster, völlig unabhängig von Lebensalter oder weltlicher Stellung. Das ist auch heute noch so. Man nennt es die Reihenfolge nach dem Eintritts- oder Professalter.

In diesem Kapitel 63 geht es Benedikt vor allem darum, dass die Brüder in gutem Anstand miteinander umgehen. Den Älteren gebuhrt eine besondere Ehrerbietung: Die Jüngeren grüßen die Älteren zuerst, lassen ihnen den Vortritt und bieten ihnen ihren Sitzplatz an. Weil aber der Eindruck entstehen könnte, dass die Älteren so etwas wie eine privilegierte Klasse sind, fügt Benedikt den erwähnten Satz hinzu: »Die Jüngeren sollen also die Älteren ehren, die Älteren die Jüngeren lieben.« Damit wird den Älteren ins Buch geschrieben, dass auch sie ihrerseits die Würde der Jüngeren achten und ihnen Liebe entgegenbringen sollen. Diese Gegenseitigkeit der Wertschätzung wird noch durch eine andere Anordnung unterstrichen: Keiner soll den anderen mit dem bloßen Namen anreden. Die Jüngeren nennen »die Älteren ›nonnus‹, was so viel wie ›ehrwürdiger Vater‹ heißt«.[91] Die Älteren sollen die Jüngeren »Bruder« nennen. Die Jüngeren werden also nicht »Sohn«

und auch nicht »Kleiner« oder sonst wie genannt, sondern mit »Bruder« angeredet. Der Jüngere ist der Bruder des Älteren; neben den berechtigten Unterschieden wird hiermit auch die Gleichheit aller in der einen Familie des Klosters unterstrichen. Zudem war der Brudertitel zur Zeit Benedikts nicht nur unter den Mönchen üblich, sondern ein Ehrentitel für alle Getauften, die sich auf der Basis ihres gemeinsamen Christseins als Brüder und Schwestern anredeten.[92]

Schließlich beendet Benedikt seine Darlegungen zu Rangordnung und Ehrerbietung mit einem Wort des Apostels Paulus aus dem Römerbrief 12,10: »Kommt einander in gegenseitiger Achtung zuvor.« Nochmals wird die Gegenseitigkeit der Wertschätzung betont. Trotz einer besonderen Würde des Alters geht es um ein gutes Miteinander aller Brüder, nicht um die Bevorzugung einer bestimmten Altersgruppe, sowie darum, bei dieser Wertschätzung einander zuvorzukommen. Die genannte Wertschätzung kann also nicht wie ein Privileg von anderen erwartet oder gar eingefordert werden, sondern sollte zuerst einmal dem anderen geschenkt werden. Jede Altersgruppe muss – ungefragt – das Ihre zu einem guten Miteinander beitragen. Das gilt nicht nur für die allgemeine Wertschätzung und den Anstand, sondern überhaupt für das Zusammenleben und den Aufbau von Gemeinschaft.

So gut diese Worte Benedikts auch klingen mögen: Das Verhältnis von Jüngeren und Älteren war sicher auch damals nicht problemfrei. Benedikt hat nicht umsonst das erwähnte Prinzip zweimal in seiner Regel formuliert. Auch im klösterlichen Milieu kennt die Generationenfrage ihre Höhen und Tiefen, wie sich im Folgenden noch zeigen wird. Das ist im Kloster nicht anders als in anderen kirchlichen oder gesellschaftlichen Bereichen.

Aus der Frühzeit des Mönchtums ist das bekannteste Phänomen in der Beziehung zwischen Alten und Jungen der Brauch, dass sich ein Neuling einem älteren Mönch anschloss, um von ihm ins Mönchsleben eingeführt zu werden. In den ägyptischen

Wüsten lebte man als Einsiedler oder in einer locker organisierten Einsiedlerkolonie. Es gab dort kein gemeinsames Leben wie in den großen Klöstern, die sich in jener Zeit allmählich etablierten. Der Neuling in der Wüste lebte mit einem Älteren zusammen, lernte von ihm mehr durch dessen Lebenswandel als durch theoretische Belehrung. Andere kannten einen berühmten Mönchsvater in der näheren oder weiteren Umgebung, den sie gelegentlich zur Beratung aufsuchten mit der Bitte: »Sag' mir ein Wort!« In diesem geistlichen Miteinander hatte sich eine erstaunliche Befähigung zu kluger Menschenführung und geistlicher Vaterschaft entwickelt, von der die Jungen und die Neulinge profitierten. Man schätzte sich glücklich, von einem solchen Alten lernen zu können.[93]

Trotzdem ist das Verhältnis von Alten und Jungen – wie schon angedeutet – nicht immer einfach gewesen. Die Jungen waren aufgrund der damaligen gesellschaftlichen Situation gewohnt, sich unterzuordnen, aber es wird auch immer wieder von Älteren berichtet, dass sie gegenüber Jüngeren grob waren und wenig Verständnis für deren Probleme zeigten.[94] Beispielhaft soll hier eine Geschichte stehen, von der Johannes Cassian berichtet, dass sie weit in der Welt des frühen Mönchtums herumerzählt worden sei. Sie entbehrt nicht einer gewissen Komik und Ironie.

Ein junger Bruder wurde sehr von sexuellen Versuchungen geplagt. Er ging voll Vertrauen zu einem Alten, um von ihm Hilfe zu erhalten. »Er glaubte nämlich, dass er durch das Gebet des Altvaters Trost in seinem Leiden und Heilmittel für seine aufgebrochenen Wunden finden werde. Doch das Gegenteil trat ein.«[95] Der Altvater beschimpfte ihn und sagte, dass er nicht würdig sei, ein Mönch zu sein, und schleunigst seine Einsiedlerzelle verlassen solle. Der junge Mönch war verzweifelt, sah keinen Ausweg und beschloss, die Wüste und den Mönchsweg zu verlassen. Unterwegs begegnete er dem berühmten Altvater Apollo. Dieser sah dem Jungen seine Verzweiflung an, obwohl er nichts sagte. Da warf sich der Alte vor dem Jungen zu Boden. Normalerweise sollte das umgekehrt der Fall sein, aber offensichtlich wollte der Alte dem Jungen damit seine Ehrfurcht und seine Wertschätzung zeigen, damit dieser wieder Vertrauen fassen konnte. Nach einigem Zögern offenbarte der Junge dem Alten sein Problem. Apollo tröstete und ermunterte ihn, zunächst einmal Vertrauen zu haben und zu bleiben. Ein wichtiges Argument war, dass er dem Jungen gestand, er habe selbst täglich solche Anfechtungen und müsse sich mit ihnen auseinandersetzen.

Dann machte sich Apollo auf den Weg zu dem anderen Alten. Als er in die Nähe von dessen Behausung kam, blieb er stehen und betete mit ausgebreiteten Armen, Gott möge dem Alten ähnliche Versuchungen schicken, damit er mit dem Jungen mitfühlen lerne. Tatsächlich sah er, wie ein Dämon vor der Behausung des Alten stand und glühende Pfeile auf ihn schoss, damit die gleiche Leidenschaft in seinem Leib und seiner Seele auflodern soll. Und tatsächlich sah er, wie der Alte plötzlich völlig außer sich hin und her rannte, in seine Zelle lief und wieder heraus und schließlich auf dem gleichen Weg davonlaufen wollte, den der Junge genommen hatte, »als ob er (...) von nicht wenigen Furien getrieben wurde«[96]. Altvater Apollo stoppte ihn und stellte ihn mit strengen Worten zur Rede. Schließlich erläuterte er den Sinn seiner Intervention damit, dass Gott ihn in diese schwere Anfechtung fallen ließ, »damit du wenigstens noch im Alter lernst, mitzuleiden mit den Schwachheiten anderer, und damit du durch (...) deine eigene Erfahrung gelehrt wirst, mit herabzusteigen zur Verwundbarkeit der Jüngeren«[97].

Es wird nicht berichtet, wie die Geschichte endet. Das ist auch nicht so wichtig. Das Anliegen war wohl, die komplexen Beziehungen zwischen Alten und Jungen nachzuzeichnen: die Grobheit, aber auch die Klugheit eines Alten gegenüber einem jungen Bruder, die Verachtung eines Alten gegenüber einem Jungen mit seinen Problemen, aber auch die Ehrfurcht und Demut eines Alten gegenüber einem jungen Bruder in Not. Und schließlich die Pfiffigkeit und der Witz, mit denen ein Alter dem anderen Alten eine Lektion erteilt, damit er noch im Alter lernt, klug und achtsam mit den Jungen umzugehen. Kein Wunder, dass diese Geschichte in der Wüste die Runde machte – nicht im Sinne eines Skandaljournalismus, der sich über den Alten mit seiner Anfechtung lustig machte, sondern als Belehrung für alle, auch für die Jungen, damit »keinesfalls die Unerfahrenheit oder Nachlässigkeit nur eines einzelnen älteren Mönches« sie davon abhalten, sich einem Alten in ihrer Not anzuvertrauen, wie Johannes Cassian ausdrücklich betont.[98] Diese Episode war nicht nur für die Wüstenmönche lehrreich. Kürzlich wurde sie auch von einem Verhaltenspsychologen untersucht und analysiert.[99]

Die gegenseitige Korrektur der beiden Altväter kennt eine Parallele in der afrikanischen Kultur. Der schon erwähnte Bénézet Bujo berichtet, dass es neben dem offiziellen Ältestenrat auch einen inoffiziellen Ältestenrat gab, der keine rechtliche Funktion hatte, in dem aber »die Alten sich gegenseitig ermutigten und korrigierten«.[100] Es war also offensichtlich eine Art Selbsterfahrungsgruppe oder Intravision, wodurch die Alten versuchten, mit ihren eigenen Problemen besser umgehen zu lernen, um dann auch den Jungen weniger zur Last zu fallen.

Die afrikanische Tradition erzählt von weiteren Erfahrungen des guten und weniger guten Zusammenlebens von Jung und Alt. Der Reichtum der Alten in dieser Kultur liegt vor allem darin, dass sie die lebendige Lehrtradition verkörpern, die sich in ihrer Spruchweisheit manifestiert. Diese ist durchaus mit der Spruchweisheit der Wüstenväter vergleichbar.[101] Boniface Tiguila, der bereits oben erwähnte Benediktiner aus Togo, sagt, er könne sich »lebhaft vorstellen, wie die Menschen zu den Wüstenvätern [im Ägypten des 4. Jahrhunderts] strömten, um von ihnen ein Wort des Lebens zu erhalten«. Diese Sehnsucht nach dem Wort alter, weiser Männer könne er deshalb gut verstehen, weil er sich erinnert, wie sich in seiner Jugend die ganze Sippe im Hof »bei Mondlicht um die Alten versammelte, um im wahrsten Sinn des Wortes aus der Quelle der Weisheit der Alten zu trinken und aus ihren Erzählungen und Rätseln, aus ihren Lebensgeschichten und denen des Stammes zu schöpfen«[102].

Aus dieser Weisheit und Lebenserfahrung heraus waren die Alten auch wie selbstverständlich die Vermittler bei Schwierigkeiten aller Art, »um die Unbändigen zur Vernunft zu bringen, um das soziale Netz wieder zusammenzuknüpfen, so oft es reißt«[103]. Und häufig liegt die Lösung dann nicht in langen Diskussionen, sondern eher darin, dass ein Alter »das richtige Wort oder Sprichwort weiß« oder »im rechten Augenblick die passende Geschichte zur Hand hat«, die überzeugt und den Knoten lösen kann.[104] Weisheitsgeschichten und Weisheitssprüche, im passenden Augenblick erzählt, sind die bevorzugten Heilmittel weiser Menschen. Ähnlich schickt auch Benedikt bei hartnäckigen Fällen nicht den Abt oder Prior, sondern »ältere weise Brüder«, um mit einem widerspenstigen Bruder zu reden (vgl. Benediktsregel 27).

Die Befähigung der Alten, zu lehren, bedeutet nicht, dass sie nichts mehr lernen müssen. »Das Ohr ist nie zu alt zum Lernen«, lautet ein afrikanisches Sprichwort. Boniface Tiguila kommentiert, er sei immer wieder überrascht, wie viele Alte er treffe, »die so erpicht darauf sind, von den Jüngeren zu lernen und sich dem Neuen zu öffnen«. Er fügt noch an, es gebe oft so etwas wie »ein geheimes Einverständnis zwischen den ganz Jungen und den ganz Alten«[105]. Ähnlich sagt man auch bei uns gelegentlich, dass die Enkel und die Großeltern sich besonders gut verstehen.

Im Allgemeinen, so Boniface Tiguila, habe deshalb ein gutes Verhältnis zwischen Alten und Jungen bestanden. Schwer täten sich mit den Jungen eher jene Alten, die noch um den Machterhalt kämpfen und sich an äußeren Dingen festhalten müssen. »Alt geworden im schlechten Sinn, klammern sie sich krampfhaft an einen Vorrang der Älteren. In Wirklichkeit verdrängen sie damit nur den Selbstvorwurf, es nicht zu einer Autorität gebracht zu haben, die ihnen Achtung verschafft und sie zu einem Orientierungspunkt (...) in der Gemeinschaft gemacht hätte.«[106] Wer sich in seinem Leben nicht entfaltet hat und nicht ein Alter oder eine Alte im guten Sinn des Wortes geworden ist, kann auch kein fruchtbares Verhältnis zu den Jungen haben, weil er oder sie den Platz festhalten will, den die Jungen ihnen allmählich streitig machen.

Die eigentliche Ursache für die Unreife dieser Alten hat aber seiner Ansicht nach noch einen tieferen Grund: »Ich wage sogar die Behauptung: Wer es versäumt hat, in die Tiefe eines innigen und innerlichen geistlichen Lebens mit dem Einen zu gelangen, der wird jeder noch so belanglosen Gelegenheit nachjagen, von der er sich Achtung erhofft.« Wer in Gott, in seinem religiösen Leben innerlich Heimat und Mitte gefunden hat, muss seine äußere Positionen nicht gegen die Jüngeren verteidigen. Und weiter heißt es: »Wenn mein Leben von Dem erfüllt ist, den zu suchen ich ins Kloster gegangen bin, dann habe ich keinen Grund mehr zu klagen, ich würde nicht genug beachtet. ›Ich bin kostbar in den Augen des Herrn, und das genügt mir.‹«[107] Wenn ein alter Mönch oder überhaupt ein alter Mensch so in einen inneren Frieden mit Gott gekommen ist, verwickelt er sich nicht mehr in Machtspielchen mit den Jüngeren; er besitzt dann die innere Freiheit, gut mit den Jüngeren umzugehen und etwas vom Reichtum seines Lebens weiterzugeben, falls und wo es gewünscht ist – ganz ohne sich aufzudrängen.

Das sind eindrucksvolle Zeugnisse aus der monastischen und afrikanischen Tradition. Sie lassen sich allerdings nur in relativ geschlossenen Milieus weitertradieren. Heute zerbrechen immer mehr traditionelle Strukturen und die übermächtige mediale Vernetzung übt unzählige und ganz andere Einflüsse auf die Jüngeren – in Afrika und auch bei uns, bis hinein in die Klöster – aus. Daher wird die Weitergabe traditioneller weisheitlicher Werte immer schwieriger. Gerade deshalb kann es wichtig sein, sich solche traditionellen Bilder und Erfahrungen immer wieder vor Augen zu halten und zu überlegen, wie unter massiv veränderten Verhältnissen ähnliche Formen gegenseitiger geistiger Befruchtung und menschlicher Bereicherung möglich werden können. Aber zunächst ist für uns hier nicht die Frage, wie Lebensweisheit weitergegeben werden kann, sondern wie die Älteren selbst erst einmal zu »guten Alten« werden und sich Reife und Weisheit in ihrem Leben entfalten können. Auch sie sind in Gefahr, durch die Überfülle der medialen Möglichkeiten ganz anderen Stimmen zu folgen als denen der Weisheit. Sie müssen wohl selbst erst versuchen, aus dieser modernen Situation heraus geeignete Wege zu Reife und Weisheit zu finden. Und darum geht es in diesen Überlegungen.

Es ist gut, über die Weisheit der Alten und ihre positiven Einflüsse auf die jüngere Generation zu reflektieren, aber beim Thema »Alter« denken wir heute an recht handfeste Probleme, die sich aus der demografischen Entwicklung ergeben, dass die Alterspyramide – wenigstens in unseren Breiten – immer mehr auf dem Kopf steht. Es dreht sich dabei vor allem um Lasten, die wir Ältere den Jüngeren aufbürden und mit denen wir ihre Zukunft erschweren, vor allem im sozialpolitischen Bereich und in Bezug auf die Belastung der Umwelt. Andererseits gibt es bei den Älteren große Ängste, was mit ihnen werden wird, wenn sie noch älter, krank und pflegebedürftig werden, aber ihre Kinder weit weg wohnen oder sie überhaupt niemanden mehr haben, der sich um sie kümmert. Über diese Fragen wird viel diskutiert und geschrieben, und darum soll es hier jetzt nicht weiter gehen.

Es sei hier nur noch ein Text angefügt, der sehr deutlich die Anfragen ausdrückt, die die jüngere Generation an die Älteren richtet. In einem Internetbeitrag las ich kürzlich, ein Sprecher des »Club of Rome« habe bei der Vorstellung der neuesten Studie Folgendes gesagt: »Wir werden in den nächsten vierzig Jahren bei den jungen Menschen eine Revolution erleben [es ging um das Interesse an der Umwelt und der Einen Welt], und dass unsere Enkel uns fragen werden: ›Hey, Opa, das kann doch nicht sein! Ihr damals mit euren zwei Autos vor der Tür, diese Verschwendung, dieser Konsum, von dem ihr kaum ein besseres Leben hattet – nur des Konsums wegen! – was ward ihr damals krank!'«

Dieser Text beleuchtet schlaglichtartig die ökologische Situation, könnte aber leicht in ähnlicher Weise auch im Blick auf andere gesellschaftliche und politische Themen umformuliert werden, bei denen die demografische Situation neue Fragen aufwirft. Statt nun auf solche politischen und gesellschaftlichen Probleme einzugehen, die anderswo kompetenter beschrieben werden können, möchte ich den Blick nochmals auf Aspekte des Alters in meiner eigenen klösterlichen Situation richten, weil ich denke, dass von hier aus auch für außerklösterliche Bereiche einige Anregungen sichtbar werden.

Kürzlich sagte uns ein Referent, den wir zu einer klosterinternen Tagung zu Fragen des Älterwerdens eingeladen hatten, wir sollten einmal überlegen, was es heißen könnte, wenn wir folgenden Beschluss fassten: »Unser Kloster übernimmt den Generationenvertrag.« Wir haben noch nicht offiziell darüber diskutiert, aber mich beschäftigt diese Frage seither immer wieder. Natürlich meinte der Referent den »Generationenvertrag« nicht in dem Sinn, wie er sozialpolitisch als eine Art gegenseitiger Verpflichtung zur Altersversorgung verstanden wird. Er meinte wohl die ausdrückliche Verantwortung jeder Generation für eine gute Gestaltung der gemeinsamen Zukunft. Was heißt das, dass wir alle miteinander und jeder auf seine Weise und an seinem Platz für die gemeinsame Zukunft unseres Klosters verantwortlich sind?

Mir kam dazu noch ein anderer Gedanke, den ich in diese Diskussion einbringen möchte: Als ich 1982 zum Abt gewählt wurde, nahm ich als Wahlspruch ein Wort aus Matthäus 23,8: »Ihr alle seid Brüder.« Es war mir damals klar – und es hat sich auch in der Praxis bestätigt –, dass wir nur gemeinsam die Herausforderungen, die vor uns liegen, meistern können. Dazu braucht es einen guten Zusammenhalt und die brüderliche Gesinnung aller. Jeder muss jeden anderen als Bruder akzeptieren, auch wenn er ihn niemals als Freund wählen oder mit ihm in Urlaub fahren würde. Als Bruder muss ich auch den akzeptieren, der mir nicht passt oder mir unsympathisch ist. Wir müssen also nicht alle von einander begeistert sein, aber wir brauchen eine ehrliche Solidarität, die durch nichts infrage gestellt wird.[108] Dann können wir eine lebendige, brüderliche Gemeinschaft sein und werden auch viele kritische Phasen durchstehen können.

Im Blick auf die weitere Zukunft unserer Gemeinschaft kam mir jetzt eine ergänzende Formulierung in den Sinn: »Ihr alle seid Brüder – im Mehr-Generationen-Haus« oder »Wir sind brüderliche Gemeinschaft – im Mehr-Generationen-Kloster.« Das ist natürlich nichts Neues. Es war schon immer klar, dass die Brüderlichkeit auch zwischen Alt und Jung gilt. Aber heute ist die Generationenfrage weit brisanter als vor dreißig Jahren. Deshalb kann es für die Praxis hilfreich sein, auch dieses inzwischen so gewichtig gewordene demografische Faktum der umgedrehten Alterspyramide bei der Vision einer brüderlichen Gemeinschaft ausdrücklich mitzudenken und sich im konkreten Leben darauf einzustellen. Ähnlich sind ja auch für das Gelingen unserer Demokratie nicht nur der multikulturelle Aspekt oder die Zukunft der Einen Welt von immer größerer Bedeutung, auch das brisante Faktum des demografischen Wandels hat enorme gesellschaftliche und politische Folgen. Es ist gut, nicht nur um diese Themen zu wissen, sondern sie immer auch laut mitzudenken und sie bei Planungen und Entscheidungen zu berücksichtigen.

Was kann das für die Zukunft heißen? Man muss diese Fragen jetzt nicht gleich lösen können. Schnellschüsse sind hier nicht möglich und auch nicht sinnvoll. Es gibt keine einfachen »Lösungen«. Es ist schon viel, überhaupt die richtigen Fragen zu stellen und zunächst einmal mit ihnen zu leben, nachdenklich zu werden und achtsam die Fakten zu betrachten.

Entscheidend wird aber sein, dass sich bei allen – im Kloster wie in der Kirche und in der Gesellschaft überhaupt – immer mehr die Überzeugung einwurzelt, dass die Fragen der Zukunft nur in Solidarität und intensivem Miteinander bewältigt werden können. In diesem Zusammenhang kommt mir immer wieder das letzte Wort des Alten Testamentes in den Sinn, ein Wort des Propheten Maleachi (3,23f.): »Bevor aber der Tag des Herrn kommt, der große und furchtbare Tag, seht, da sende ich zu euch den Propheten Elija. Er wird das Herz der Väter wieder den Söhnen zuwenden und das Herz der Söhne ihren Vätern, damit ich nicht kommen und das Land dem Untergang weihen muss.« Der Prophet Elija, einer der ganz großen Propheten, wird geschickt, um die Herzen der Väter und der Söhne, der Alten und der Jungen wieder für einander zu öffnen, dass sie »von Herzen« miteinander umgehen lernen: die Väter mit den Söhnen, die Söhne mit den Vätern. Andernfalls wird das Land zugrunde gehen. Es geht um Leben und Tod, es geht um die Frage, ob Zukunft ist oder nicht. Nach diesem Wort beginnt in unserer Bibel das Neue Testament, in dem die Botschaft Jesu mit ganz neuer Dringlichkeit die gegenseitige Liebe zur Grundlage des Lebens macht – bis hin zur Feindesliebe.

Ergänzend lässt sich hier noch ein anderes Prophetenwort aus Joel (3,1) hinzufügen: »Danach aber wird es geschehen, dass ich meinen Geist ausgieße über alles Fleisch. Eure Söhne und Töchter werden Propheten sein, eure Alten werden Träume haben, und eure jungen Männer haben Visionen.« Der Geist Gottes wird reichlich ausgegossen über alle. Es scheint kein Unterschied mehr zu sein zwischen den Alten und den Jungen, Männern und Frauen. Sie alle haben prophetische Begabung, ihnen werden Träume und Visionen für die Zukunft geschenkt. Es wird jetzt vor allem darum gehen, sich über diese Träume und Visionen auszutauschen, einander zuzuhören, um herauszufinden, welche davon wohl zukunftsträchtig sind. Mag es bei den Themen zwischen Jüngeren und Älteren auch nicht immer um die großen Visionen und die prophetischen Träume für eine größere Zukunft gehen, sondern oft auch »nur« um alltägliche Herausforderungen des gemeinsamen Lebens und Überlebens – diese beiden prophetischen Worte könnten als eine Art Hintergrundfolie dienen, die uns jederzeit in Erinnerung ruft, wie lebensnotwendig die Gegenseitigkeit von Jung und Alt ist, wie sehr sie aber auch auf wertvolle Ressourcen auf beiden Seiten zurückgreifen kann, wenn nur das gegenseitige Wahrnehmen und Annehmen gewährleistet ist. Das gilt für das Kloster, aber auch für viele andere kirchliche und gesellschaftliche Bereiche.

Abschließend noch ein weiteres Bild: Weisheit wird meist mit dem Alter in Verbindung gebracht. In der Tradition wird sie aber nicht auf das Alter beschränkt. Es gibt auch Junge, die Weisheit besitzen. So heißt es gleich zu Beginn der Lebensbeschreibung des heiligen Benedikt, er habe schon von Jugend an »das Herz eines reifen Mannes«[109] gehabt. Im Lateinischen ist vom *cor senile* die Rede. Damit ist nicht ein seniles, altersschwaches Herz gemeint, sondern das eines *senex*, eines weisen Alten.[110] Hinter diesem Ausdruck steckt ein Begriff, der seit der Antike in Gebrauch ist, nämlich das Wort vom *puer senex*.[111] Im Deutschen müsste man wörtlich »alter Junge« oder »greisenhafter Junge« übersetzen, wenn das nicht falsch verstanden würde. Auch »altklug« oder »frühreif« würde wohl nicht den tieferen Sinn treffen. Der *puer senex* ist das positive Gegenstück zum Negativbegriff vom »jungen Alten« in Afrika, von dem oben[112] die Rede war, einem Alten, der nicht in guter Weise alt geworden ist und keine Weisheit und Würde besitzt. Hier geht es nun umgekehrt um einen Jungen, der schon über sein natürliches Lebensalter hinaus eine ungewöhnliche Reife erlangt hat.

Das Wissen um die Möglichkeit solch früher Reife eines Menschen findet auch in der Benediktsregel seinen Widerhall, wenn in Kapitel 3,3 steht, es sollen bei wichtigen Angelegenheiten immer *alle* Brüder geladen werden, weil »der Herr oft einem Jüngeren offenbart, was das Bessere ist«. In alltäglichen Angelegenheiten soll der Abt sich immer wieder mit einer Gruppe von Älteren beraten, aber bei besonders wichtigen Dingen sollen auch die Jungen dabei sein, weil der Herr »oft« einem Jüngeren das Richtige offenbart, offenbar in Angelegenheiten, die auch deshalb wichtig sind, weil sie in die Zukunft weisen. Es wird aber nicht gesagt, dass es *immer* ein Jüngerer ist, den der Herr das Rechte erkennen lässt. Es kann auch genauso gut ein Älterer sein. Man muss offen und sensibel bleiben, um zu erkennen, von welcher Seite und durch welchen Bruder die Weisheit spricht.

Wenn es um die Wahl eines neuen Abtes geht, dann entscheidet, wie schon oben erwähnt, nicht das Alter, sondern »Bewährung im Leben und Weisheit in der Lehre, mag einer in der Rangordnung der Gemeinschaft auch der Letzte sein«(Benediktsregel 64,2). Es kann der Letzte in der Rangordnung sein, der die notwendige Weisheit besitzt und sie auch in der Praxis des Lebens bewiesen hat, aber es muss nicht einer von den Jüngeren sein. Es kann auch ein Älterer, sogar der Älteste sein. Keine Altersgruppe hat die Weisheit für sich gepachtet. Es braucht das beständige Hinhören, das gemeinsame Hinhören und Austauschen, um zu erkennen, welches die Stimmen sind, die Träume und die Visionen, die den Weg in die gemeinsame Zukunft eröffnen.

Kann ein alter Schoß (noch) fruchtbar sein?

Die Bibel würde diese Frage mit einem klaren *Ja* beantworten. Im 5. Kapitel des Buches Genesis werden die Altväter von Adam bis Noah aufgelistet. Sie wurden alle uralt. So heißt es beispielsweise von Jered, dem Vater Henochs, dass er diesen gezeugt hat, als er 162 Jahre alt war, und »nach der Geburt Henochs lebte Jered noch 800 Jahre und zeugte Söhne und Töchter« (Genesis 5,18f.).

Von Noachs Vater Lamech heißt es, er sei 182 Jahr alt gewesen, als er ihn zeugte. Danach lebte er noch 595 Jahre »und zeugte Söhne und Töchter«; und »Noach zeugte im Alter von fünfhundert Jahren Sem, Ham und Jafet« (Genesis 5,28–32). Es ist nicht anzunehmen, dass hier historische Fakten dokumentiert werden sollen. Die Bedeutung der Ahnen aus der Urzeit wird dadurch unterstrichen, dass man ihnen ein außergewöhnlich langes Leben zuschreibt und obendrein noch eine ebenso außergewöhnliche Altersfruchtbarkeit. Selbst ein sehr langes Leben soll auch immer noch ein fruchtbares Leben sein.

Neben diesen sehr schematischen Berichten von Altersfruchtbarkeit gibt es in der Bibel zwei weitere, ausführliche Geschichten zu diesem Thema. Zunächst die von Abraham und Sara. Sie sind kinderlos und haben keine Hoffnung mehr auf leiblichen Nachwuchs. Als er 99 Jahre alt war, offenbarte ihm Gott, dass er noch Vater werden solle. »Da fiel Abraham auf sein Gesicht nieder und lachte. Er dachte: Können einem Hundertjährigen noch Kinder geboren werden, und kann Sara als Neunzigjährige noch gebären?« (Genesis 17,17).

Diese Ankündigung ist einfach zum Lachen – und Abraham lacht über die Naivität seines Gottes. Als er dann bei den Eichen von Mamre wieder göttlichen Besuch bekommt und ihm nochmals gesagt wird, dass er binnen Jahresfrist Vater werden würde, vermerkt die Bibel erläuternd: »Abraham und Sara waren schon alt; sie waren in die Jahre gekommen. Sara erging es längst nicht mehr, wie es Frauen zu ergehen pflegt.« Biologisch scheint es hier keine Chance zu geben. Sara, die hinter dem Zelteingang dem Gespräch gelauscht hatte, lachte darüber, wie auch Abraham gelacht hatte: »Sara lachte daher still in sich hinein und dachte: Ich bin doch schon alt und verbraucht und soll noch das Glück der Liebe erfahren? Auch ist mein Herr doch schon ein alter Mann!«

Doch Gott hat das heimliche Lachen Saras bemerkt und sagt: »Warum lacht Sara und sagt: Soll ich wirklich noch Kinder bekommen, obwohl ich so alt bin? Ist beim Herrn etwas unmöglich?«

Es ist lächerlich, was hier vor sich geht, aber Gott besteht auf seinem Wort: »Nächstes Jahr um diese Zeit werde ich wieder zu dir kommen; dann wird Sara einen Sohn haben« (Genesis 18,11–14). Und so geschah es dann auch: Sara gebar den Isaak, und Abraham war gerade hundert Jahre alt.

Es geht hier nicht nur um Biologie, so sehr auch diese Fakten deutlich benannt werden. Die Geburt Isaaks, entgegen allen natürlichen Regeln, weist darauf hin, dass es hier um mehr als Biologie und eine gesicherte Nachkommenschaft und Geschlechterfolge geht. Hier wird eine geistige, religiöse Fruchtbarkeit angedeutet, da im Sinn der Bibel mit Abraham die Geschichte Gottes mit den Menschen auf eine besondere Weise neu beginnt und Abraham deshalb nicht nur Vater Isaaks, sondern Vater aller Glaubenden ist. Juden, Christen und Moslems bezeichnen wir daher als abrahamitische Religionen, deren Glaubensgenealogie auf Abraham zurückgeht.

Ähnlich sind die Umstände der Geburt Johannes des Täufers. Seine Eltern, Zacharias und Elisabeth, sind ebenfalls alt und haben keine Hoffnung mehr auf Nachwuchs. Als der Engel Gabriel mit seiner Botschaft von der Geburt eines Sohnes bei Zacharias erscheint, während er im Tempel als Priester tätig ist, fragt dieser ungläubig: »Woran soll ich erkennen, dass das wahr ist? Ich bin ein alter Mann, und auch meine Frau ist in vorgerücktem Alter.« Er lacht nicht wie Abraham und Sara, aber er kann es auch nicht glauben. Und so muss er bis zur Geburt des Johannes stumm sein, weil er nicht geglaubt hat, dass Gott das Unmögliche möglich machen kann (vgl. Lukas 1,5–25).

Wie Abraham und Isaak steht auch Johannes der Täufer an einem Anfang. Eine neue Phase der Geschichte Gottes mit den Menschen wird eingeläutet.[113] Offensichtlich geht es bei einer tieferen Sicht der Geschehnisse nicht darum, dass ein hoch betagtes Paar doch noch ein Kind bekommen kann. Wenn hier alte Menschen fruchtbar geworden sind, geht es in der Geschichte des Heils auch um die Geburt eines neuen Menschen, um ein Geborenwerden auf einer höheren Ebene, die die biologische übersteigt. Das kann uns jetzt zu der Frage anregen, wo und wie im Alter auch für uns eine neue, geistige Fruchtbarkeit möglich ist – jenseits rein biologischer Potenz.

In Afrika spricht man auch von einer neuen, anderen Fruchtbarkeit im Alter. Bénézet Bujo schreibt dazu: »Wenn [alte Menschen] biologisch kein Leben mehr spenden können, sind sie immer noch dabei, das Leben durch ihre Erfahrung und Weisheit zu zeugen bzw. zu gebären, um es den Jüngeren weiterzugeben.«[114]

Es geht nun um eine geistige Fruchtbarkeit der Alten im Reifungsprozess der Jüngeren. In diesem Zeugungsprozess spielen das Hören und das Ohr der Alten eine große Rolle. »Der Greis [vernimmt] das Wort durchs Ohr – ein Organ, das dem weiblichen Geschlechtsteil ähnelt – und verwandelt es in die Weisheit, die als Leben aus dem Mund hervorgeht.«[115] Es ist also keine Weisheit, die man einfach hat, sondern sie muss ständig neu gezeugt und geboren werden – im Hören und Horchen. Zuhören, das Wort schweigend aufnehmen, ist eine Art von Befruchtung bzw. Befruchtetwerden. Im Schweigen vollzieht sich dann der Prozess der Weisheit. Deshalb kann man auch heute noch in den Dörfern Alte sehen, die stundenlang schweigend am Boden oder unter einem Baum sitzen, als brüteten sie etwas aus. Wenn sie dann den Mund öffnen, kann man eine weise Antwort erwarten, auch wenn »der Mund eines Greises (...) einen schlechten Geruch [hat]«, wie ein kongolesisches Sprichwort es sehr realistisch ausdrückt.[116]

Der alte Mensch wird hier nicht verklärt gesehen; er ist jetzt eben alt, er riecht vielleicht aus dem Mund oder hat sonstige Unansehnlichkeiten, aber er kann in diesem Zustand eine neue Fruchtbarkeit und Zeugungskraft besitzen.

Eine andere Form geistiger Fruchtbarkeit zeigt sich im Abgeben und Weitergeben von Verantwortung. »Ein Greis, der seine Weisheit und Erfahrung weitergeben will, ist aber keineswegs ein Machtstreber. Gerade aufgrund seiner Weisheit muss er beispielsweise den richtigen Zeitpunkt erkennen, um etwa alles seinem Sohn zu überantworten, damit dieser noch von den Ratschlägen des Vaters profitieren kann.« Es geht also nicht um Machterhalt, sondern um die Frage, wie einer im Alter auf neue und andere Art fruchtbar werden kann. Bénézet Bujo kommentiert dazu weiter: »Dass man sich vom öffentlichen Leben zurückzieht, bedeutet hier nicht Passivität und Verweigerung der aktiven Teilnahme am gesellschaftlichen Leben. Man tritt zurück, um andere besser initiieren zu können.«[117] Initiation ist immer ein Vorgang, bei dem in einem tieferen Sinn Leben gezeugt und weitergegeben wird. Das Ausscheiden aus Amt und Autorität ist also nicht das Ende von fruchtbarem Wirken, sondern es eröffnet eine neue Ebene für die Weitergabe von Leben.[118]

Dazu eine ergänzende Sicht auf Altersfruchtbarkeit aus unserem kulturellen Umfeld: In der Phase meines Ausscheidens aus dem Amt des Abtes schickte mir ein guter Freund einen Text von Marcel Légaut. Dieser Text hat mich sehr nachdenklich gemacht und war mir wie ein Schlüssel für die Zukunft. Marcel Légaut war mir und vielen anderen in den 1970er-Jahren ein Hoffnungszeichen, weil er ein »Aussteiger« war, der nicht nur vor etwas davonlief, sondern als erfolgreicher Professor ausstieg, um als Bauer in einem kleinen Dorf in den französischen Alpen Schafe zu züchten und gleichzeitig geistig-geistliches Neuland zu entdecken und anderen zu zeigen. Er war gleichsam ein weiser Alter. Von ihm also stammt der folgende Text: »Die Vaterschaft muss ab einem gewissen Zeitpunkt immer weniger durch die Autorität der Führung oder gar im Namen einer Erfahrung ausgeübt werden, die ihre Gültigkeit widerspruchslos behaupten dürfte. Sie muss sich fortschreitend wandeln und zum Anruf werden. (...) Die autoritative Vaterschaft muss ersetzt werden durch die appellative Vaterschaft. Diese Vaterschaft des Anrufs ist bar jeden Eigeninteresses. Wie die reife Liebe ist sie immer dann am wirksamsten, wenn sie nur gegenwärtig ist, ohne sich zu manifestieren. Sie erhält ihre Wirklichkeit nur aus dem Sein des Vaters.«[119]

Diese appellative Vaterschaft kämpft nicht mehr, braucht weder Amt noch Macht, sich drängt sich nicht auf, aber sie ist bereit, gerufen zu werden, Antwort zu geben und mitzuteilen, was an Lebenserfahrung gesammelt wurde. Solche Menschen haben es nicht mehr nötig, sich zu produzieren, aber sie sind da und können produktiv werden, wenn sie gebraucht werden.

In diesem Sinn erläutert die Psychologin Ingrid Riedel: »Die weisen Alten im Märchen gehen nicht mehr den Entwicklungsweg der Heldin oder des Helden: Sie leben bei sich und für sich, von den Früchten der Erde selbst, die sie aufsammeln, aber bereit, von ihrer Lebenserfahrung abzugeben, weiterzugeben, wann immer ein anderer ihrer bedarf.«[120] Es ist nicht die Passivität der Gleichgültigkeit oder Verweigerung, sondern ein erfülltes Leben, das zum Frieden gefunden hat, aber jederzeit bereit ist, von dieser Fülle auszuteilen, wenn jemand zu dieser Quelle kommen will. Manchmal sind das Menschen, »vor allem jenseits der achtzig, die gar nichts mehr tun, weder stricken noch lesen noch reden: Sie sitzen auf einer Bank, auf einem Stuhl, die Hände im Schoß und schauen – sind einfach da, noch da.«[121] Ingrid Riedel zitiert in diesem Zusammenhang: »Die Ros ist ohn' Warum«, sagt Angelus Silesius, der Mystiker, »sie blüht, weil sie blüht.« Und fügt hinzu, dass solch ein Leben »ein Symbol des Sinnes, der Sinnhaftigkeit des Lebens« sein kann und ein »Wegweiser«.[122]

Die Fruchtbarkeit des Alters kann also im Zeugen von neuem Leben auf einer höheren Ebene bestehen, oder auch in der Bereitschaft, die eigenen Fähigkeiten und Erfahrungen weiterzugeben, beratend da zu sein, wenn der alte Mensch um Hilfe oder Rat gebeten wird. Oder der alte Mensch ist so mit sich im Frieden, dass er »blüht, weil er blüht« und »lebt, weil er lebt«. Dann kann seine Art zu leben zu einem Wegweiser werden, weil Jüngere es sehen und – wenn sie Augen dafür haben – einen tieferen, den eigentlichen Sinn des Lebens darin erahnen können. In diesem Sinn sagt auch Boniface Tiguila in Bezug auf das Klosterleben in Afrika: »Wenn einmal am Abend unseres Lebens Menschen zu uns kommen, die in den Dienst des Herrn eingeführt werden wollen, dann dürfen wir wissen: Wir haben unsere Zeit nicht vertan.«[123]

Passend zu diesem letzten Punkt wurde oben schon ein Wort von Basilius dem Großen (gestorben 378) zitiert[124], dass ältere Mönche, solange sie noch kräftig und gesund sind, den Jüngeren durch ihre Tüchtigkeit und Tatkraft ein Vorbild sein können. Wenn sie aber schwach und krank geworden sind, dann sollten sie sich in der Weise entwickelt haben, »dass aus ihrem Antlitz und jeder ihrer Bewegungen die Überzeugung leuchtet, dass sie unter Gottes Auge und in der Gegenwart des Herrn stehen«[125]. Basilius sagt dazu ausdrücklich, dass die Alten damit den Jüngeren von Nutzen sind; sie strahlen etwas aus, was die jüngeren Brüder ermutigt, das eigentliche Ziel nicht aus den Augen zu verlieren.

In diesem Sinn habe ich vor einigen Jahren etwas aus der buddhistischen Tradition erfahren. Ich unterhielt mich mit einem buddhistischen Mönch über ihr Klosterleben. Im Verlauf des Gesprächs sagte er: »In unseren Klöstern ist man froh, wenn man viele alte Mönche hat.« Als ich erstaunt sagte, dass wir froh wären, wenn wir mehr junge Mönche hätten, erläuterte er: »Schauen Sie, unsere alten Mönche sitzen überall im Kloster herum und meditieren ständig vor sich hin. Sie sind wie kleine Öfchen, die Wärme ausstrahlen und die Atmosphäre im Kloster prägen.«

Das reine Dasein und Bei-sich-Sein dieser Mönche strahlt aus und macht sie fruchtbar für die Gemeinschaft. Sie sind nicht so, um anderen bewusst ein Vorbild zu sein, sondern weil sie so sind, wie sie geworden sind, sind sie wie von selbst zu einem Zeichen für die anderen geworden. Es ist nicht Absicht, sondern Folge und Frucht.

Zu Beginn dieses Kapitels war von biologischer und nicht-biologischer Fruchtbarkeit die Rede. Dazu noch ein eindrucksvolles Beispiel von einer Fruchtbarkeit bis in sehr hohes Alter hinein. Es geht um die Dichterin Gertrud von Le Fort, eine der großen alten Damen der christlichen Dichtung des vergangenen Jahrhunderts. Als ihr neunzigjährig das Große Bundesverdienstkreuz mit Stern verliehen wurde, sagte Carl Zuckmayer in seiner Laudatio: »Ich liebe diese neunzigjährige Frau, wie ich sie wohl auch als Neunzehnjährige geliebt hätte. Diese Frau, die sich niemals vermählte und von der eine mütterliche Kraft ausgeht, als habe sie Geschlechter zur Welt gebracht und genährt.«[126] Das ist ein gewaltiges Wort. Erich Rommerskirch, der die Dichterin im Alter beschrieben hat, kommentiert dazu: »Als die Dichterin am 1.11.1971 starb, wurde es einem klar, wie lange ihr Leben geleuchtet hatte, wie sie mütterlich bis zuletzt uns letztes Seinsvertrauen vermittelt hat.«[127] »Seinsvertrauen«: Vertrauen ins Leben. Auf diese Weise ist sie mütterlich fruchtbar geworden – bis ins hohe Alter.

Abschließend noch die Geschichte eines anderen Prozesses von Fruchtbarwerden im Alter. Es geht darin um zwei alte Eskimo-Frauen und die Geschichte soll auf eine wahre Begebenheit zurückgehen: Ein Stamm, der in große Überlebensnot gekommen ist, beschließt, zwei alte Frauen auf der Wanderung zurückzulassen, um zwei Esserinnen weniger versorgen zu müssen. Die beiden Frauen sind entsetzt, als sie sich alleine in der riesigen Eiswüste wiederfinden. Nachdem sie einige Zeit ihre Enttäuschung und ihr Ausgeliefertsein an den sicheren Tod beklagt haben, sagt die Fünfundsiebzigjährige zur Achtzigjährigen: »Wir werden sterben, wenn wir einfach nur hier sitzen und warten. Und deshalb, meine Freundin, sage ich, wenn wir denn sterben müssen, so lass uns handelnd sterben und nicht im Sitzen.«[128]

Plötzlich war Lebenswille in diese alte Frau gefahren. Wenn schon sterben, dann »handelnd sterben«, nicht in Resignation und Fatalismus. Zusätzliche Energie entfaltete sich für diese beiden Frauen durch eine kritische Selbstreflexion. Es wird ihnen klar, dass sie nichts mehr zum Überleben des Stammes beigetragen hatten, obwohl sie noch die Kraft dazu gehabt hätten. Außerdem hatten sie sich ständig über zu wenig Essen beklagt und darüber lamentiert, dass früher alles viel besser war, obwohl das gar nicht stimmte. »Und jetzt, nachdem wir so viele Jahre damit verbracht haben, die jüngeren Leute davon zu überzeugen, dass wir hilflos sind, glauben sie, dass wir in dieser Welt nicht mehr von Nutzen sind.«[129]

Sie merken, wie schwer sie es den Jungen gemacht haben, und wundern sich nicht mehr, dass man sie loshaben wollte. Diese ehrliche Selbsterkenntnis holt sie aus der Opferrolle heraus und setzt die noch vorhandenen Kräfte frei. Sie überlegen nun gemeinsam, was sie denn früher alles gelernt haben, und diese »Besinnung auf alte Fähigkeiten«[130] lässt sie unversehens wieder unternehmerisch werden. Sie beginnen, Fallen zu stellen und zu fischen, sie trocknen das Fleisch am Feuer und nähen aus den Pelzen Mützen und Jacken. Sie können sogar allerhand Vorräte anlegen.

Und als sie im nächsten Jahr zufällig von einigen Leuten aus ihrem Stamm entdeckt werden – der Stamm war immer noch in großer Überlebensnot –, können die alten Frauen von ihren stattlichen Vorräten an den Stamm abgeben. Sie schließen sich dennoch nicht mehr dem Stamm an, sondern blieben für sich, »denn sie genossen ihre neu gewonnene Unabhängigkeit. Und so erwies das Volk ihnen seine Ehrerbietung, indem es auf das hörte, was sie zu sagen hatten.«

Auch das Volk hatte seine Lektion gelernt, denn »nie wieder ließ die Gruppe irgendeines ihrer alten Mitglieder im Stich. Sie hatten eine Lektion erhalten, und das von zwei Menschen, die sie fortan zu lieben und zu umsorgen lernten, bis jede von ihnen als wahrhaft glückliche alte Frau starb.«[131]

Diese beiden Frauen hatten es versäumt, im Lauf des Älterwerdens in eine gewisse Reife hineinzuwachsen. Als sie aber in eine lebensbedrohliche Situation gerieten, wachen sie auf, mobilisieren ihre Ressourcen und entwickeln eine erstaunliche Reife, die auch für den Stamm, der sie eigentlich loshaben wollte, noch fruchtbar wird. – Es ist offenbar nie zu spät, wirklich aufzuwachen.

Wird man im Alter frömmer?

In den bisherigen Kapiteln wurde immer wieder deutlich, wie hilfreich und auch notwendig ein gläubiges Leben für den Weg ins Alter ist. Hier möchte ich die Frage von Glauben und Beten nochmals ausdrücklich auf dem Hintergrund des Älterwerdens betrachten.

»Je älter ich werde, desto weniger glaube ich, und das umso fester.« Dieser Text beschäftigt mich seit einiger Zeit. Ich habe ihn mehrmals von anderen gehört, aber als ich nachfragte, von wem dieses Wort stammt, konnte mir das niemand sagen. Es spielt auch keine allzu große Rolle, denn anscheinend ist das ein Wort, das viele Menschen beschäftigt und in dem sich ihre eigene Glaubenserfahrung spiegelt. Wer etwa in meinem Alter ist und einigermaßen bewusst gläubig zu leben suchte, hat vermutlich eine dynamische und oft auch ernüchternde Glaubensgeschichte hinter sich. Ich bin während der Amtszeit von Papst Pius XI. geboren, erinnere mich noch lebhaft an die Gestalt von Pius XII., den wir als Kinder verehrten und bei dessen Tod wir uns nicht vorstellen konnten, wie jemand nach ihm die Kirche so klar und fest führen könnte. Es hat sich gezeigt, dass es auch anders ging. Wenn man nur die folgenden Päpste bis hin zu Papst Franziskus betrachtet, dann wird deutlich, wie unterschiedlich die Akzente und Einflüsse waren, die unser Glaubens- und Kirchenbewusstsein geprägt, verändert und oft auch irritiert haben.

Ich erinnere mich noch sehr gut an eine Dogmatikvorlesung an der Universität Würzburg. Als Professor Fritz Hofmann an seinem sechzigsten Geburtstag den Hörsaal betrat, applaudierten wir Studenten zum Glückwunsch. Der Professor ergriff die Gelegenheit, um ein wenig »aus dem Nähkästchen« seines Lebens zu erzählen.

Als er auf sein theologisches Arbeiten zu sprechen kam, sagte er plötzlich: »Ich muss gestehen: Vieles, von dem ich früher sagte, es sei *de fide* – also fest und unzweifelhaft zu glauben –, vom dem muss ich heute sagen: Nein, das ist nicht *de fide*.« Bei diesem letzten Satz verfiel er unversehens in seinen niederbayrischen Dialekt, es kam ihm aus dem Herzen. Wir Studenten waren völlig überrascht, und es dauerte ein wenig, bis dann der Applaus aufbrach.

Wir waren auch deshalb überrascht, weil Fritz Hofmann nicht der Typ des Revoluzzers war, sondern ein bedächtig abwägender und eher traditionell argumentierender Theologe. Aber er war ein sehr offener und pastoral denkender Mensch und als Leiter der Domschule und des diözesanen Erwachsenenbildungswerkes hat er unzähligen Menschen Theologie für ihr konkretes Leben vermittelt. Trotzdem traf uns diese Aussage sehr unvermittelt. Es war 1962, unmittelbar vor dem Beginn des Zweiten Vatikanischen Konzils. Aber diese Worte waren wie ein Signal, das die Entwicklungen der kommenden Jahrzehnte ankündigte, obwohl deren Heftigkeit damals nicht zu ahnen war.

Ich stand in jenem Jahr ziemlich am Anfang meines Studiums. Sehr bald wurde mir aber klar, dass Fritz Hofmann eigentlich gar nichts Besonderes gesagt hatte. Die Lehrentwicklungen in den hundert Jahren vor ihm hatten ja gezeigt, wie oft die Kirche Lehrmeinungen geändert und offiziell Wahrheiten akzeptiert hatte, die sie vorher mit aller Heftigkeit als unchristlich bekämpft hatte, etwa all die Fragen um Demokratie, Menschenrechte, Gewissensfreiheit, historische Interpretation der Bibel und so weiter. Das Zweite Vatikanische Konzil sorgte dann noch für einige weitere Erdrutsche.[132]

Unsere und unsere Vorgängergeneration haben diese Entwicklungen live miterlebt und oft auch schmerzlich durchlitten. So manch sicher Geglaubtes fiel in sich zusammen und oft war nicht mehr klar, was denn überhaupt noch tragen konnte. Schließlich liegt vieles vom sogenannten Alten und dem sogenannten Neuen bis heute unablässig miteinander im Streit, oft auch recht unversöhnlich.

Jedenfalls hat diese Entwicklung deutlich gemacht, dass auch die Dinge des Glaubens ständig im Fluss sind und dass man sich nicht so schnell auf theologischen Richtigkeiten ausruhen kann. Das muss nicht gleich zu dem viel beklagten Relativismus führen, der alles für gleich richtig und gleich falsch hält, aber es hat bei vielen aus unserer Generation zu einer großen Skepsis gegenüber zu laut und zu selbstsicher verkündeten Wahrheiten geführt. Man lässt deshalb lieber vieles offen oder erkundet neugierig andere theologische Denk- und Erfahrungshorizonte. Das ist aber nur die eine Möglichkeit, auf die heftigen Erschütterungen der letzten Jahrzehnte zu reagieren. Andere – auch aus unserer Generation – haben andere Schlüsse aus diesen Verunsicherungen gezogen. Sie bleiben skeptisch gegenüber den ständig neuen Aufbrüchen und setzen lieber auf eine konservative Haltung und auf die strikte Kontinuität des Alten. Ich möchte dieses Thema hier nicht weiter ausführen, zumal es eine ganze Anzahl verschiedener theologischer Spielarten gibt, die alle irgendwo zwischen extremer Vergangenheits- und extremer Zukunftsgläubigkeit liegen. Klar ist nur, dass alle diese Richtungen als Reaktionen auf die großen Verunsicherungen unserer Glaubenssituation in den letzten Jahrzehnten zu verstehen und deshalb auch verständlich sind und auf ihre je eigene Weise berechtigt erscheinen. Sie brauchen an dieser Stelle nicht näher beschrieben oder gar beurteilt zu werden.

Die Frage, die uns hier beschäftigen muss, geht noch eine Schicht tiefer. Sie lautet: Was helfen uns diese Auseinandersetzungen zwischen »konservativ« und »progressiv« – ich finde diese Bezeichnungen übrigens gar nicht hilfreich – auf unserem Weg ins Älterwerden? Welche dieser Richtungen ist dafür besser geeignet? Meiner Ansicht nach ist eigentlich keine wirklich brauchbar, sofern es sich dabei um theologische Richtigkeiten handelt, die eben eher »progressiv« oder »konservativ« sind. Sie bleiben auf der Ebene der Worte, der Begriffe und Erklärungen hängen und stoßen nicht zur Sache selbst vor. Die Sache selbst, das ist das unbegreifliche Geheimnis Gottes.

Worum geht es denn eigentlich beim Glauben? Kurt Marti stellt in seinen »Spätsätzen« die lakonische Frage: »Was glauben? Woran glauben? Die primäre Frage lautet wohl aber: *Wem* glauben, das heißt vertrauen?«[133] Wer ist das eigentlich, dem wir glauben und unser Leben anvertrauen wollen? Dabei geht es letztlich nicht darum, was wir alles über ihn sagen können, sondern wie wir diesem Gott begegnen können, wie er mich berühren kann und ich ihn. Es geht nicht mehr um die Rede von Gott, sondern um die Erfahrung seiner Wirklichkeit.

Karl Rahner hat uns dazu ein eindrucksvolles Zeugnis hinterlassen, als er aus Anlass seines achtzigsten Geburtstages – kurz vor seinem Tod – einen Vortrag über die Unbegreiflichkeit Gottes gehalten hat. Darin erinnert er sich und seine Theologenkollegen an einen theologischen Grundsatz, der beispielsweise auch im Jahr 1215 auf dem vierten Laterankonzil formuliert wurde und – nach Ansicht Rahners – von ihm selbst und seinen Kollegen zu wenig beachtet wird. Dieser Grundsatz besagt, dass theologische Aussagen zwar notwendig und legitim sind, aber immer auch bedacht werden muss, dass sie gleichzeitig unpassend sind, um die Wirklichkeit Gottes und sein Wirken zu beschreiben. Jede Zusage müsse auch irgendwie wieder als unangemessen zurückgenommen werden. »Diese seltsame und unheimliche Schwebe des Ja und Nein«[134] müsse man aushalten, um nicht in falscher und unwahrer Weise über Gott zu sprechen. Und wichtiger als alle Worte und Erläuterungen über Gott und sein Wirken sei es, den Menschen einen existenziellen Zugang, einen erfahrungsmäßigen Zugang zum Geheimnis Gottes zu eröffnen.

»Mystagogie« nennt er das in einem ähnlichen Zusammenhang, das existenzielle Hineingeführtwerden in das unsagbare Geheimnis Gottes. Und er führt weiter aus, dass es in unserer Zeit, in der das christliche Milieu immer mehr zerfällt und den persönlichen Glauben nicht mehr stützt, unausweichlich notwendig sei, dass wir jenseits von reinem Glaubenswissen eigene tiefe Glaubenserfahrungen machen müssen. Der Christ der Zukunft müsse daher ein »Mystiker« sein, »einer, der etwas ›erfahren‹ hat, oder er wird nicht mehr sein«[135].

Wenn wir im Alter immer noch glauben, dann wohl deshalb, weil wir »etwas erfahren« haben. Vielleicht ist uns so manch frühere Sicherheit gegenüber konkreten Glaubenswahrheiten abhanden gekommen, aber die Erfahrung, dass wir unserem Gott vertrauen und uns ihm anvertrauen können, wie Kurt Marti formuliert, das trägt und kann uns niemand nehmen. In diesem Sinn verstehe ich das oben zitierte Wort: »Je älter ich werde, desto weniger glaube ich, aber das umso fester.« Das, was dann geblieben ist, ist eigentlich nicht ein Weniger, sondern ein Mehr, etwas, in dem man feststehen und gegründet sein kann. Es geht dann nicht mehr um die Quantität des Geglaubten, sondern um die Qualität, die erfahrene Tiefe.

Deshalb ist es im Alter wohl auch nicht mehr so wichtig, sich im Streit um theologische Richtigkeiten zu verlieren, sondern lieber still bei dem zu verweilen, was sich im Auf und Ab unseres Glaubens und unseres Lebens als die tragende Wirklichkeit gezeigt hat – nicht so deutlich, dass wir klug darüber reden könnten, sondern eher als Ahnung eines Geheimnisses, das uns, mehr blind als sehend, in noch tiefere Gründe einweihen will. Kurt Marti hat das in dem kurzen Satz ausgedrückt: »Jetzt, da alles ins grelle Licht der Öffentlichkeit gezerrt wird, erquickt Gottes Verborgenheit.«[136] Das Schweigen vor dem verborgenen, unbegreiflichen Gott kann

»erquickend« sein, tröstlich, sodass man davon leben kann, besser als von viel frommem Gerede oder klugen theologischen Reflexionen. Karl Rahner formuliert dazu, dass wir all unser Wissen und Reden von Gott »immer auch hineinfallen lassen (sollen) in die schweigende Unbegreiflichkeit Gottes selber«[137]. Im Alter steht uns nicht mehr so sehr das Diskutieren an, sondern das Schweigen.

Ich lese immer noch gerne ein Buch von nachdenklichen Theologen, aber ich sehne mich weit mehr danach, im Schweigen auf die Unergründlichkeit Gottes zu lauschen, in der Stille einer Kirche, in der klösterlichen Zelle, im Schweigen der Nacht oder in der Natur.

Schweigen vor dem unbegreiflichen Gott, das ist jetzt vielleicht die wichtigste Form unseres Betens, gerade auch, wenn wir an viele ungelöste Fragen unseres eigenen Lebens und unserer Welt denken. Vielleicht haben wir ein Leben lang viel gerungen, um zu klären und zu lösen, wir haben oft mit Gott gekämpft wie Hiob. Irgendwann ist es dann an der Zeit – vielleicht muss man dann schon ziemlich alt sein –, das Kämpfen und Rechten aufzugeben, um wie Hiob schweigend aufzuatmen in Staub und Asche (vgl. Hiob 42,6).[138]

Wenn wir rechtzeitig im Leben dieses Schweigen einüben, kann es vor allem auch dann eine große Hilfe sein, wenn wir krank sind oder das Denken und die geistige Konzentration uns nicht mehr so leicht fallen. Dann genügt es, einfach schweigend in Gottes Gegenwart da zu sein oder dazuliegen. Das kann mehr sein als viele Worte. Es ist Ausdruck unserer Hingabe, die keine Worte mehr braucht.

Vielleicht sind dazu auch Vorstufen hilfreich: Sobald wir spüren, dass sich unser Glauben allmählich vereinfacht, sich auf Weniges und Entscheidendes konzentriert, kann das Beten eine wichtige Vereinfachung erfahren. Es genügen wenige Worte, nicht »um es halt kurz zu machen« mit dem Beten, sondern um sich auf wichtige Worte zu konzentrieren, die Wesentliches beinhalten: Das Vaterunser, ein Psalmvers, »Jesus« oder »Abba«. Und solch ein Wort kann man mitnehmen, immer wieder herholen, da sein lassen, innerlich klingen lassen. In der Tradition spricht man vom »Wiederkäuen« des Wortes: Je häufiger es wiederholt wird, desto mehr dringt es in Fleisch und Blut und prägt uns von innen her.[139]

Solch eine kurze Gebetsformel hilft uns sogar, »mehr« zu beten als früher, weil dieses Gebet sich nicht auf offizielle Gebetszeiten beschränkt, sondern überall hin mitgehen kann im Alltag, bei Tag und bei Nacht. Es ist eine große Gebetshilfe für jede Lebenszeit, aber im Alter ein besonderer Segen, wenn die Kräfte, die Konzentration und das Lesenkönnen nachlassen. Manchmal begegnet man Klosterleuten, die jammern, dass sie nicht mehr »richtig« beten können. Sie meinen damit das gewohnte Gebetspensum und das »andächtige« Beten. Sie haben offensichtlich verpasst, rechtzeitig ihr Gebet zu vereinfachen und zu vertiefen. Das kann dann zu einer großen seelischen Last werden. So ganz anders klingt dagegen die Erfahrung einer hoch betagten Benediktinerin, die wieder einmal einen freien Tag hatte, das heißt einen Tag, an dem sie sich ganz dem Gebet widmen durfte. Als eine junge Schwester sie am Abend fragte, ob sie denn gut habe beten können, antwortete sie: »Ach, ich bin über das ›Ehre sei dem Vater und dem Sohn und dem Heiligen Geist‹ gar nicht hinausgekommen.«[140]

Das war's. Das hat genügt, um einen ganzen Tag mit Gebet zu füllen. Es war wohl auch wie eine Zusammenfassung ihres ganzen Glaubens. Mehr Worte brauchte es nicht, um in der Gegenwart des unbegreiflichen Gottes zu verweilen. Man könnte jetzt auch das Zitat vom Anfang dieses Kapitels etwas umändern: »Je älter ich werde, desto weniger bete ich, aber das umso mehr und umso tiefer.« Solch vereinfachtes und andauerndes Beten führt dann immer tiefer in eine innere Haltung des Schweigens.

Im Schweigen kann uns nicht nur das Geheimnis Gottes ahnend aufgehen, sondern solch schweigendes Beten kann auch an

Wunden rühren, die tief in der Seele festsitzen und durch intensives Schweigen jetzt an die Oberfläche der Seele gelangen. Vom Umgang mit solchen Schmerzen und Wunden der Vergangenheit war oben schon ausführlich die Rede.[141] Trotzdem soll im Zusammenhang mit dem Schweigen nochmals darauf hingewiesen werden. Wer sich intensiver auf einen Weg des Schweigens einlässt, kann hier noch einmal neue, vertiefte Erfahrungen mit diesem Thema machen. Thomas Keating hat sich intensiv mit der Heilung solcher Wunden auf dem Weg des Schweigens befasst. Manchmal brauchen solche Probleme fachliche, therapeutische Hilfe, aber vieles kann sich innerlich lösen, wenn man sich immer mehr an das tiefe Schweigen in der Gegenwart Gottes gewöhnt und die heilende Wirkung seiner Gegenwart zulassen kann.[142] Es würde zu weit führen, die methodischen Schritte hier genauer auszuführen. Die Hinweise auf die entsprechende Literatur müssen hier leider genügen.[143]

Ich möchte noch einmal die Frage des Anfangs stellen: Wird man im Alter frömmer? Früher ging man davon aus, dass man dann, wenn man mehr Zeit hat und der Tod naht, tatsächlich frömmer wird und viele, die sich entfernt haben, wieder zum Glauben zurückkehren. Das ist heute nicht mehr so ohne Weiteres der Fall. Das Alter als Zeitspanne ist in unserer Gegenwart sehr lang, der Tod noch weit, und viele interessante Dinge können die Tage des Alters ausfüllen, sodass Glauben und Beten nicht so leicht in den Blick geraten. Trotzdem gibt es auch viele, die im Alter wieder Zugang zu ihrem früheren Glauben finden oder die – wie ich verschiedene Menschen persönlich sagen hörte – wieder »auf dem Rückweg zur Kirche« sind.

Es kann aber auch ein sehr schwieriger Prozess werden, wenn jemand im Alter erneut einen Zugang zum Glauben suchen möchte. Der bekannte Fernsehjournalist Sven Kuntze hat sich in einem Interview sehr ehrlich und nachdenklich dazu geäußert. Es lohnt sich, seine Erfahrungen genauer anzuschauen, weil er damit wohl nicht alleine steht. Er ist in einem katholischen Umfeld aufgewachsen. »Aber irgendwann ist mir der Glaube verloren gegangen. Wie ein Regenschirm, den man bei Sonnenschein in der Straßenbahn stehen lässt und nicht mal vermisst.«[144] Der Glaube war einfach weg, und es fehlte ihm nichts. Neues Interesse am Glauben brach erst wieder auf, als er sich für drei Monate in ein Kölner Altersheim zurückzog, um einen Fernsehfilm über das Thema »Altern auf Probe« zu produzieren. Dort hat er alte Menschen gesehen, die voll innerem Frieden in der Kirche beteten, und erlebte das friedliche Sterben einer gläubigen Kölnerin, »die dem Tod ganz friedlich ins Angesicht schaute: ›Isch geh jetzt in den Himmel.‹« Und sein Kommentar zu diesen Erfahrungen: »Die glaubten richtig. Da habe ich mich geärgert und gedacht: Dieses Vertrauen, das will ich auch.«[145]

Es hatte niemand einen Bekehrungsversuch bei ihm unternommen, er hatte selbst keinerlei Überlegungen über Gott und Tod angestellt. Aber diese konkrete Erfahrung mit gläubigen alten Menschen, unaufdringlich und selbstverständlich, bis in die letzte Stunde hinein, das hat etwas ganz tief in ihm angerührt. Und er begann zu suchen. Er hat sich dann in verschiedenen gläubigen Milieus nach Erfahrungen umgesehen: in einem Kloster, bei Muslimen, bei Buddhisten, bei Jugendlichen während des Papstbesuches. Aber nirgendwo fühlte er sich tiefer angesprochen. Er konnte keine gangbare Spur entdecken. Dabei wurde ihm auch klar, dass man nicht auf einem abgekürzten Weg zu tieferen Erfahrungen kommen kann. »Tiefe Überzeugungen müssen lange gelebt sein, bevor sie ihre Wirkung entfalten. Das ist keine sedative Pille, die ich im Alter noch mal eben gegen die Angst vor dem Tod einschmeißen kann.«[146]

»Rechtzeitig das Alter entdecken«, heißt eines der ersten Kapitel dieses Buches. Vielleicht könnte man hinzufügen: Man muss wohl auch rechtzeitig beginnen, sich für den Glauben zu öffnen, weil auch dieser Prozess seine Zeit und seine Reifung braucht.

Sven Kuntze hatte aber noch nicht aufgegeben. Es wurde ihm klar, dass er Gott nicht irgendwo suchen müsse, »sondern in mir selbst (...) Ich bin vierzehn Tage einen alten Pilgerweg durch Brandenburg gelaufen, mutterseelenallein.«[147] Das war kein Durchbruch, er ist »dem Schöpfer (...) nicht begegnet«. Aber das Einssein mit der Natur hat ihn berührt und anscheinend seine innere Neugier weiter wach gehalten. »Jetzt, im neuen Jahr, will ich noch mal los, ich werde ein weiteres Mal auf Pilgerschaft gehen.«[148]

So schließt er das Interview und lässt den Weg offen. Damit steht er nicht allein. Das Pilgern nach Santiago oder auf sonst einem alten heiligen Weg zieht heute Tausende von Menschen an, Gläubige, Ungläubige und solche, die eine Sehnsucht im Herzen tragen, die sie selbst nicht verstehen. Aber das beharrliche Wandern über Wochen oder Monate öffnet offensichtlich neue Tiefen im Herzen der Menschen, und viele werden fündig für den Rest ihres Lebens. Was die Wander- und Pilgermönche im Christentum, im Buddhismus und im Hinduismus über Jahrhunderte hin praktiziert haben, wird offensichtlich für moderne Sucher zu einem geeigneten Vehikel für einen geistlichen Weg. Kein Wunder, dass das Gehen heute wieder als geistliche Übung entdeckt wird.[149] Für Henry David Thoreau, der jeden Tag mehrere Stunden unterwegs war, hat das Gehen immer eine geistliche Dimension, es ist immer ein Gehen ins Heilige Land, bis man eines Tages ganz dort einziehen kann.[150]

Noch eine andere Beobachtung in diesem Interview von Sven Kuntze ist erwähnenswert: Zweimal sagt er, dass der Glaube zweitausend Jahre lang für Menschen ein tragendes Fundament gewesen sei, das ihnen Hilfe und Erfüllung bedeutet habe, und danach sehne er sich heute auch wieder. Er hat den Glauben nicht nur punktuell bei den alten Menschen im Kölner Seniorenheim erlebt, sondern es ging ihm ganz neu auf, welch ungeheuer lange

Geschichte dieser Glaube hat. Das Argument aus der Geschichte beeindruckt ihn; an diese große Tradition möchte er sich wieder anschließen. Vielleicht ist das auch ein positiver Aspekt unseres Alterns, dass wir uns nicht nur vom Neuen faszinieren lassen, sondern auch einen neuen Blick für das Alte oder sehr Alte haben, das sich über Generationen und Jahrtausende bewährt hat.

Sven Kuntze sagt, dass er »ein ratlos Suchender« sei. Er sucht also weiter. Als ich sein Interview nochmals nachdenklich gelesen habe, fiel mir auf, dass er vielleicht schon mehr gefunden hat, als ihm bewusst ist, zumal wenn man an das Wort des Mathematikers und Philosophen Blaise Pascal (gestorben 1662) denkt, zu dem Jesus sagt: »Sei getröstet, du würdest mich nicht suchen, wenn du mich nicht gefunden hättest.«[151] Weil er ihn schon angerührt hat, ist die Sehnsucht in ihm aufgebrochen. Auch solche Sehnsucht kann ein guter Motor für den Weg ins Alter sein, weit besser jedenfalls, als wenn man einfach aufgibt und sitzen bleibt.

Hauptsach' g'sund!?

Gesundheit ist wirklich ein großes Gut, besonders im Alter. Ist Gesundheit aber das Wichtigste, die Hauptsache, um die sich unser Leben jetzt dreht? Wenn man jemandem zu einem höheren Geburtstag Gottes Segen wünscht und Zufriedenheit und noch viele schöne Erfahrungen oder so ähnlich, dann kann man leicht den etwas vorwurfsvollen Zusatz hören: »Aber Hauptsach' g'sund!«

So verständlich das ist – und es ist ja auch sinnvoll, jemandem eine gute Gesundheit zu wünschen –, darf auch die Frage erlaubt sein, ob Gesundheit denn wirklich das Wichtigste ist.[152] Die bisherigen Überlegungen haben gezeigt, dass es noch eine Fülle ganz anderer Themen gibt, die im Alter existenziell wichtig sind. Wenn man nur die Gesundheit als Indikator nimmt und im Alter – was ja ein Glück ist – auch noch bei guter Gesundheit ist, kann man sich vormachen, man sei ja noch jung, und schiebt dann die anderen Themen, die für den Weg ins Alter wichtig wären, auf die lange Bank, bis es dann vielleicht zu spät ist, sich noch sinnvoll darauf einzustellen.

Für viele Menschen ist das Alter schon frühzeitig von Krankheiten gezeichnet, und viele haben schon im Voraus eine panische Angst vor chronischer Krankheit, Abhängigkeit, Pflegebedürftigkeit oder Demenz. Ich bin aber bei diesem Thema etwas zögerlich und habe es bewusst erst gegen Ende des Buches aufgegriffen, weil ich mich hier in keiner Weise kompetent fühle. Trotz meiner fünfundsiebzig Lebensjahre bin ich noch erstaunlich gesund oder besser: frei von besonderen Krankheiten oder dauernden Behinderungen. Ich habe auch in der Vergangenheit nur wenige schwere Krankheiten durchmachen müssen. Über Krankheit schreiben sollte man nur, wenn man aus Erfahrung weiß, wie es sich anfühlt – und zwar über längere Zeit hin. Deshalb möchte ich mich darauf beschränken, auf Erfahrungen anderer Menschen hinzuweisen, die uns nachdenklich machen und einige Ideen geben können, wie wir im Alter in guter Weise mit Krankheit und Behinderung umgehen können.

Ich beginne mit Jörg Zink, der mit einem guten Schuss Selbstironie auf ein Büchlein schaut, das er, als er noch »jugendliche 66 Jahre zählte«[153], geschrieben hat. Es trug den Titel »Ich werde gerne alt«. Dreiundzwanzig Jahre später nahm er sich dieses Büchlein wieder vor, um seine damaligen Gedanken aufgrund späterer Erfahrungen nochmals zu überdenken und Neues zu formulieren. Er zitiert zunächst lange Passagen, in denen er von der Schönheit des Alters, aber auch von seinen Schwierigkeiten und der hereinbrechenden Einsamkeit gesprochen hatte. Dann kommentiert er: »Da war vielleicht doch Manches ein wenig romantisch gesehen, so als Äußerung des kleinen ahnungslosen Moritz. (…) Denn anschließend saß ich nicht auf der Bank vor meinem Haus – wie er in diesem Text so schön beschrieben hatte –, sondern brachte weitere zweiundzwanzig Jahre im Geschirr eines rastlos Arbeitenden zu. Ich konnte tun, als sei ich gar nicht ›wirklich‹ alt.«[154] Inzwischen hatte er einen Hirnschlag und einen Herzinfarkt erlitten und es mussten mehrere Bypässe gelegt werden. Auch das klare Denken und Sprechen kamen nur mühsam und ganz allmählich wieder zurück.

Er macht sich nun zunächst Gedanken darüber, wie eine solche Situation zu bewältigen sei. Weder als Feigling noch als Held, lautet seine Antwort. Mit Feigheit, so führt er aus, kann man keine der Lebensphasen wirklich bewältigen, auch nicht das Alter. »Niemals im Leben ist es hilfreich, sich ängstigen zu lassen, sondern immer ist irgendwie gewollt, dass wir uns Herausforderungen stellen.« Allerdings ist das Ergebnis unserer Anstrengungen im Alter oft recht bescheiden, und was wir an Kraft aufbieten, »verbraucht sich oft mit wenig Erfolg«. Deshalb nutzt es auch nichts, den Helden spielen zu wollen. Das Alter »ist nichts für Leute, die glauben, es gäbe Siege einzufahren gegen das Alter. (...) Wer beim Altwerden auf Siege hofft, hat am Ende nicht mehr in der Hand als der Feigling, der meint, er überlebe damit, dass er Medikamente schluckt.«[155]

Das klingt recht ernüchternd. Aber es ist auch typisch für Jörg Zink, dass er mit Humor einen ermunternden Weg einschlagen kann. Und jene, denen anscheinend seine Sympathie gilt, leben »irgendwo zwischen Feigling und Helden und vielleicht näher am Helden. Und in dieser Gegend wollen wir uns selbst antreffen (...) Einmal tapfer, einmal mutlos.« Zur Illustration erzählt er von einer zweiundneunzigjährigen Frau, die er kennt und die auf die Frage, wie es ihr gehe, antwortete: »Es geht mir gut! Zu Fuß bin ich nicht mehr gut unterwegs, aber die Treppen bewältige ich eben auf dem Hintern, Stufe um Stufe, hinauf und hinunter.«[156]

In diesen Zusammenhang passt auch ein Wort des Philosophen und Theologen Sören Kierkegaard, das Jörg Zink in späterem Zusammenhang zitiert: »Ein vollkommener Mensch zu sein, das ist das Höchste. Nun habe ich Hühneraugen bekommen; das bringt mich dem Ziel schon etwas näher.«[157]

Es lohnt sich, beide Büchlein von Jörg Zink zu lesen. Man kann ihm dankbar sein, dass er mit »jugendlichen 66 Jahren« schon mal über das Alter reflektiert hat und dass er uns dann nach lebensbedrohlichen gesundheitlichen Krisen erneut an seinen Erfahrungen und Einsichten teilhaben lässt, die nach diesen existenziellen Krisen neue Tiefen des Menschseins und des Glaubens aufschlüsseln. Hier wird deutlich, was lebensbedrohende Krankheit im Leben und Reifungsprozess eines Menschen bewirken kann.

Kurt Marti, ein anderer protestantischer Pastor und Schriftsteller, der noch ein Jahr älter ist als Jörg Zink, hat in einer neueren Veröffentlichung die »Heilige Vergänglichkeit« der menschlichen Existenz in einer Sammlung von »Spätsätzen« reflektiert. Nach einer Reihe von Aphorismen über den schmerzlichen Verlust seiner geliebten Frau kommt er zu seiner körperlichen Befindlichkeit. Die gesundheitlichen Probleme des Alters scheinen die geistigen Themen in den Hintergrund zu drängen. »Vergeistigung im Alter? Nicht doch. Die Beschäftigung mit dem Körper, vor allem mit seinen Defiziten, nimmt unliebsam überhand.«

Und humorvoll beschreibt er diesen Vorgang mit den Worten: »Schrauben lockern sich. Auch der Geist wird wackelig.« Bei dieser ständigen Beschäftigung mit dem Körper und den Gebrechen des Alters fühlt er sich schließlich wie zu einer Sache degradiert, wenn er etwas sarkastisch bemerkt: »Die Altersindustrie boomt. Auch ich gehöre nun zu ihrem Rohstoff.«[158]

Selbst eine scheinbar kleine körperliche Beeinträchtigung kann seelisches Leid auslösen: »Schlimme Entdeckung: Ich kann nicht mehr pfeifen.«[159] Nicht mehr pfeifen und vielleicht auch nicht mehr singen, eine gewaltige Minderung des Lebensgefühls.

Unmittelbar nach diesem Wort stellt er sich grübelnd die Jesus-Frage: »In welche Richtung hätte sich das Denken und Lehren des

Nazareners verändert, wenn er 90 Jahre alt geworden wäre? Müßige Frage, ich weiß.«[160] Hätte ein hochbetagter Jesus noch einiges gesagt, was jetzt im Alter hilfreich sein könnte? Er weiß, dass diese Frage wenig Sinn ergibt, weil er sich bewusst ist, dass die Rätsel des Lebens und des Glaubens ohnehin nicht zu lösen sind. Dann zitiert er G. K. Chesterton: »Die Rätsel Gottes sind befriedigender als die Lösungen der Menschen.«[161] Ein Ringen mit der Unbegreiflichkeit Gottes ist ihm lieber als eine schnelle Antwort, die letztlich nicht trägt, denn »was einem leicht fällt zu glauben, verführt zur Leichtgläubigkeit«[162].

Kurt Marti scheut sich nicht, seine körperlichen Gebrechen deutlich zu beschreiben und offensiv damit zu ringen, ebenso wie er mit seinem Gott um Antworten ringt, die in die Unbegreiflichkeit Gottes münden.[163] Und trotzdem blitzt ab und zu eine selige Gewissheit auf: »Hie und da aber grüßt – o Wunder! – ein ewiger Augenblick die heilige, weil von Gott gewollte Vergänglichkeit.«[164] So mühsam und beschwerlich diese irdische Vergänglichkeit auch ist, sie ist der Ort, an dem – wenn auch nur selten – das Ewige bzw. der Ewige aufscheint.

Eine andere Form des Umgangs mit Krankheit und Behinderung, die mich sehr nachdenklich gemacht hat, habe ich vor mehr als dreißig Jahren erlebt. Damals hielt ich in einer Gemeinschaft von Benediktinerinnen geistliche Exerzitien. Ein besonderes Merkmal dieser Gemeinschaft war, dass sie zu einer Kongregation gehörten, die bewusst kranke Frauen als Mitglieder in ihre Gemeinschaft aufnahmen – was sonst nicht ohne Weiteres der Fall ist –, sofern sie mit ihrem Kranksein wirklich einen geistlichen Weg gehen wollten. Dort habe ich eindrucksvolle Frauen kennengelernt. Ich erinnere mich vor allem an eine der Nonnen, die völlig gelähmt war, nur den Kopf ein wenig bewegen konnte und mit ihrem Mund herrliche Ikonen malte. Auf ihrem Gesicht war immer ein sanftes Lächeln. Die Erfahrungswelt der Ikonen war offensichtlich prägender als Krankheit und Behinderung.

Ich fragte die Schwestern, ob sie einige gute Gebet- oder Betrachtungsbücher für Kranke hätten, weil ich gerade so etwas für unsere eigenen kranken Mitbrüder suchte. Die Schwestern schauten mich etwas überrascht an und hatten zunächst gar nicht verstanden, was ich von ihnen wollte. Schließlich sagten sie, sie hätten dazu keine spezielle geistliche Literatur. Sie meditieren die Bibel und die Texte der Liturgie, in denen es ja auch ständig um die Not und das Heil der Menschen gehe. In der Eucharistie sei zudem immer das Geheimnis von Tod und Auferstehung unter ihnen gegenwärtig. Das genüge als Hilfe für ihr Kranksein. Ich war überrascht und auch ein wenig beschämt. Für diese Frauen gehörte die Krankheit einfach zum Leben und wollte genauso gelebt und bewältigt werden wie alle anderen Themen des Lebens. Sie verstanden Kranksein also nicht als Sonderfall, der eigentlich nicht sein dürfte, sondern als selbstverständlichen Teil des Lebens – ein hilfreicher Aspekt für den Weg ins Alter, wenn Kranksein immer mehr zum Alltag gehört.

Das erinnert mich an den Ausspruch eines alten Mitbruders, der schon vor Jahren gestorben ist. Er war einer unserer weisen Alten. Den größten Teil seines Lebens war er Pförtner und musste ständig mit Menschen aller Art umgehen. Als er nun selbst alt war und andere Mitbrüder gelegentlich bei ihm über diese oder jene Krankheit oder Beeinträchtigung klagten, pflegte er mit einem verschmitzten Lächeln zu sagen: »Das hängt bestimmt mit dem Alter zusammen.« Das war nun wirklich keine besondere Neuigkeit, aber dieser Spruch wirkte sofort ernüchternd und ließ auch den, der gejammert hatte, ein wenig schmunzeln. Es wurde ihm vielleicht spontan klar, dass solche Beschwerden jetzt einfach zum Leben gehörten. Diese Einsicht allein kann schon den Druck mindern und die Bereitschaft zum Annehmen bewirken. Ähnlich sage ich mir gelegentlich, wenn ich merke, dass hier und dort so manches nicht mehr geht wie in früheren Jahren: »So ist das jetzt!« Es ist eine Tatsache. Es hat keinen Sinn, sie nicht zur Kenntnis zu nehmen. Und daher geht es jetzt nur noch darum, wie ich damit leben lerne: gelassen und kreativ.

Ähnlich habe ich eine andere kleine Begebenheit verstanden: Ich sah auf dem Gehweg eine Frau – sie dürfte so etwa um die fünfzig gewesen sein – in einem Rollstuhl auf ein parkendes Auto zufahren. Sie öffnete die Tür des Autos und wollte anscheinend einsteigen. Ich konnte mir nicht vorstellen, wie sie das alleine bewerkstelligen würde. Deshalb ging ich zu ihr hin und fragte, ob ich ihr behilflich sein könne. Sie schaute mich mit einem strahlenden Lächeln an und sagte: »Nein, danke, ich bin vollautomatisch!« Sie hatte technische Vorrichtungen an ihrem Rollstuhl, die ihr halfen, selbstständig zu sein. Ich war völlig überrascht, vor allem von dem Lächeln auf ihrem Gesicht. Obwohl dieses Ereignis schon viele Jahre zurückliegt, kann ich es mir noch lebhaft vorstellen. Diese Frau hatte sich wohl auch gesagt: »So ist das jetzt!«, und lebte froh und selbstbewusst damit.

Von einer ähnlichen Art der Bewältigung des eigenen Schicksals erzählte mir vor einiger Zeit ein Mitbruder, der seit vielen Jahren als Missionar in Afrika lebt. Er wundert sich immer wieder, wie Menschen dort auf Leid und Unglück reagieren. So berichtete er von einer jungen Frau, die bei einem Unfall ein Bein verloren hatte. Sie sagte meinem Mitbruder, sie sei Gott sehr dankbar, dass er das andere Bein beschützt habe, sodass sie jetzt wenigstens mit Krücken oder Prothese gehen könne. Eine andere Frau erzählte ihm, dass sie wegen der Trockenheit statt der üblichen 15 Sack Mais nur sieben Sack geerntet habe. Sie sei Gott sehr dankbar, dass er trotz der Trockenheit wenigstens sieben Sack voll Mais habe wachsen lassen. Das klingt etwas naiv, aber man kann es auch als Klugheit ansehen. Statt zu jammern und dadurch Energie und Lebensfreude zu vergeuden, haben diese Frauen auf das geschaut, was ist und was möglich ist; sie lebten damit und setzten ihre Energie für die Bewältigung dieser extrem schwierigen Lebenssituation ein.

Aus gegenwärtiger benediktinischer Tradition wird uns noch eine andere Erfahrung mit Krankheit berichtet: Eine amerikanische Pastorin der Episcopal Church, die äußerst aktiv in verschiedenen Bereichen der Seelsorge tätig war, erkrankte von einem Tag auf den anderen, war über Monate hin bettlägerig und konnte nur sehr langsam wieder zu Kräften kommen. Da sie die Benediktsregel kannte und seit Jahren schätzte, beschloss sie, darin Anregungen für die Bewältigung ihrer schwierigen Situation zu suchen. Doch begann sie bei ihrer Suche nicht mit dem Kapitel über die kranken Brüder im Kloster, sondern mit Texten, die mit dem Leib zu tun haben. Ausgangspunkt waren die Anordnungen über das Essen: regelmäßige Essenszeiten, genügsam und gesund essen usw., etwas, das sie bei ihrer strengen Diät, die sie einhalten musste, dringend brauchen konnte. Sie reflektierte auch das Kapitel über den Gehorsam, jetzt aber im Hinblick auf den strikten Gehorsam gegenüber dem Körper, seinen Bedürfnissen und Grenzen. Es ging also darum, wie sie sagte, eine neue Lebensregel für sich zu finden – *discerning your rule of life*.

Der entscheidende Ausgangspunkt war die Fähigkeit, auf das zu hören, was jetzt für sie notwendig war: Sie musste lernen, neu zu hören – *learning to listen*.[165] Mary Earle vergleicht die Zeit ihrer Krankheit und ihrer sehr langsamen Genesung mit einem Lernprozess, so als wenn man »einen Intensivkurs Italienisch im College« belegt. »Leben mit Krankheit« ist für sie »eine fortlaufende Lektion in Beweglichkeit, Zähigkeit und Ausdauer. (...) Leben mit Krankheit ist wie ein Intensivkurs«, um eine neue Lebensordnung zu finden. »Krankheit klärt, was wirklich wichtig ist, was wert ist, dass man Zeit dafür aufbringt, und was wirklich wesentlich ist.«[166] Dem ersten Kapitel ihres Buches stellt sie den Ausspruch voran: »*Giving the mess some meaning.*«[167] – Dem Durcheinander einen Sinn geben. Auf Deutsch könnte man auch etwas derber übersetzen: »All diesem Mist einen Sinn geben.« Hier beginnt Spiritualität nicht mit hehren geistlichen Prinzipien, sondern mit dem

Durcheinander, das einem vor den eigenen Füßen liegt bzw. vor die eigenen Füße geworfen wird. Es anpacken und mit Gottes Hilfe kreativ damit umgehen, das ist die Lösung![168] Der Philosoph Gerd Achenbach spricht in solchem Zusammenhang – im Anschluss an philosophische Tradition – von Resignation. Damit meint er jedoch nicht so etwas wie Aufgeben in der negativen Bedeutung, die wir dem Wort im Allgemeinen zusprechen, sondern die positive Haltung eines Menschen, der nicht unbelehrbar »seinen Wünschen verhaftet bleibt« und meint, »es müsse doch wohl so gehen, wie man selbst nun einmal wolle«. Er akzeptiert vielmehr die Realität, um mit ihr zu leben. »Die Klage verstummt (...) und eine zarte Heiterkeit hellt das Gesicht des Zustimmenden auf.« Dazu zitiert Achenbach Arthur Schopenhauer: »Wenn nämlich immer getrauert und geklagt wird, ohne dass man sich zur Resignation erhebt und ermannt, so hat man Erde und Himmel zugleich verloren und wässerichte (sic!) Sentimentalität übrig behalten.«[169] Resignation als ein kraftvolles Tun, als ein mutiges Lassen, um weitergehen zu können.

Es gibt diese Haltung auch in »leiseren« Versionen: Ein guter Bekannter aus früheren Jahren, der im Alter mit Schmerz und Behinderung leben musste, stand wieder einmal vor einer gefährlichen Operation. Er sagte zu mir: »Wie's auch kommen mag, ich will's als Aufgabe nehmen; manchmal weine ich, aber es gibt ja auch viel Liebe von Menschen.« Als er mir das am Telefon sagte, habe ich diesen Satz sofort aufgeschrieben. Ich war sehr beeindruckt. Dieser Mensch ist nicht gläubig im traditionellen Sinn. Er ist aus Enttäuschung aus der Kirche ausgetreten und wird wohl auch nicht mehr eintreten. Aber er ist ein ehrlich suchender Mensch und dabei in erstaunliche Tiefen seiner Seele vorgestoßen. Er traut sich, auch als Mann zu weinen, aber er lässt sich nicht entmutigen, er geht weiter und macht das Beste daraus. Zudem lebt er in Dankbarkeit für die Liebe, die andere Menschen ihn spüren lassen – so wie er auch selbst ein gutes Gespür dafür hat, mit anderen Menschen umzugehen, auch mit denen, die ganz anders sind als er selbst.

Es ist sicher von Vorteil, zu lernen, auch schon die vielen kleinen Wehwehchen, die man im Lauf des Älterwerdens entdeckt, mit Humor und Gelassenheit zu nehmen, um sich dadurch auf die größeren, die möglicherweise folgen werden, vorzubereiten. Ein kleines Beispiel dafür findet sich in einem Roman von Peter Handke. Er erwähnt eine mythische Heldengestalt, deren Name ihm aber entfallen ist. Mitten im Text fügt er deshalb in Klammern die Bemerkung ein: »(Name der Gestalt: glorreich vergessen.)«[170]

Er scheint sich über diese Vergesslichkeit zu amüsieren. Vielleicht scheint hier auch ein wenig die Einsicht durch, dass Vergessen gelegentlich ein Segen sein kann und dass man auch mit Würde – also glorreich – etwas vergessen kann. Ich mache neuerdings Folgendes: Wenn mir (was immer häufiger passiert) Namen nicht mehr gleich einfallen – meist macht sich der innere Computer auf die Suche und spuckt den Namen etwas später aus –, dann sage ich mir einfach: »Das steht mir jetzt zu.« Das lockert mich für den Augenblick und ist hoffentlich eine Einübung in schwierigere Situationen.

Es werden ganz sicher schwierigere Situationen kommen, die man nicht mit einer lockeren Bemerkung bewältigen kann. Kompliziert wird es vor allem dann, wenn typische Phänomene des Alterns auftauchen, wir sie aber nicht in angemessener Weise wahrnehmen. Das kann bei größeren Dingen beginnen, wenn wir beispielsweise nicht merken, dass es Zeit wäre, Arbeit und Verantwortung loszulassen oder den Führerschein abzugeben, und es kann bis in Alltäglichkeiten reichen, dass uns nämlich unser veränderter Körpergeruch oder die Vernachlässigung unserer Kleidung nicht mehr auffällt. Unsere Umgebung hat es längst bemerkt und leidet vielleicht darunter, aber niemand sagt es mir. Und was ist, wenn man es mir sagt? Wie reagiere ich?

Vor einigen Jahren haben wir in unserer Gemeinschaft lange Diskussionen wegen Patientenverfügungen geführt und wegen der Vollmacht für den Fall, dass einer selbst nicht mehr entscheidungsfähig ist. Wir fanden gute Lösungen für solche Grenzfälle unseres Lebens. Aber dann kam genau die obige Frage auf, wie man denn damit umgehen könne in der Phase, bevor man vom Gesetz her einen Vormund braucht, aber doch manches im Leben nicht mehr ganz reibungslos verläuft und unsere Umgebung darunter zu leiden beginnt.

Wir kamen auf die Idee, eine »brüderliche Vollmacht« zu empfehlen. Darin konnte jeder einen Mitbruder seines Vertrauens benennen, der das Recht hat, ihn darauf aufmerksam zu machen, wenn er beginnt, sein Äußeres oder die Ordnung seiner Zelle zu vernachlässigen, wenn er störende Verhaltensweisen entwickelt oder bestimmte Aufgaben oder Tätigkeiten bleiben lassen sollte, also zum Beispiel seine Aufgaben – endlich – an Jüngere abgibt, nicht mehr selbst Auto fährt, lieber nicht mehr predigen oder öffentliche Gottesdienste halten sollte und so weiter.

Jeder von uns konnte selbst den Text und die konkreten Einzelheiten formulieren. Ich habe auch noch dazugeschrieben, dass der genannte Mitbruder mir – eventuell in Zusammenarbeit mit anderen – helfen möge, diese schwierige Situation zu bewältigen, wenn ich es selbst nicht schaffe. Als ich das schrieb, kam ich mir etwas seltsam vor, weil ich noch voll im Besitz meiner geistigen Kräfte war. Aber ich hatte genug schwierige Übergänge bei anderen erlebt, und warum sollte es bei mir besser sein? Außerdem weiß ich auch nicht, wie ich tatsächlich reagieren werde, wenn ich auf einen solchen Punkt direkt angesprochen werde. Deshalb habe ich in der »brüderlichen Vollmacht« einen Mitbruder benannt, der nicht zimperlich ist und mir das Notwendige wohl recht direkt sagen würde.

Klug planen ist eines. Wie es bei alten Menschen – und natürlich auch bei mir – im Ernstfall dann tatsächlich wird, ist vielleicht etwas ziemlich anderes. Jedenfalls kann man sagen: Je höher die Lebenserwartung von uns Alten im Kloster wird, desto wichtiger wird es sein – obwohl es auch »das Recht der Alten auf Eigensinn«[171] gibt –, dass wir uns nicht unnötig viel Wildwuchs und Kauzigkeit in unserem Verhalten erlauben, weil wir sonst den nachfolgenden Generationen das Leben mit uns sehr erschweren. Es gibt noch genug, was auch mit bestem Willen nicht zu vermeiden ist, wie etwa Demenz in ihren verschiedenen Formen.

Demenz ist eines der Schreckgespenster alternder Menschen, aber auch für die jeweiligen Angehörigen, denen dann schwierige Zeiten ins Haus stehen. Als sich die verschiedenen Formen von Demenz wegen der vielen, immer älter werdenden Menschen weiter ausbreiteten und ins Bewusstsein der Übrigen traten, riefen sie Schrecken und Beklemmung hervor.

Inzwischen hat man sehr differenzierte Erfahrungen mit dementen Menschen gemacht, und man beginnt, in neuer Weise auf diese Krankheiten zu schauen. Pfleger und Angehörige entdecken neue Seiten an der Persönlichkeit der Kranken und an ihrer Befindlichkeit. So wird beispielsweise berichtet, dass das Vergessen nicht nur etwas Schreckliches sein muss, sondern »häufig als etwas Wohltuendes empfunden« wird, da die »Patienten eine Steigerung ihres Wohlbefindens erleben, wenn sie nur noch im ewigen Jetzt leben«[172]. Die Schmerzen der Vergangenheit können ebenso verschwunden sein wie die Angst vor der Zukunft. Das ist nicht bei allen Demenzkranken so, aber es ist wichtig, auch solche Aspekte der Krankheit wahrzunehmen. Es gibt inzwischen erstaunlich viele Berichte über derartige Erfahrungen.[173]

Besonders eindrucksvoll sind Erzählungen von Angehörigen, die intensiv mit dementen Lebenspartnern oder Eltern zusammenlebten und ihre Erfahrungen in ausführlicher Weise beschrieben haben. Hier möchte ich auf einen Bericht von Inge Jens hinweisen. Er ist an die Neuauflage eines Buches angehängt, in dem ihr Mann, Walter Jens, mit dem Theologen Hans Küng darüber diskutierte, dass man an einem bestimmten Punkt, etwa bei schwerer Demenz, einem Menschen zu einem »humanen« Sterben verhelfen und bewusst den Tod herbeiführen könne. Inge Jens teilte diese Ansicht ihres Mannes. Als er dann schwer dement wurde und sie auch in dieser Zeit sehr eng mit ihm zusammenlebte, stellt sie fest, dass er nicht nur Phasen des Schmerzes und der Verzweiflung durchlebte, sondern auch Freude und Würde. Deshalb setzt sie – wenigstens in ihrer gegenwärtigen Situation – auf das Weiterleben ihres Mannes.

Es lohnt sich, die intensive Schilderung ihrer Situation hier teilweise wiederzugeben: »Ich erfahre, dass es – im Augenblick – nicht meine wichtigste Aufgabe ist, meinem Mann zu einem humanen – das heißt ihn nicht von sich selbst entfremdenden – Sterben zu verhelfen, sondern zu einem Leben, das, allen Einschränkungen und Schrecknissen, ja, allem Sich-selbst-abhanden-gekommen-Sein zum Trotz, menschenwürdig – das heißt Verzweiflung *und* Freude, Demütigung *und* Anerkennung bergend – genannt werden darf. Ich versuche, das alte deutsche Wort ›anheimstellen‹ neu zu buchstabieren, ohne die Instanz, der ich ›anheimstelle‹, benennen zu können und zu wollen. Eine andere Möglichkeit sehe ich im Augenblick nicht.«[174] Man spürt das innere Ringen dieser Frau, aber auch die Achtung vor der Würde und dem Menschsein ihres Mannes. In der für sie so schrecklichen Krankheit hat sie Facetten seines Lebens entdeckt, die dieses Leben trotz allem menschenwürdig sein lassen.

Das ist auch die Erfahrung anderer Autoren, die beispielsweise über ihre dementen Eltern schreiben. David Sievekings Buchtitel lautet: »Vergiss mein nicht. Wie meine Mutter ihr Gedächtnis verlor und ich meine Eltern neu entdeckte.« Während er den Gedächtnisverlust der Mutter miterleben muss, entdeckt er diese und auch den Vater auf ganz neue Weise. David Sieveking hat dieses Buch erst im Anschluss an einen Film geschrieben, den er gedreht hatte als Dokumentation dieses Krankheitsprozesses, aber auch seiner eigenen Rolle und der des Vaters, die beide die Mutter intensiv begleiteten. Dieser Film entstand auf eine ungewöhnliche Weise: Als David Sieveking merkte, dass sein Vater mit der Sorge um seine Frau, deren Demenz immer stärker wurde, überfordert war, entschloss er sich, ihm zu helfen und zu Hause zu bleiben, also seinen Beruf ruhen zu lassen. Deshalb konnte er kein weiteres Filmprojekt auf den Weg bringen.

Dann kam er auf die Idee, aus seiner jetzigen Situation mit Mutter und Vater einen Dokumentarfilm zu machen. Er hatte sozusagen das Opfer gebracht, bei seiner kranken Mutter zu bleiben, und hat dabei sein eigenes Leben neu entdeckt und unerwartete Erfahrungen gemacht. Auch für den Vater werden dieser Weg und die Mitgestaltung des Filmes zu einem intensiven Prozess, in dem er sich nochmals mit den Höhen und Tiefen seines Lebens und der Beziehung zu seiner Frau auseinandersetzen muss. Während beide bewusst den Weg der kranken Mutter mitgehen, kommen sie selbst ganz neu mit dem Leben in Berührung.

Ähnliches berichtet Arno Geiger in seinem Buch über die Demenzerkrankung seines Vaters. Der Titel des Buches »Der alte König in seinem Exil« signalisiert schon die Ambivalenz der Erfahrungen: Da ist einer nicht mehr bei sich, er ist wie entfremdet und verfremdet, und doch strahlt sein Leben noch eine besondere Würde aus. Bei allem Vergessen und Verwirrtsein gibt der Vater immer wieder hintergründige oder tiefsinnig-humorvolle Sätze von sich: »Wie geht es dir, Papa?« »Also, ich muss sagen, es geht mir gut. Allerdings unter Anführungszeichen, denn ich bin nicht imstande, es zu beurteilen.« Oder zu einer anderen Frage: »Was denkst du über das Vergehen der Zeit?« »Das Vergehen der Zeit? Ob sie schnell vergeht oder langsam, ist mir eigentlich egal. Ich bin in diesen Dingen nicht anspruchsvoll.«[175] Als er gefragt wird, wie das so mit seinem Alter sei, antwortet er: »Ja, es macht den

Eindruck, dass ich nicht der Jüngste bin, dass ich zu den Älteren zähle, oder zu den Alten. Ist mir wurscht, wie man es ausdrückt.«[176] Der Sohn notiert überrascht: »Oft ist es, als wisse er nichts und verstehe alles.«[177] Hinter dem Verwirrtsein scheint gelegentlich eine verschleierte Weisheit zu wohnen.

Immer wieder kommt Arno Geiger auf das Thema zurück, dass sich durch den intensiven Umgang mit dem Vater bei ihm selbst viel verändert hat. »Es gibt da etwas zwischen uns, das mich dazu gebracht hat, mich der Welt weiter zu öffnen. Das ist sozusagen das Gegenteil von dem, was der Alzheimerkrankheit normalerweise nachgesagt wird – dass sie Verbindungen kappt. Manchmal werden Verbindungen geknüpft.«[178] Und am Ende des Buches meint er nachdenklich: »Zum Zeitpunkt, da ich diese Sätze schreibe, bin ich fast genau halb so alt wie er. Es hat lange gedauert, hierher zu kommen. Es hat lange gedauert, etwas herauszufinden über die grundlegenden Dinge, die uns getrieben haben, die Menschen zu werden, die wir sind.«[179]

Der Weg mit der Krankheit des Vaters führt zum tieferen Verständnis des eigenen Weges und zu einem neuen und vertieften Blick auf das Leben des Vaters.

Nicht nur junge, schöne und gesunde Menschen sind lebens- und liebenswert. Leben ist mehr als Jugend und Gesundheit. Wie jede andere Krankheit gehört auch Demenz zum Leben. Es ist nicht ein Nicht-Leben, sondern eine andere Form des Lebens, als wir sie uns normalerweise wünschen. Solche Phasen der Krankheit können ihre eigene Fruchtbarkeit haben und eine besondere Offenheit behalten. Arno Geiger war diese Offenheit des Lebens seines Vaters bis zuletzt wichtig. Und so schreibt er auf der letzten Seite seines Buches, er habe es zu Ende schreiben wollen, bevor der Vater stirbt. »Ich wollte nicht nach seinem Tod von ihm erzählen, ich wollte über einen Lebenden schreiben, ich fand, dass der Vater, wie jeder Mensch, ein Schicksal verdient, das offenbleibt.«[180]

Die hier erwähnten Berichte und Hinweise sind sehr ermutigend. Allerdings wird es auch viele schmerzliche und sogar ausweglos erscheinende Situationen von Krankheit und Demenz geben, die die Betroffenen an den Rand des Erträglichen bringen. Mancher wird daran auch zerbrechen, vor allem, wenn er sich in seinem bisherigen Leben noch nicht tiefer mit den eigenen Problemen auseinandergesetzt hatte oder auch kein geistiges oder religiöses Fundament hat, auf das er sich rückbesinnen kann. Das sind Situationen, über die im Rahmen dieses Buches nicht ausführlicher geredet werden kann, zumal es zu billig wäre, für diese Situationen konkrete Ratschläge geben zu wollen. In solchen Momenten brauchen die Betroffenen konkrete Menschen, die da sind, mitgehen und mittragen, damit das Leid erträglicher wird und eventuell befreiende Möglichkeiten gefunden werden können. Entscheidend ist wohl, dass man sich in seinem Leid nicht vergräbt, sondern weiterhin nach dem Helfenden Ausschau hält. Manchmal »klickt« es auch bei einer kurzen Begegnung mit einem Menschen oder beim Lesen eines Satzes in einem Buch, sodass sich plötzlich eine kleine Tür öffnet, durch die man ein wenig weitergehen kann. Billige Ratschläge helfen nichts, aber das eigene Suchen, die eigene Sehnsucht kann das Herz für hilfreiche Signale offen halten. Auch dieses Buch kann ein solch diskretes Angebot sein, das eine oder andere Signal zu hören. Ich habe schon oft erlebt, dass Menschen lange Phasen ihres Lebens nicht sehr achtsam gelebt haben und dann doch im Alter oder in Zeiten von schwerer Krankheit einen neuen Anfang geschafft haben, den sie sich selbst nicht zugetraut hätten. Es ist nie zu spät, Neues zu lernen.

Im Buch von David Sieveking heißt es auf der Rückseite des Schutzumschlages, dass dieser Bericht »den Umgang mit dem Sterben nicht ausspart – und gerade deshalb voller Leben ist«. Der Tod gehört zum Leben. Wenn man ihn aussparen und verdrängen will, fehlt etwas an der Ganzheit des Lebens. Davon soll im Folgenden noch die Rede sein. Ich werde mich auch dabei wieder auf Hinweise aus der Literatur beschränken, die Anregung zum Suchen und Weiterwachsen geben können.

Den Tod täglich vor Augen haben – wachsam leben und sterben

Viele Menschen scheinen so zu leben, als ob sie niemals sterben müssten. Sie verschwenden keinen Gedanken an den Tod und verdrängen ihn vielleicht bewusst aus ihrem Leben. Sie sind ausschließlich am Leben interessiert und wollen deshalb nichts vom Tod wissen. In den geistlichen und philosophischen Traditionen dagegen spielt der Tod eine wichtige Rolle – auch des Lebens wegen. Die Benediktsregel formuliert dazu in Kapitel 4,47 kurz und bündig: »Den unberechenbaren Tod täglich vor Augen haben.« Da der Mönch nie weiß, wann der Tod wirklich kommt, soll er ihn immer im Blick haben und entsprechend leben.

Damit will Benedikt seinen Brüdern keine Todesangst einjagen. Denn im vorhergehenden Vers heißt es ebenso kurz und bündig: »Das ewige Leben mit allem geistlichen Verlangen ersehnen.« Der Mönch sehnt sich nach dem ewigen Leben und weiß, dass der Tod das Tor ist, durch das er vorher gehen muss. Benedikt möchte ihn nur daran erinnern, dass dieses Tor, dieser Übergang, sich jederzeit öffnen und das diesseitige Leben abrupt enden kann.

Deshalb heißt es im unmittelbar folgenden Vers 48: »Das eigene Tun und Lassen jederzeit überwachen.« Weil dieses Leben jeden Moment enden kann, soll der Mönch wachsam sein und nicht leichtfertig in den Tag hineinleben, zumal er immer auch im Angesicht Gottes und seiner Gegenwart lebt, wie Benedikt im folgenden Vers 49 hinzufügt: »Fest überzeugt sein, dass Gott überall auf uns schaut.« Die Gegenwart Gottes und die mögliche Nähe und Gegenwart des Todes bilden gemeinsam die Basis für das achtsame Leben. Schon Antonius der Einsiedler, der Vater der Mönche (gestorben 354), sagte sterbend zu seinen Brüdern: »Lebt, als ob ihr jeden Tag sterben solltet, achtet auf euch!«[181] Das Wissen um den Tod und die geistliche Wachheit gehören zusammen und haben das Mönchtum von allem Anfang an geprägt.[182] Diese Aufforderung zur beständigen Wachsamkeit findet sich schon in den Evangelien, in denen Jesus an verschiedenen Stellen immer wieder dazu aufruft (vgl. Lukas 12,35–40; 21,36 und öfter).

Gleichzeitig stehen die Mönche damit aber auch in einer großen philosophischen Tradition ihrer Zeit, eine Tatsache, die bisher viel zu wenig beachtet wurde. Eigentlich geht diese Maxime von der täglichen Achtsamkeit auf den Tod auf die vorchristliche griechische Philosophie zurück. Diese war kein spekulatives System, sondern sie beschäftigte sich mit der Frage, wie der Mensch ein gutes Leben führen könne, sie war somit lebenspraktisch ausgerichtet. Da das Leben endlich ist und sogar jeden Tag enden kann, ging es darum, wachsam zu leben und jeden Tag als Chance zu nutzen, als wäre es der letzte. Der Gedanke an den Tod sollte keine Angst auslösen und auch nicht auf den Gedanken an den Tod fixieren, sondern den Menschen dazu bringen, um die Endlichkeit des Lebens zu wissen und seine Tage so gut wie möglich zu gestalten.

Pierre Hadot hat viele Gemeinsamkeiten des Mönchtums mit dieser antiken heidnischen Philosophie, besonders der Stoa, herausgearbeitet. Speziell zur Thematik des achtsamen Lebens und der beständigen Erinnerung an den Tod hat er viele Texte aus dem Mönchtum und der antiken Philosophie miteinander in Beziehung gesetzt.[183] So sagt etwa Epiktet (gestorben um 140) fast wörtlich wie Benedikt: »Halte dir täglich den Tod vor Augen, und du wirst niemals etwas Niedriges denken oder übermäßig etwas begehren.«[184] Im gleichen Sinn meint der römische Kaiser und Stoiker Marc Aurel (gestorben 180): »In Gedanken an die Möglichkeit, gleich jetzt aus dem Leben zu scheiden, alles tun, sagen und denken.« Und der Neuplatoniker Porphyrios (gestorben um 305) bringt – ähnlich wie Benedikt – dazu noch die Gegenwart Gottes ins Spiel, wenn er sagt: »Bei jeder Handlung, jeder Arbeit, jedem Wort sei der Gott als Aufseher und Wächter zugegen!«

Diese wenigen Hinweise mögen genügen, um zu zeigen, dass es bei den Mönchen wie auch in der antiken Philosophie gleichsam eine Selbstverständlichkeit war, sich sowohl bewusst zu sein, dass der unberechenbare Tod ständig einbrechen kann, wir aber auch ebenso beständig unter dem Angesicht Gottes leben. Der Tod war immer ins Leben mit einbezogen worden, er gehörte dazu, und der Gedanke an ihn half den Menschen zu leben, gut zu leben. Daraus hat sich bis ins Mittelalter und teilweise bis in die Neuzeit die sogenannte *ars moriendi*, die Kunst zu sterben, entwickelt, die sich nicht nur auf den Vorgang des Sterbens konzentrierte, sondern nachhaltig die Gestaltung des ganzen Lebens beeinflusste.[185] Genauso wie wir »rechtzeitig das Alter entdecken«[186] und entsprechend leben sollen, ging es in der Tradition auch immer darum, den Tod rechtzeitig in den Blick zu nehmen und entsprechend zu leben.[187]

In der Moderne wurde der Tod weitgehend aus dem Leben und aus dem Bewusstsein der Menschen verdrängt. In neuerer Zeit wird er wieder stärker thematisiert, vor allem auch deshalb, weil sich der Alterungs- und Sterbeprozess aufgrund moderner Lebensführung und Medizin immer länger hinzieht. Das hat beispielsweise zur heftigen Debatte um die aktive und passive Sterbehilfe geführt. Diese komplexe ethische Frage soll hier nicht weiter verfolgt werden.[188] Im Gegenzug dazu versuchen die moderne Hospizbewegung und die Palliativmedizin gerade in den Endphasen schwerer Krankheit neue Räume von Lebenserfahrung zu erschließen. Auch darüber soll hier nicht weiter reflektiert werden, weil es dazu genügend kompetente Literatur gibt.[189] Ich möchte mich stattdessen mehr auf persönliche Erfahrungen und Zeugnisse aus Tradition und Literatur konzentrieren, die von verschiedenen Facetten des Sterbeprozesses berichten und neue Horizonte der Erfahrung für diese letzte Lebensphase eröffnen können.

Im Kloster wird man recht frühzeitig an den Tod erinnert. Bevor einer seine Ewige Profess ablegt, sich also endgültig an das Klosterleben bindet, muss er eine letztwillige Verfügung verfassen und im Archiv hinterlegen, worin er alles, was er zu diesem Zeitpunkt besitzt, irgendjemandem vermacht. Ich war damals 25 Jahre alt. Es gab bei mir nicht viel zu vermachen, aber die Tatsache, dass ich ein Testament schreiben sollte, hat mich doch sehr berührt. Das ist ja auch der Grund, warum viele Menschen kein Testament schreiben wollen oder es möglichst weit hinausschieben, weil es sie in unangenehmer Weise an den Tod erinnert.

In unserer großen Gemeinschaft werden wir oft mit dem Tod konfrontiert. Die meisten sterben nicht im Krankenhaus, sondern auf unserer Krankenstation, und sie wollen auch dort sterben. Der Tote wird anschließend im Kapitelsaal aufgebahrt. Der Sarg steht genau an der Stelle, an der der junge Postulant steht oder stand, wenn er um Aufnahme in das Noviziat bittet. Hier schließt sich ein Kreis. Nach dem Abendessen sitzen wir alle schweigend um den offenen Sarg, etwa eine halbe Stunde. Jeder kann nochmals in Stille auf seinen toten Bruder schauen, und es laufen dabei innerlich wohl verschiedene Filme ab, in denen es um das Leben des Verstorbenen und um das eigene Leben geht. Oft haben wir auch in der Zeit zuvor Tag und Nacht abwechselnd bei unserem Bruder gewacht. Das sind intensive Erfahrungen, die auch im eigenen Herzen etwas bewegen. Ich habe in den mehr als fünfzig Jahren meines Klosterlebens unzählig viele Brüder sterben sehen und sie mit begraben. Ich kann mich nie daran »gewöhnen«. Es ist jedes Mal neu und direkt. Ich weiß gar nicht, was mich da so anrührt. Es hat mehr mit dem Leben als mit dem Sterben zu tun, das heißt, es geht mehr um die Macht des Lebens als um die Macht des Todes.

Nach etwa einer halben Stunde des Schweigens beginnen wir dann die Psalmen der Vigil zu singen, und anschließend begleiten wir den Toten im offenen Sarg in singender Prozession zur Totenkammer beim Eingang der Kirche. Dabei singen wir ein Canticum aus dem Propheten Jesaja mit dem Rahmenvers aus Jesaja 51,11: »Die Befreiten des Herrn kehren heim. Nach Zion kommen sie mit Jauchzen, ewige Freude auf ihren Häuptern.« Manchmal kann ich das mit frohem Herzen singen, manchmal tut es auch weh, wenn der Abschied besonders schmerzlich war oder zur Unzeit. Und trotzdem stimmt dieser Gesang: Das Leben ist stärker. Ich bin überzeugt, dass dieses häufige und intensive Erfahren von Sterben in unserer Mitte auch ein Segen für unsere Gemeinschaft ist und eine Prägung. Ähnliches erzählen Menschen, die sich ehrenamtlich für den Besuchsdienst in einem Hospiz engagieren: wie sehr diese Erfahrungen mit Sterbenden ihr Leben prägt und ihre Sicht auf Tod und Leben bereichert.

Ich kenne noch eine andere, etwas seltsame Erfahrung: Von Amts wegen war ich oft auf Reisen in Übersee. Einige Male hatte ich am Abend vor der Abreise die fixe Idee, dass ich nicht mehr nach Hause kommen werde. Manchmal hatte das verständliche Gründe, wenn ich zum Beispiel in ein Land reiste, in dem es Unruhen gab, und man immer wieder mit Attentaten oder anderen Gewalttätigkeiten rechnen musste oder das Reisen sonst wie gefährlich werden konnte. Manchmal gab es aber auch gar keinen erkennbaren Grund für dieses heftige Gefühl.

Dann schrieb ich einen kurzen Abschiedsbrief und legte ihn in die Schublade meines Schreibtisches. Sollte ich nicht mehr heimkommen, würde man den Brief dort finden. Er war immer nur ganz kurz. Ich schrieb mit großer Handschrift: Wenn ich nicht mehr heimkommen sollte, so wollte ich allen sagen, dass für mich alles gut und im Frieden ist und ich allen den Segen Gottes wünsche. Bekanntlich bin ich immer wieder unbehelligt nach Hause gekommen. Der Brief war also immer »umsonst« geschrieben – und war doch nicht umsonst. Er hatte mich beruhigt. Ich hatte »mein Haus bestellt«, obwohl ich gar nichts geregelt hatte. Von diesen »Abschiedsbriefen« habe ich nie jemandem etwas gesagt, auch nicht, dass ich bei der Abreise diese fixe Idee hatte, denn ich wollte niemanden beunruhigen. Es war eine Sache, die ich mit mir selbst ausmachen musste. Ich war auch nicht traurig, hatte eigentlich keine Angst, sondern es tat mir gut, diesen Gedanken und dieses Gefühl zu akzeptieren, dass ich möglicherweise nicht mehr zurückkehren würde. Es war wie eine Art Einüben ins Sterben, jedoch nicht mit Angst oder Traurigkeit, sondern wie eine Erfahrung von Freiheit und von »Ja«. Dieses befreiende Gefühl hatte ich dann noch einmal, wenn ich nach der Rückkehr den Brief aus der Schublade holte und in den Papierkorb warf. Vermutlich nehmen wir im Lauf unseres Lebens viel häufiger Abschied, als uns bewusst ist. Es lohnt sich wahrscheinlich, einmal zu überlegen, wo wir im Leben schon solche Abschiedssituationen erlebt haben oder wo wir ganz nah am Abgrund standen. Das sind Gelegenheiten, sich mit dem Tod, mit dem Abschied anzufreunden und festzustellen, dass wir ihm oft viel näher sind, dass er uns viel vertrauter ist, als wir das mit unserem Alltagsbewusstsein wahrnehmen.

Die Benediktinerinnen von Köln-Raderberg haben eine kreative Form entwickelt, wie man sich in die letzte Lebensphase und ins Sterben frühzeitig hineinmeditieren kann: Als sie vor etlichen Jahren über den Umgang mit Krankheit und Tod nachgedacht und einiges neu geregelt hatten, legten sie auch fest, dass jede Schwester sich überlegen kann, was ihr wichtig ist und was sie nicht möchte, wenn sie einmal schwer krank ist oder zum Sterben kommt, welche Gebete oder Texte oder Musik ihr wichtig sind, ob sie dann lieber allein sein oder vor allem Kontakt haben möchte, und schließlich, welche Texte oder Gesänge sie sich für ihre Beerdigung wünscht. Diese Wünsche werden dann an einem bestimmten Ort hinterlegt.

Das mag so klingen, als ginge es dabei nur um Äußerlichkeiten. Aber mich hat es sofort fasziniert, als ich davon erfuhr. Es bedeutet ja, dass ich mir schon weit im Vorfeld Gedanken darüber machen kann, welche Texte oder Bilder oder Lieder mir wichtig sind, was mich trägt und tröstet in letzter Not oder in letzter Erwartung des Übergangs. Ich bin schon im Vorfeld mit wichtigen Texten und Bildern unterwegs zur letzten Phase dieses Lebens. In unserer Gemeinschaft haben wir diese Möglichkeit noch nicht besprochen. Vielleicht tun wir es noch. Mich jedenfalls hat diese Idee inspiriert. Ab und zu denke ich darüber nach, was ich mir wünschen würde. Es wird einiges von dem sein, was mir überhaupt im Leben wichtig war.

Es ist gut, den Tod nicht zu verdrängen und auch schon einiges für die letzte Phase vorzubereiten. Wie es dann aber wirklich kommt und wie es uns dann wirklich ergeht, das können wir vorher nicht wissen. Wenn wir die Tradition der Mönche in Bezug aufs Sterben betrachten, dann sind sie – wenigstens die großen Frauen und Männer, von denen wir wissen – größtenteils friedlich und wachen Sinnes gestorben.[190] Das beginnt mit dem ersten großen Mönch, Antonius dem Einsiedler, von dem es heißt, er habe in der Stunde des Sterbens den umstehenden Brüdern noch einige Ermahnungen mitgegeben. Dann sah er sie »wie Freunde an und freute sich ihretwegen – denn er zeigte, wie er so dalag, ein heiteres Gesicht –, und so verschied er und wurde versetzt zu den Vätern«[191].

Von unserem Vater Benedikt wird berichtet, dass er in einer geradezu liturgischen Weise starb. Als er merkte, dass es mit ihm zu Ende ging, ließ er sich in die Kirche bringen und stärkte sich mit dem Leib und Blut Christi. Dann ließ er sich von seinen Brüdern stützen, sodass er mit erhobenen Händen beten konnte, »und hauchte unter Worten des Gebetes seinen Geist aus«[192].

Das klingt sehr ideal oder sogar idealistisch. Vielleicht war es wirklich so. Oder man wollte einfach einen großen Mann auch auf eindrucksvolle Weise sterben lassen. Jedenfalls wäre es falsch, damit sagen zu wollen, dass jeder so friedlich oder liturgisch mutig wie diese beiden Großen sterben sollte. Man kann sich die Form des Sterbens nicht auswählen. Es ist wohl immer ein ambivalentes Geschehen.

In diesem Sinn fasziniert mich das letzte Tagebuch von Silja Walter, der Nonne und Schriftstellerin, die vor zwei Jahren im Alter von fast 92 Jahren gestorben ist. Auf Anraten ihrer Priorin machte sie sich in den letzten Wochen vor ihrem Tod noch jeden Tag einige Notizen in ihrem Computer im Krankenzimmer. Es ist erstaunlich, was diese große, alte Frau noch in der Endphase ihres Lebens alles interessiert und beschäftigt hat. Am wertvollsten sind aber die schlichten Aufzeichnungen von tiefen geistlichen Erfahrungen, meistens vermischt mit Hinweisen auf ihre Schmerzen und die beständige Schwäche. »Es leidet in mir. Darüber lässt sich nichts schreiben. Es kommt vom Gottesfeuer, das die Schöpfung durchdringt.«[193] Schmerzen als Gottesfeuer, das von innen her reinigt. Und dann: »Wir haben nur den Gottestrost, Schmerzen und das Schauen auf Gottes Gegenwart. (...) Schmerzen und Schauen ins Nichts, das Gott ist.«[194] Solche Worte kann man nur still in sich nachklingen lassen.

Wenige Tage später sagt sie: »Jeden Morgen bin ich ihm [vorher sprach sie vom Himmel] näher, durch Schmerzen und mentale Verwirrung. Fürchte mich beim Erwachen schon vor dem Mittagessen. Leise Qual. Muss von Augenblick zu Augenblick durchstehen.« Und sie fügt unmittelbar ein Wort von Papst Johannes XXIII. an, das sie mehrmals in diesem Tagebuch zitiert: »Ich bin vor dir, und das genügt.«[195]

Typisch für Silja Walter ist der letzte Satz des letzten Eintrags in ihrem Tagebuch, fünf Wochen vor ihrem Tod. Das Wort ist an ihre Priorin gerichtet: »Danke für Deine Mühe mit mir – es ist hart für Dich und hart für mich, jetzt zu tanzen.«[196] Tanzen spielte in ihrem Leben und Schreiben eine wichtige Rolle. Tanzen war ein wichtiges Element ihrer Gotteserfahrung. Das geht zu diesem Zeitpunkt nicht mehr. Oder meint sie, es sei jetzt eben hart und schwer, bei all dem Schmerz und der Schwäche, die innere Haltung zu leben, die das Tanzen meint und ihr bedeutete? Aber die Erinnerung an das Tanzen ist offenbar noch wach in ihr, als Sehnsucht – und als geistige Realität. Sie leidet und liebt zugleich. Die Tiefe ihres geistlichen Lebens nimmt die Schmerzen nicht weg, aber sie sind in einem größeren Zusammenhang, in einer tieferen Erfahrung aufgehoben.

Karl Rahner geht noch einen Schritt weiter. Nach tiefsinnigen Überlegungen zu Sinn und Gestaltung des Alters kommt er zu der Feststellung, dass »leibliche Schmerzen und seelische Verwirrtheiten und Depressionen (uns) in einen Zustand hinabstürzen« können, in dem wir unser selbst nicht mehr mächtig sind. Schmerzen und geistige Verwirrung können alles zunichtemachen, was wir uns vorher als Möglichkeiten der Lebensgestaltung im Alter ausgemalt haben.»Man kann um ein heiteres Alter und um ein ›schönes‹ Sterben bitten; in welcher wirklichen Gestalt aber das Alter und das Sterben auf uns zukommen, ist Gottes Sache. Zur Aufgabe des Alters gehört es, rechtzeitig diese unbekannt auf uns zukommende Situation des Alters und des Todes anzunehmen und zu wissen: Alles kann Gnade sein, auch dann, wenn wir nur noch die hilflos Besiegten sind.«[197]

Er hat keine Scheu – dieser große Denker –, auch geistige Verwirrung als Schicksal für sich in Betracht zu ziehen, darüber aber nicht in Panik zu geraten und es im Vorfeld schon »rechtzeitig« zu akzeptieren – nicht fatalistisch passiv, sondern als bewusstes Ja und inneres Annehmen. Im Horizont seiner Glaubenserfahrung kann es sogar Gnade sein, völlig besiegt zu werden, der hilflos Besiegte zu sein in den Händen Gottes. Die Formulierung vom »hilflos Besiegten« erinnert an das Ende eines Gedichtes von Rainer Maria Rilke, »Der Schauende«:

> Die Siege laden ihn nicht ein.
> Sein Wachstum ist: der Tiefbesiegte
> von immer Größerem zu sein.

Selbst im Besiegtwerden, im letzten und tiefsten Besiegtwerden, kann noch Wachstum geschehen, weil der Größere alles in seinen Händen hält und formt.

Hier hört das normale Denken und Argumentieren auf. Es geht um die Ahnung einer letzten Hingabe, die »rechtzeitig« vollzogen wird. Wie es sich anfühlt, wenn einen tatsächlich extrem schmerzhaftes Sterben oder geistige Verwirrung trifft, das ist dann eine neue Frage. Aber es ist in jedem Fall gut, sich vorher schon einmal damit auseinandergesetzt zu haben.

In der Realität wurde Karl Rahner dieses Schicksal nicht zugemutet. Ich möchte aber von einem Menschen berichten, der mit schweren körperlichen und seelischen Schmerzen sein Leben beenden musste. Ich beziehe mich auf eine Predigt, die Thomas Keating, ein ehemaliger Trappistenabt in Amerika, bei der Beerdigung von Basil Pennington, einem anderen Trappistenabt, gehalten hat.[198] Thomas Keating hat zusammen mit Basil Pennington und einigen anderen Männern und Frauen die Methode des Centering Prayer entwickelt, eine kontemplative Gebetsmethode auf der Basis der christlichen Tradition.[199]

Basil Pennigton erlitt einen schweren Verkehrsunfall und hatte deshalb mehr als zwei Monate vor seinem Tod ein sehr schmerzhaftes Krankenlager, verbunden mit tiefer innerer Trostlosigkeit. Er war ein äußerst aktiver, talentierter und sprachmächtiger Mensch gewesen. Jetzt lag er unbeweglich im Bett, konnte kaum noch sprechen, und auch seine Seele hatte sich verdunkelt. Thomas Keating versuchte bei der Beerdigung in einer bewegenden Predigt, diese Situation zu reflektieren, auch auf dem Hintergrund ihres gemeinsamen kontemplativen Weges. Dabei sagte er unter anderem, er habe den Eindruck, dass Basils Situation für alle, die auf einem geistlichen Weg sind, ein tiefes Paradox ausdrückt und dass seine letzten Tage uns sagen wollen: »Du musst alles loslassen, was du an Schätzen gesammelt und geliebt hast, sei es in deinem Dienst, in deinen Talenten oder in deinem Planen.«[200]

Er fährt fort, dass viele Leute sagen, dieses mehr als zweimonatige Krankenlager sei wie ein Fegefeuer für Basil gewesen; er aber würde es lieber eine Hölle nennen, so wie Basil »durch diesen Unfall an Leib und Geist zerquetscht war, ohne Hoffnung auf Wiederherstellung«[201]. Er verweist dazu auf den Satz im Glaubensbekenntnis, dass Jesus in die Unterwelt hinabgestiegen sei und dass dieses Hinuntersteigen auch ein Symbol für viele menschliche Situationen sei, ein Symbol für all die »schrecklichen Prüfungen wie Geisteskrankheit, Unterdrückung, Armut, Gewalttätigkeit und all die Schrecken, die damit verbunden sind«[202]. Mit Jesus diesen Weg durch »die Hölle« zu gehen, bedeute auch, mit ihm weiterzugehen zur Auferstehung. Thomas Keating berichtet, dass Basil kurz vor seinem Tod noch die innere Bereitschaft zu diesem Weg ausdrücken konnte mit den Worten: »Ich übergebe mich total dem Willen Gottes und der Liebe Jesu und Marias.«[203] Trotz der schrecklichen Schmerzen und der geistigen Dunkelheit konnte er diese Hingabe noch formulieren, die Bereitschaft, mit Jesus gleichsam »durch die Hölle« zu gehen, auf dem Weg zur Auferstehung.

Dann fügt Thomas Keating noch einen überraschenden Gedanken an, im Blick auf die Führungsaufgabe, die Basil Pennington innehatte. Er sagt, diese Art des Weges durch das Leiden sei eine Form des »dienenden Führens, die Fähigkeit zu führen, aus einer Haltung der Machtlosigkeit«, und er fügt hinzu: »Dies ist oder wird, so vermute ich, die effektivste Form von Führung in der Welt der Zukunft sein. Die Menschen haben genug von Hochmut, Anmaßung, Macht und besonders von Gewalttätigkeit.«[204] Das sind starke Worte, die an die Grenze gehen. Sie sind wohl nur verständlich auf dem Hintergrund des äußerst aktiven und kreativen Lebens dieser beiden Männer, aber auch ihres tiefen Glaubens- und Gebetslebens.[205] Es geht letztlich nicht um das äußere, aktive Tun, sondern um die Hingabe. Mit den Worten von Karl Rahner könnte man vom Besiegtwerden als Erfahrung von Gnade und Fruchtbarkeit sprechen. Das spricht nicht gegen ein aktives und kreatives Leben und Führen, denn genau das kann über weite Strecken unsere eindeutige Aufgabe sein. Aber es sagt viel darüber, dass die Zeit kommen kann, in der auch abgrundtiefe Schwäche und Machtlosigkeit eine neue Form von Hingabe und Fruchtbarkeit werden können. Es kann einem vor solch einer Situation grauen, aber es kann auch gut sein zu wissen und immer wieder einmal zu meditieren, dass es so kommen kann – auch mit der möglichen Hoffnung, die in einer solchen Situation wohnt.

Es sind aber nicht nur gesundheitliche Probleme, die die Endphase des irdischen Lebens erschweren können. Es kann auch die Last der eigenen Vergangenheit sein, die einen nicht sterben, nicht in Ruhe sterben lässt. Dazu noch eine kleine, hoffnungsfrohe Begebenheit, die der Benediktiner Basil Hume, der langjährige Kardinal von Westminster, berichtet. Bei einer Beerdigung sagte der Prediger: »Lassen Sie mich etwas über das Gericht sagen, das uns erwartet.« Die Zuhörer waren bestürzt und fürchteten, dass jetzt wohl eine Gerichts- und Höllenpredigt folgen würde. Aber der Prediger sagte weiter: »Gericht bedeutet: einem barmherzigen, mit-leidenden Gott die Geschichte meines Lebens zuflüstern, so wie ich sie noch nie erzählen konnte.«

Sein Leben erzählen dürfen, mit allem Drum und Dran, und zu wissen: Da hört einer zu mit einem großen Ohr und einem weiten Herzen. Basil Hume kommentiert dazu: »Welche Kraft geht

aus von dem Gedanken, dass wir in der Gegenwart eines Gottes stehen, der barmherzig und voller Mitleid ist! Gott kennt mich durch und durch (...) weitaus besser, als ich mich selbst kenne und jeder andere mich kennt. Er ist der Einzige, der in meine wirre, an vielen Stellen verwickelte Lebensgeschichte einen roten Faden bringt und ihr Sinn gibt.«[206]
Das ist eine wunderbare Idee: Ich werde nicht angeklagt. Ich darf meine Geschichte erzählen, meine ganze Geschichte. Ich muss nichts auslassen, es darf alles sein, wie es ist und war, und da ist ein Gott, der in diesen ganzen Wirrwarr einen Sinn bringt, der den roten Faden findet und das Leben, wie es war und ist, vor seinen Augen aufleuchten lässt. Das ist ein Hoffnungsbild, das nicht alle Probleme lösen muss, die wir mit unserer Lebensgeschichte haben, aber es ist eine Anregung und eine Aussicht, dass wir letztlich unser Leben gar nicht selbst verstehen und klären müssen, sondern es mit all seinen Verwerfungen in gute Hände und ein gutes Herz übergeben dürfen, ohne etwas verbergen oder verdammen zu müssen.

Das erinnert mich an eine andere kleine Erfahrung: Ein Mensch, dessen Leben von wunderbaren Höhepunkten, aber auch schmerzlichen Verwerfungen geprägt war und das ich in einer Reihe von Gesprächen mit ihm anschauen durfte, schenkte mir zum Abschied einen großen Radiergummi mit der Aufschrift: »Leben ist wie Zeichnen ohne Radiergummi.« Er lachte dazu wie jemand, der versöhnt damit ist. Ich habe den Radiergummi immer noch auf meinem Schreibtisch liegen, für mich selbst und auch im Gedenken an diesen Menschen. Entscheidend ist wohl, dass wir diese Zeichnung, an der wir nichts ausradieren brauchen, nicht verschämt bei uns verstecken müssen, sondern sie dem übergeben dürfen, der sie versteht, sie deuten kann und sie schließlich aufleuchten lässt in seinem Licht.

Dieser versöhnte Blick auf das Ganze des Lebens zeigt sich auch in dem Ausdruck »das Zeitliche segnen«. Er wird zwar oft einfach im Sinn von »sterben« benutzt, aber im Hintergrund steht eine religiöse Tradition, die schon in der Bibel überliefert ist: In Genesis 49 wird vom Patriarchen Jakob berichtet, dass er, als er zum Sterben kam, seine zwölf Söhne zu sich rief und sie segnete, jeden einzeln. Ein afrikanischer Mitbruder erzählte mir, dass es in seinem Stamm in Kenia ebenfalls üblich sei, dass ein Alter oder eine Alte auf dem Sterbebett die Kinder und Enkel, die um das Bett stehen, segnet. Ein Zeichen der Versöhnung mit den Kindern, ein Zeichen des Segens für ihre Zukunft, aber wohl auch ein Zeichen der Versöhnung mit dem eigenen Leben. Eine Geste, die sagt: Es ist jetzt alles gut. Der Segen dieses Lebens soll in die kommenden Generationen weiterwirken. Wäre es nicht sinnvoll, einen solchen lebensbejahenden Ritus auch für unsere Zeit wiederzubeleben, als Ausdruck des eigenen Versöhntseins und des Segen für die Nachfolgenden?[207]

Es gäbe noch viele weitere Aspekte im Hinblick auf das Sterben zu bedenken, aber diese Erläuterungen sollen hier genügen. Sie konnten wohl etwas erahnen lassen von den verschiedenen Möglichkeiten, sich dieser letzten Phase unseres Lebens zu nähern und sie positiv zu leben. Erfreulicherweise kann man in letzter Zeit ein neues Interesse für eine positive Sicht auf Sterben und Tod beobachten, was sich auch in vielen Veröffentlichungen niedergeschlagen hat, die neue Perspektiven eröffnen und Anregungen zu einem befreienden Umgang mit Sterben und Tod geben.[208]

Schlussbetrachtung

Das ganze Leben: neu werden – hinüberwachsen

Es war nun viel von der Lebensphase des Alters und den damit verbundenen Problemen und Möglichkeiten die Rede. Dabei hat sich gezeigt, dass auch die Vergangenheit in den Blick genommen werden muss. Um das Alter sinnvoll und fruchtbar zu gestalten, braucht es den Blick auf das Ganze des Lebens. Vor einiger Zeit ging es bei einer Tagung um die Frage, was die demografische Veränderung, die Überalterung der Gesellschaft, wohl auf die Zukunft hin bedeutet und wie man damit umgehen kann. Man kam zu der Auffassung, dass es nicht besonders sinnvoll sei, sich auf das Thema »alternde Gesellschaft« zu fixieren, sondern das wichtigere Thema sei stattdessen »langes Leben«.[209]

Wir leben viel länger als alle unsere Vorfahren. Es muss also auch ein viel längerer Zeitraum von uns selbst noch gestaltet werden. Entscheidungen, die wir persönlich oder unsere Gesellschaft fällen, haben nach Jahrzehnten noch Folgen, die uns persönlich treffen. Dabei ist es eine Tatsache, dass sowohl im privaten Bereich wie auch in Politik und Gesellschaft meist nur der schnelle Erfolg und die nächstliegende Gelegenheit in den Blick genommen werden, langfristige und nachhaltige Entscheidungen eher außer Acht bleiben.[210]

Es geht hier nicht um die gesellschaftlichen und politischen Probleme. Aber auch in meiner persönlichen Biografie kann es im Alter noch einmal ganz neu um das Ganze des Lebens gehen, um das »lange Leben«, das ich gelebt habe und das immer noch nicht zu Ende ist. Bevor wir also endgültig unsere Geschichte abschließen und sie mit allen Freuden und Verwerfungen offenherzig in das Ohr des Ewigen hineinerzählen dürfen und bevor wir die »Zeichnung unseres Lebens ohne Radiergummi« beenden, können wir nochmals alles – das Ganze – in den Blick nehmen.

Sind wir, im Sinne unseres Themas, im Prozess des Älterwerdens wirklich weitergewachsen? War unser Leben überhaupt ein Wachstumsprozess? Es gibt die negative, auch etwas pessimistische Sicht auf das Leben, die besagt, dass der Mensch von der Geburt an in einem Sterbeprozess ist. Rein biologisch sterben unablässig unzählige Körperzellen ab, und unablässig muss der Mensch vieles, was er erreicht oder gesammelt hat, lassen oder es wird ihm genommen. Leben ist ein ständiges Abschiednehmen.

Das stimmt, aber es ist nur eine Blickrichtung. Es gibt auch die gegenläufige Betrachtungsweise, die das Leben als Wachstumsprozess sieht. Rein biologisch erneuern sich die Körperzellen unablässig und passen sich an die veränderten Verhältnisse an. Im Lauf eines Lebens kann sich vieles an Fähigkeiten, Erfahrungen und Erfolgen entfalten, was wir zu dessen Beginn vielleicht nie geahnt hätten. Gerade weil uns viel verlorenging, waren wir oft gezwungen, neue Wege zu gehen, Neues zu wagen und zu entdecken. Eigentlich erleben wir einen ständigen Prozess des Sterbens und des Wachsens, des Loslassens und des Neuwerdens. Neues kann oft nur deshalb wachsen, weil Altes gestorben ist. Das ist auch unsere Hoffnung für die letzte Phase unseres Lebens.

Seit Jahren begleitet mich immer wieder das Wort des Apostels Paulus aus dem 2. Brief an die Korinther (4,16):»Wenn auch unser äußerer Mensch aufgerieben wird, der innere wird Tag für Tag erneuert.« Vieles reibt sich auf, verliert seine Kraft, und dennoch entsteht von innen eine neue Kraft, neues Leben – ein Wachsen im Prozess des Abnehmens. Der Kirchenvater Augustinus (gestorben 430) zitiert dieses Pauluswort in seinem Kommentar zu Psalm

131,1. Er sagt, das Altsein dürfe sich nicht an uns heranschleichen, wir sollten immer Neue sein. Und nicht nur das, wir müssten zudem auch immer wachsen und fortschreiten.«Und genau von diesem Fortschreiten spricht der Apostel: ›Wenn auch unser äußerer Mensch aufgerieben wird, der innere wird von Tag zu Tag neu.‹ Aber wir schreiten nicht so voran, dass wir von Jungen zu Älteren werden, sondern die Neuheit selbst muss wachsen.«[212] Das Neue, das von innen, vom inneren Menschen her aufbricht, soll sich in einem fortwährenden Prozess immer mehr entfalten.

Hanns Georg Wiedemann, ein ehemaliger Gemeindepfarrer, der auf lockere und zugleich tiefsinnig-gläubige Weise über sein Alter reflektiert, hat eines der Kapitel seines Buches überschrieben mit: »Die Seele braucht kein Anti-Aging.« Einleitend dazu zitiert er ein Wort von Meister Eckhart: »Wisset, meine Seele ist so jung, wie da sie geschaffen ward, ja, noch viel jünger. Und wisset, es sollte mich nicht wundern, wenn sie morgen noch jünger wäre als heute.« Über sich selbst sagt er: »Ich bin zwar alt an Lebensjahren und am Körper, aber nicht an meiner Seele. In ihr sind immer noch die Sehnsüchte und Träume des jungen Mannes. Es scheint fast so, als wäre meine Seele nicht alt geworden und könnte gar nicht alt werden.« Anschließend reflektiert er weiter über diese Sehnsucht, die ihn seit seiner Jugend umtreibt: »Alle unsere Sehnsucht ist letztlich Gottessehnsucht. Diese ist immanent in der Welt nicht zu stillen.« Er schließt mit dem Gebetswort: »Barmherziger, ich danke dir, dass du, der sich hinter meiner Sehnsucht verbirgst, mein Seele jung erhältst.«[213]

Es geht hier um eine Jugend und ein Jungsein ganz anderer Art als das äußere Getue, welches das eigentliche Alter verdecken soll. Es ist ein Neuwerden und Jungsein, Jungbleiben, das aus einer tieferen Quelle gespeist wird, die sich gerade im Alter, wenn vieles andere wegfällt, immer deutlicher bemerkbar macht. »Gegen die Grenze unseres Lebens will etwas Neues in uns beginnen, etwas Großes und Wunderbares. Es ist wie ein Kind, das in dir wachsen will. Ein Leben, das bleibt über das Abnehmen hinaus, über das Ende hinaus. Ein Neuanfang in deiner Seele. Ein neuer Mensch, sagt das Evangelium«[214], so fasst es noch einmal Jörg Zink in Worte. Damit weist er auf einen neuen Aspekt dieser Erfahrung hin: Was hier eigentlich durchbrechen will, ist jenes Leben, das nicht vergehen wird, die Ewigkeit, die schon in diesem Leben aufbricht und erfahrbar wird.

Von dieser Erfahrung sprechen auch schon die frühen Mönche. Der Mönchsvater Johannes Cassian, von dem schon häufiger die Rede war, sagt an verschiedenen Stellen: Wenn der innere Weg schon weit fortgeschritten ist, wenn der Mensch in die Reinheit des Herzens kommt und das bereinigt ist, was das Herz verdunkelt und verunreinigt hat, dann bricht eine tiefe Gotteserfahrung auf als ein Vorgeschmack ewiger Seligkeit. Oder er spricht – im Anschluss an Lukas 17,21 – davon, dass »das Reich Gottes schon in uns« ist, jenes Reich der Himmel, das unsere endgültige Bestimmung ist.[215] Die kontemplative Erfahrung der Gegenwart Gottes im eigenen Herzen ist schon eine Brücke, eine Art Übergang in die Erfahrung des Jenseits.

Wenn es um »langes Leben« und um das Ganze des Lebens geht, dann sollte auch klar sein, dass der Lebensbereich jenseits des Todes keine isolierte Welt darstellt, sondern mit der diesseitigen vielfach verwoben ist, mit ihr eine höhere Einheit bildet. Dort gibt es keine Zeit mehr, dort ist ewiges Jetzt, das auch in diesem Leben schon erfahren werden kann. In diesem Zusammenhang spricht der Benediktiner David Steindl-Rast – im Anschluss an philosophische und mystische Traditionen – vom Jetzt als dem »Schnittpunkt der Zeit mit der Ewigkeit. Die Ewigkeit ist ja keine lange, lange Zeit; die Ewigkeit ist, wie Augustinus das definiert, das ›Nunc stans‹ – das Jetzt, das steht! Das Jetzt, das nicht vergeht. Dieses Jetzt ist uns in jedem Augenblick geschenkt.«[216] Allerdings nur dann, wenn wir wirklich ganz bei uns sind und uns nicht von

Vordergründigem ablenken lassen. Dann ragt das Jetzt in eine Ebene jenseits der Zeit hinein.

Deshalb ist die Benediktinerin Silja Walter, von der schon die Rede war, geradezu wie besessen von diesem Jetzt. In den kaum fünfzig, nur spärlich bedruckten Seiten ihres letzten Tagebuches kommt das Wort »jetzt« 33 Mal vor, wie im Vorwort dazu vermerkt wird.[217] Manchmal häuft sich dieses Jetzt zu einer großen Dringlichkeit, als wolle jetzt tatsächlich das Endgültige durchbrechen. Sie spricht von der Herrlichkeit des Glaubens an das ewige Leben und »dass es Golgota gibt, dass es Ostern gibt, dass es Pfingsten gibt, jetzt und jetzt und jetzt – immer jetzt und jetzt. So wird NEUE SCHÖPFUNG.«[218]

Der Durchbruch der neuen Schöpfung, das endgültige Neuwerden geschieht dann, wenn Golgota, Ostern und Pfingsten in einem einzigen Jetzt in eins fallen. Alle Mysterien des Christentums meinen nur das eine Mysterium der Neuen Schöpfung: »Seht, ich mache alles neu!« (Offenbarung 21,5). Dieses Leben im Jetzt kann in der Endphase des Lebens immer wichtiger werden, es kann wie bei Silja Walter gleichsam zur Brücke oder zum Sprungbrett werden. Es ist in allen Phasen des Lebens wichtig, um sich dem zu stellen, was jetzt dran ist[219], aber es ist auch ein entscheidendes Wort bzw. eine entscheidende Erfahrung auf allen Wegen kontemplativer Erfahrung.[220]

Dazu passt eine eindrucksvolle Stelle aus einem der berühmtesten Romane der Weltliteratur. Dostojewskij lässt den alten Starez Sosima in »Die Brüder Karamasow« sagen: »Ich segne den täglichen Aufgang der Sonne (...), aber ich liebe bereits mehr ihren Untergang. (...) Mein Leben ist bald zu Ende, ich weiß es, und ich höre es, aber ich fühle mit jedem verbleibenden Tag, dass mein irdisches Leben sich bereits mit einem neuen, unendlichen, unbekannten, aber nahe bevorstehenden Leben berührt, und seine Nähe lässt meine Seele freudig erbeben, den Geist leuchten und das Herz glückselige Tränen vergießen.«[221]

Das jenseitige Leben, das noch unbekannte, kommt schon entgegen, es rührt die Seele an, dass sie aufleuchtet und vor Freude und Seligkeit Tränen vergießt. Der Untergang der Sonne, der auch wehmütig und niedergeschlagen machen könnte, ist ein Symbol des Übergangs in das ganz Neue und ganz Andere, ein Übergang, der das Herz freudig erbeben lässt.

Dieses Hinüberschauen in die andere Welt zeigt sich in anderer Weise in der Tradition der Kikuyu in Kenia: Wenn ältere Menschen merkten, dass ihr Leben zu Ende ging, dann vermieden sie in ihrem Reden Worte wie »sterben« oder »Tod«. Stattdessen wählten sie positive Umschreibungen. So sagten sie etwa über einen anderen nicht, er sei gestorben oder tot, sondern er sei »zu seinen Ahnen gegangen« oder »er ruhe jetzt in Frieden« oder er sei »vom Allmächtigen gerufen« worden oder auch, er sei jetzt dort, »wo der Regen niemals endet«, ein Bild besonderer Fruchtbarkeit, denn Regen bedeutet Fruchtbarkeit. Es werden alle Worte vermieden, die Negatives ausdrücken, die von Tod und Sterben sprechen, also davon, dass etwas aufhört. Stattdessen schauen sie schon sprachlich hinüber bzw. sind schon »drüben« bei dem, was dann kommt.[222]

Passend dazu habe ich in Nairobi oft in Zeitungen Todesanzeigen mit Einladung zur Beerdigung gelesen, die die Überschrift trugen »*Celebration of Life* – Feier des Lebens«. Gerne erinnere ich mich noch an eine solche Ankündigung, der auch ein farbiges Foto von der etwa neunzigjährigen alten Dame beigegeben war, die einen großen, weit ausladenden Hut trug, fröhlich lächelnd dreinschaute und von der es hieß, dass sie auch einige Dutzend Enkel und Urenkel habe. Das alles war Ausdruck einer starken diesseitigen Vitalität und zugleich der Vorfreude einer jenseitigen Feier.

Der Mönchsvater Isaak von Antiochien (gestorben um 460) erläutert im Anschluss an Psalm 92,5, in dem es heißt, dass die Gerechten noch im Alter Frucht tragen[223], warum die Mönche, von denen er spricht, noch im Alter aufblühen können: »Noch in seinem Greisenalter blüht er aufs neue wieder auf, weil er aus jenen Melodien (der Psalmen) Verjüngung einsaugt, und er wird stark und anmutig, weil er die Geheimnisse des Hl. Geistes hört.«[224] Im Singen heiliger Lieder saugt der Sänger gleichsam Verjüngung ein – ein wunderbarer Ausdruck. Es ist jene Neuheit gemeint, jene neue Schöpfung, die bleibt – im Hinübergehen.

Das alles sind Worte und Bilder, in die man sich hineinmeditieren kann, in denen sich eine neue Welt ankündigt, ein Vorgeschmack des Kommenden. Trotzdem bleibt ebenso wahr, dass wir noch in diesem Leben sind, mit all seinen Leiden und Abgründen. Beides stimmt, beides ist auch gegenwärtig, mal mehr auf die eine und mal mehr auf die andere Weise.

Der Mönchsvater Johannes Cassian beschreibt die geradezu himmlischen Freuden des kontemplativen Gebetes, die einen Mönch in seiner Zelle überfallen können, um dann unmittelbar fortzufahren: »Doch dann wieder werden wir ohne ersichtlichen Grund plötzlich mit so gewaltiger Angst und einer gewissen unerklärlichen Traurigkeit niedergedrückt«, dass der Mönch es kaum noch in der Zelle aushält, die heilige Lesung und das Gebet keine Freude mehr machen, »sodass der Geist trotz unserer Seufzer und Versuche nicht zur früheren Ausrichtung (auf Gott) zurückgerufen werden kann«[225]. Cassian fügt noch hinzu, dass, je mehr der Mönch im Gebet Fortschritte mache, er auch mit umso heftigeren Phasen großer Verwirrung und Traurigkeit rechnen müsse. Das gehört zum geistlichen Weg und zur immer größeren inneren Reinigung des Menschen.

Der Apostel Paulus bietet uns im 2. Brief an die Korinther 4,10 ein Bild an, das sich nicht nur wie bei Cassian auf das Gebet bezieht, sondern ambivalente Situationen unseres Lebens überhaupt beschreiben und deuten kann: »(...) immer tragen wir das Todesleiden Jesu an unserem Leib, damit auch das Leben Jesu an unserem Leib sichtbar wird.« Zu diesem Text und zum ganzen Textzusammenhang ließe sich vieles sagen. Für mich bedeutet es in unserem

Zusammenhang und auch in vielen Situationen meines eigenen Lebens: An unserem Leib, in unserem leibhaften, irdischen Leben tragen wir viele Wunden und Schmerzen mit uns herum, Verwundungen, die auch lebensbedrohlich sein können. Vieles tragen wir immer oder sehr lange ungelöst mit uns herum. Und trotzdem: Wenn wir das lange Leben, das wir hinter uns haben, betrachten, dann können wir vielleicht auch dankbar feststellen, dass sich an diesem irdischen, leibhaften Leben auch viel göttliches Leben gezeigt hat, dass vieles unzerstörbar war oder wunderbar neu werden durfte, dass man uns vielleicht sogar ansehen kann, wie heil wir vieles überstanden haben – oder wenigstens wissen wir es in unserem Herzen. Unser Leib ist ein Symbol oder Dokument unserer Lebensgeschichte mit ihren Höhen und Tiefen, ihren Freuden und Leiden – im Wissen darum, dass unser ganzes Leben auch mit dem Leben Jesu gleichsam verwachsen ist, seinem Leiden und der Unzerstörbarkeit seines Lebens.

Einige Verse später wählt Paulus dann das Bild, das wir vorhin schon betrachtet haben, dass wir nämlich trotz des Zerriebenwerdens »von Tag zu Tag neu« werden können. In Vers 17f gibt er einen weiteren Hinweis, der für unseren Umgang mit dieser ambivalenten Situation hilfreich sein kann: Er sagt, dass diese Situation sich in ein »maßloses Übermaß an Herrlichkeit« wandeln kann, weil wir zu denen gehören, »die (...) nicht auf das Sichtbare starren, sondern nach dem Unsichtbaren ausblicken; denn das Sichtbare ist vergänglich, das Unsichtbare ist ewig.« Nicht auf das Sichtbare, das Vordergründige starren, sich nicht auf das Negative fixieren, es meldet sich ja ohnehin massiv genug zu Wort, sondern einen tieferen Blick einüben, hinter die Dingen schauen lernen und – je älter man wird, desto mehr – nach dem ausschauen lernen, was bleibt, hinter den Dingen und jenseits der sichtbaren Dinge.

All das vollzieht sich nicht im rein geistigen Raum, sondern als eine Art Glaubensgeschichte in der konkreten Realität des eigenen Lebens. Und all das, was wir hier in diesem Buch betrachtet haben, ist nur so viel wert, wie es sich im konkreten Leben auswirken und »einfleischen« kann. Dazu möchte ich einen eindrucksvollen Text anfügen, der als Einleitung zur Geschichte einer Klostergemeinschaft verfasst wurde, aber ebenso gut für die persönliche Lebens- und Glaubensgeschichte passt – bis hinein ins hohe Alter:

»Der christliche Glaube lebt nicht nur von klar verstandenen Lehren und gepflegten Liturgien, nicht nur von Moral und Aktion, noch nicht einmal nur von Gebet und Heiligem Geist. Er lebt ebenso von zurückgelegten Wegen, von ausgetretenen Sandalen, von verlorenen Dingen, von Blicken und von Begegnung. Vor allem aber lebt er von Geschichten, die man sich weitererzählt – um der frohen Botschaft willen. Er lebt von gemeinsam Erlebtem, gemeinsam Durchgestandenem, aber auch von mancher stillen Einsamkeit. Er lebt von Bewährung und Hoffnung, von Abgründen, die zu neuen Brunnenstuben werden, von unerwarteten Aufbrüchen – und von der Erinnerung daran.«[226]

Und bei all den großen Worten, Bildern und Zielen, die unser Leben deuten und ihm einen weiten Horizont geben wollen, bleibt doch auch die Tatsache, dass unser Leben immer »Stückwerk« (1 Korinther 13,9f) bleibt, dass wir immer nur auf dem Weg sind; aber das ist nicht wenig, denn wir wissen, wohin der Weg letztlich führt. Zu all diesen Überlegungen passt abschließend ein Text von Martin Luther:

> *Das Leben ist nicht ein Frommsein, sondern ein Frommwerden,*
> *nicht eine Gesundheit, sondern ein Gesundwerden,*
> *nicht ein Sein, sondern ein Werden,*
> *nicht eine Ruhe, sondern eine Übung.*
> *Wir sind's noch nicht, wir werden's aber.*
> *Es ist noch nicht getan oder geschehen,*
> *es ist aber im Gang und im Schwang.*
> *Es ist nicht das Ende, es ist aber der Weg.*
> *Es glüht und glänzt noch nicht alles,*
> *es reinigt sich aber alles.*[227]

Anhang

Zurücktreten und weitergehen –
Interview mit Klaus Hofmeister über die Zeit nach dem Ausscheiden aus dem Amt des Abtes

Pater Fidelis, Sie sind am 24. April 2006 nach über 23 Jahren in einem sehr bewusst vollzogenen Schritt als Abt von Münsterschwarzach zurückgetreten. War das von den Klosterregeln her ein zeitlich anstehender Rücktritt oder war dieser Zeitpunkt von Ihnen selbst gewählt?

Ich bin »auf unbegrenzte Zeit« gewählt worden; so war das in unseren Statuten festgelegt. Früher hat man den Abt »auf Lebenszeit« gewählt aus der Vorstellung heraus, ein Abt solle nach Möglichkeit im Amt bleiben, bis er stirbt. Dann wurde es jedoch umformuliert: »auf unbegrenzte Zeit«, d. h. man kann oder muss selbst entscheiden, wann wohl der rechte Zeitpunkt ist, um zurückzutreten.

Wie haben Sie bemerkt, dass es Zeit zum Rücktritt wird? Gab es einen äußeren Anlass, oder war es ein Prozess, der ganz von innen kam?

Die Entscheidung kam mit Blick auf mich selbst und auf unsere Gemeinschaft. Ich habe gemerkt, dass ich allmählich müde werde, dass die Kräfte nachlassen, vor allem die Spannkraft, und dass es mir immer schwerer fällt, ständig in Aktion zu sein. Als Oberer einer so großen Gemeinschaft muss man gut bei Kräften sein, und nach 23 Jahren darf man auch allmählich müde und verbraucht sein. Das war das eine. Das andere war die Tatsache, dass jeder

Führungsstil in irgendeiner Weise einseitig ist, auch der meinige; deshalb muss man irgendwann an das Zurücktreten denken, damit wieder ein anderer Stil ins Haus kommt. Und drittens war mir bewusst, dass eine junge Generation nachgewachsen war; die meisten Ämter im Kloster waren bereits von Mitbrüdern der nächsten Generation besetzt, sie saßen in allen möglichen klösterlichen Arbeitsgruppen und haben verantwortungsbewusst mitgearbeitet. Das zeigte mir, dass die Zeit allmählich reif ist, dieser Generation die volle Verantwortung zu übergeben und sie rechtzeitig zu fordern.

Sie waren, wie gesagt, gut 23 Jahre im Amt. Wie lange hatten Ihre Vorgänger amtiert?

Ich war der vierte Abt seit der Wiederbesiedlung der Abtei und alle blieben jeweils 22 oder 23 Jahre im Amt, wobei die übrigen nicht mehr so ganz gesund waren und man auch äußerlich gemerkt hat, dass es Zeit wurde, während dies bei mir noch nicht so ganz sichtbar war. Da gab es also einen gewissen Unterschied.

Hat das damals zu Verwunderung geführt?

Ja, man hat immer wieder gesagt: »Sie können doch noch, und Sie schauen doch noch gut aus.« Aber es geht ja nicht darum, wie ich aussehe oder ob ich noch irgendwie meine Arbeit machen kann. Ich habe oben meine Kriterien dazu erläutert. Die entscheidende Frage ist allein, wann ich es für mich als sinnvoll erfahren habe, dieses Amt abzugeben, und was für die Zukunft der Gemeinschaft wichtig ist. In der afrikanischen Tradition gibt es eine Regelung, die besagt, Amtsträger sollen rechtzeitig aus dem Amt scheiden und die Verantwortung friedlich an Jüngere weitergeben, weil sonst das Leben des Stammes oder des Dorfes beschädigt wird. Es darf nicht darum gehen, um jeden Preis am Amt festzuhalten, es geht nicht um den Glanz des Führenden, sondern um das Wohl der Gemeinschaft. Der Rücktritt ist Teil der Führungsverantwortung im Dienst an der Gemeinschaft.

Bleiben wir noch bei den Kriterien für Ihre Entscheidung. War es auch das Gefühl: Ich habe etwas erreicht, es rundet sich etwas?

Abgerundet war da – glaube ich – nichts. In einer Gemeinschaft wie der unsrigen, die so groß ist und so viele Aufgaben hat, gibt es immer genug Baustellen, Themen, die ungelöst oder unbewältigt sind, viele offene Fragen. Rund war es nicht und rund wäre es auch fünf Jahre später nicht gewesen. Aber ich hatte das Gefühl, dass genug Dynamik da ist, sodass es auch ohne mich gut weitergehen kann. Das war für mich entscheidend.

Bei Ihnen war es nicht mehr lange hin bis zum 25. Abtsjubiläum. Wäre das nicht auch ein guter Zeitpunkt gewesen?

Ich hatte mir das überlegt, doch ich fand, dass das ein zu äußerliches Kriterium ist. Ich bin ja auf unbegrenzte Zeit gewählt worden, das heißt, ich muss selbst die Grenze finden und setzen. Das ist ein sehr dynamisches Verständnis von Amtszeit. Und es hat mich auch gereizt, wie es wohl ist, den rechten Zeitpunkt für mich und die Gemeinschaft zu finden, von innen her zu spüren, wann es Zeit ist. Das ging, und es war gut so.

Die Auseinandersetzung mit dem Thema »Rücktritt« war also ein innerer Prozess, der Wachheit für Sie selbst und für die Situation der Gemeinschaft verlangte. Wie lange haben Sie gebraucht, um Klarheit zu finden?

Ich hatte schon seit einigen Jahren gespürt, dass die Kräfte nachlassen und ich immer häufiger an physische und psychische Grenzen stieß. Etwa zwei Jahre vor meinem Rücktritt habe ich das Thema dann in einer unserer wöchentlichen Konferenzen vor der ganzen Gemeinschaft kurz angesprochen und gesagt, dass ich wohl in etwa zwei bis drei Jahren zurücktreten werde. Dabei habe ich auch die oben erwähnten drei Kriterien vorgetragen. Meine Aussage war sehr klar, aber viele hatten sie vergessen oder verdrängt und waren dann sehr überrascht, als ich tatsächlich meinen Rücktritt erklärte. Aber dann haben sie sich auch wieder daran erinnert. Und ich bin froh, dass ich es rechtzeitig im Vorfeld angekündigt hatte.

Das Amt des Abtes ist ein geistliches Amt. Der Abt, der Abbas, ist der Vater der Gemeinschaft, das bedeutet das aus dem Griechischen stammende Wort. Kann man vom Amt des Abtes, des geistlichen Vaters, überhaupt zurücktreten? Ein leiblicher Vater bleibt auch zeitlebens Vater seiner Kinder.

Kirchenrechtlich war schon immer vorgesehen, dass ein geistliches Amt an ein Ende kommt und dann ein Nachfolger eingesetzt wird. Das ist beim Abt so und auch beim Papst. Ein leiblicher Vater muss ebenso die Verantwortung allmählich aufgeben und die Kinder loslassen. Er kann nicht ewig die Verantwortung für sie tragen; er muss allmählich lernen, in anderer Weise Vater zu sein. Als ich zurücktrat, schickte mir ein guter Freund einen Text von Marcel Légaut, der seinen Posten als Universitätsprofessor aufgab, sich für ein alternatives Leben entschied, in den französischen Alpen Schafe züchtete und schließlich ein geistlicher Meister und Wegweiser für viele Menschen wurde. In diesem Text hieß es, dass jede Vaterschaft sich eines Tages ändern muss, und zwar in eine »appellative Vaterschaft« – einen Vater auf Abruf! Er hat nicht mehr den Anspruch, zu bestimmen und zu entscheiden, aber er ist da – eben auf Abruf und Anruf. Dieser Text formulierte, was ich selbst auch fühlte. Als mir einige Mitbrüder sagten, dass ich ihnen fehlen werde, sagte ich, dass ich gerne in der Gemeinschaft bleiben würde, wenn sie es wünscht. Ich könne dann ja noch einiges von meinen Fähigkeiten und Erfahrungen einbringen. Aber die Gemeinschaft und der Nachfolger müssten das wollen. Außerdem ist es nicht so – wir reden ja von *geistlicher* Vaterschaft –, dass es nur um Entscheiden und Organisieren ginge. Dieses Amt hat eine starke geistliche Note. Beten, meditieren und segnen spielen dabei eine entscheidende Rolle. Das sieht man nicht. Da ist man nicht in Konkurrenz zu einem Nachfolger. Und trotzdem kann man sehr bewusst und positiv in der Gemeinschaft da sein, ohne aus dem früheren Amt noch Ansprüche abzuleiten.

Was halten Sie prinzipiell davon, dass ein Abt auf unbegrenzte Zeit gewählt wird? In Ihrer Kongregation der Missionsbenediktiner gibt es inzwischen die Möglichkeit, dass der Konvent die Amtszeit des zu wählenden Abtes auf zwölf Jahre begrenzt. Allerdings muss er das vor der Wahl und mit einer Zweidrittelmehrheit beschließen. Die erste Option ist nach wie vor die Wahl auf unbegrenzte Zeit. Finden Sie das sinnvoll?

Ich bin sehr für diese Lösung. Ich war immer dafür, dass wir unbegrenzte Amtszeiten haben, auch im Rückblick auf meine eigene. Bei der Wahl meines Nachfolgers spielte die Frage, ob er auf zwölf Jahre gewählt werden sollte, überhaupt keine Rolle. Offenbar hat auch die Gemeinschaft die Erfahrung gemacht, dass eine unbegrenzte Amtszeit am besten zu ihr und ihrer bisherigen Erfahrung passt.

Ist eine Amtszeit von zwölf Jahren aus Ihrer Sicht eine Periode, in der ein Abt überhaupt etwas gestalten kann oder ist das schlicht zu kurz?

Grundsätzlich kann man in zwölf Jahren sehr viel tun. Aber ich möchte jetzt nur aufgrund meiner eigenen Erfahrung antworten. Ich hatte als Wahlspruch ein Wort aus Matthäus 23,8 gewählt:

»Ihr alle seid Brüder.« Mein Grundanliegen war die Entfaltung einer brüderlichen Gemeinschaft. Wir kamen aus einer Tradition, die ziemlich autoritär strukturiert war, wie das auch vielerorts in der Kirche und in der Gesellschaft war und teilweise noch ist. Mir war klar, dass wir nur Zukunft haben werden, wenn wir das Miteinander stärken und gemeinsam die Verantwortung tragen. Das sollte mein Wahlspruch ausdrücken. Aber eine so große Gemeinschaft in eine neue Art des Miteinanders hineinzuführen, das braucht Zeit. Es gab in der Gemeinschaft nicht viel Erfahrung damit, offen miteinander zu sprechen, auch kritische Gespräche zu führen oder sich Zeit für mühsame Entscheidungsprozesse zu nehmen. Außerdem ging es auch darum, wie wir Fähigkeiten entwickeln können, uns über geistliche Themen und Erfahrungen in persönlicher Weise auszutauschen. Das ist in geistlichen Gemeinschaften nicht selbstverständlich, aber für die geistliche Gesundheit eines Klosters entscheidend.

Für all das mussten wir geduldig eine bessere Gesprächskultur einüben und günstigere Strukturen und Unterstrukturen finden. Das war ein sehr langsamer, ein sehr langwieriger Prozess. All das braucht Zeit zum Wachsen und auch den Mut und die Geduld, bei Misserfolgen neue Wege zu suchen, die weiterhelfen.

Wahrscheinlich darf man sich das Amt des Abtes nicht nach Art eines Vorstandsvorsitzenden vorstellen, der Vorgaben macht, die dann alle umzusetzen haben. Es ist ja offensichtlich etwas viel Organischeres.

Ich hatte z. B. kein besonderes »Regierungsprogramm« oder etwas Ähnliches, in dem ich sagte, ich möchte das und das tun oder erreichen, sondern es war mehr ein methodischer Ansatz: Mein Wunsch war, dass sich unsere Gemeinschaft in einer bestimmten Weise entwickelt, eben als brüderliche Gemeinschaft. Dabei stehen keine konkreten Projekte im Vordergrund, sondern es geht um die Frage, *wie* wir *möglichst gut* und *möglichst gemeinsam* die anstehenden Aufgaben anpacken. Wenn wir gut im Austausch miteinander sind, ergeben sich neue Projekte wie von selbst. Sie sind dann nicht Vorgaben des Abtes, sondern sie wachsen aus der Gemeinschaft, und die Gemeinschaft wird sich mit ihnen identifizieren. Aber wie gesagt: Ein solches Miteinander kann man nicht einfach beschließen oder anordnen. Es muss über Jahre hin wachsen und die Einzelnen von innen her prägen können, damit die erforderlichen Haltungen nachhaltig die Gemeinschaft formen.

Für Sie ist in Bezug auf Ihren persönlichen Führungsstil das Stichwort »nachhaltig führen« wichtig. Was haben sie als Abt darunter verstanden?

Das meint, dass die Führung, bzw. das Miteinander von Leitung und Gemeinschaft auf lange Zeit hin angelegt ist. Ich habe oft gehört, dass ein Oberer in einer schwierigen Situation sagte: »Die zwei Jahre bringe ich noch herum, bis meine Amtszeit zu Ende ist.« Oder dass in einer Gemeinschaft hinter vorgehaltener Hand geflüstert wurde: »Seine Amtszeit ist ja bald zu Ende.« Das hat mir immer leid getan. Man hatte es aufgegeben, an einem besseren Miteinander zu arbeiten und wartete einfach auf eine terminliche Lösung. Bei mir war das anders. Manchmal ging es mir auch schlecht in meinem Amt, ich fühlte mich blockiert oder unverstanden und wusste nicht, wie es mit mir und mit uns weitergehen soll. Wenn meine Amtszeit begrenzt und dann gerade zu Ende gewesen wäre, wäre das sehr angenehm für mich gewesen. Aber ich wusste genau, dass ich nicht einfach zurücktreten kann, sondern wohl noch lange im Amt bin. Also musste ich eine Lösung suchen. Ich sagte mir, dass ich an diesem Problem nicht krank werden möchte und auch die Gemeinschaft keinen Schaden leiden dürfte. Ich habe dann überlegt, was ich denn lernen muss, damit es gut weitergeht. Ich habe in solchen Augenblicken immer neue Quellen und Ressourcen entdeckt, innerlich und äußerlich, und wurde dadurch nachhaltig bereichert. Das Gleiche gilt auch für die Gemeinschaft oder für Einzelne, die mit mir Probleme hatten. Sie mussten damit rechnen, dass ich noch lange im Amt bin, also mussten sie sich mit mir arrangieren. Das alles hat uns geholfen, über Jahre hin Neues zu lernen, uns nicht gegenseitig zu blockieren, sondern gemeinsam kreative Wege für die Zukunft zu finden. Lange Amtszeiten können bereichernd und vertiefend wirken, vorausgesetzt, man nimmt die Herausforderung zum gegenseitigen und gemeinsamen Wachsen an. Ich glaube, bei uns war das auf beiden Seiten der Fall.

Der Rücktritt sollte also keine Flucht aus dem Amt sein. Es gab beim Rücktritt von Papst Benedikt einzelne kritische Anfragen in diese Richtung. Aus Polen hörte man eine Stimme, die sagte, ein Papst könne nicht zurücktreten, Christus sei auch nicht vom Kreuz herabgestiegen. Wie denken Sie darüber?

Ich denke, der Papst hat Kreuz genug gehabt, und wenn ich an meine Amtszeit denke, so war es auch nicht nur Zuckerschlecken, das ist klar. Aber es geht auch gar nicht darum, ob es schwer oder nicht schwer ist, sondern was für die Gemeinschaft gut ist. Und so hat auch der Papst argumentiert. »Ich bin jetzt alt und nicht mehr gut bei Kräften. Es tut der Kirche nicht gut, wenn ich weiter im Amt bleibe.« Er hat mit der Kirche argumentiert, nicht mit persönlichen Beweggründen. Das ist der entscheidende Punkt.

Am 24. April 2006 war dann der Tag Ihres Rücktritts. Wie haben Sie ihn vollzogen? Was sollte in der Art, wie Sie es taten, deutlich werden?

Ich habe der Gemeinschaft nicht nur frühzeitig meinen Rücktritt angekündigt, sondern auch vorher schon erläutert, was für mich die Folgen davon sein werden. Vielleicht kann man es so sagen: Mir war wichtig, ganz zurückzutreten, so wie ich ganz im

Amt war. Ich habe das Amt sehr ernst genommen, alle meine Kräfte dafür eingesetzt und auf vieles verzichtet, was mir sonst noch wichtig gewesen wäre. Für mich war klar: Wenn ich aufhöre, dann höre ich ganz auf, damit ein anderer ganz anfangen kann und ich ihn nicht behindere. Deshalb habe ich den Titel des Abtes sowie alle sonstigen äußeren Zeichen oder Privilegien aufgegeben. Nur einer – eben mein Nachfolger – sollte auch sichtbar und hörbar der Obere sein. Außerdem hatte ich eine große Sehnsucht, einfach wieder ein »normaler Mensch«, ein normaler Mönch zu sein.

Bleiben wir bei den so wichtigen »Äußerlichkeiten«. Sie waren nach dem Rücktritt nach herkömmlichem Verständnis nun »Altabt«. Aber so wollten Sie nicht angeredet werden?

Altabt ist ja ein komisches Wort, ein neues Wort, das es früher nicht gab. Ich habe gesagt, man möge mich einfach wieder Pater Fidelis nennen. Wenn ich manchmal gefragt werde, wie man mich denn vorstellen solle, etwa wenn ich zu einem Vortrag komme, dann sage ich: »Stellen sie mich einfach als Pater Fidelis vor. Wenn Sie wollen, können Sie auch hinzufügen, ich sei der ehemalige Abt von Münsterschwarzach«, was die Leute meistens sowieso schon wissen. Man muss ja nicht verheimlichen, dass ich der Abt war, aber ich muss diesen Titel und seine Insignien nicht ständig vor mir hertragen.

Sie haben auch kein Abtskreuz mehr getragen? Das sieht man ja öfters in anderen Gemeinschaften.

Nein, kein Kreuz, keinen Ring. Und ich halte auch keine Pontifikalgottesdienste mehr.

Obwohl das kirchenrechtlich möglich wäre?

Ja, das wäre immer noch möglich. Ich habe das auch für wichtig gehalten im Rahmen meines Amtes und ganz selbstverständlich getan. Jetzt bin ich der Meinung, dass mein Nachfolger dies tun sollte und ich nicht immer wieder einmal so auftreten sollte, als sei ich noch im Amt, weder im eigenen Haus noch außerhalb. Das verwischt die Optik. Der Nachfolger soll die äußeren Zeichen des Amtes tragen und der Vorgänger zeigen, dass er wirklich zurückgetreten ist und abgegeben hat. So ist es jedenfalls für mich gut und für uns als Gemeinschaft.

Sie haben dann wieder Ihren Platz in der »Rangordnung« eingenommen, der Ihnen als einfacher Mönch zukommt. Nach welchem Kriterium?

Wir haben eine Reihenfolge aufgrund des Eintritts ins Kloster und der Profess. Und an dieser Stelle bin ich nun wieder »eingeordnet«.

Also sind Sie überall dort, wo die Rangordnung nach dieser Seniorität geordnet ist, im Chorgestühl, im Refektorium, beim Einzug zum Gottesdienst, von Ihrem »Spitzenplatz« nicht nur in die zweite Reihe, sondern gleich ein paar Plätze nach hinten gerutscht?

Ja, ganz kräftig. Das war wirklich ein Ruck! (Lachen)

Sie haben gesagt, Sie wollten ganz zurücktreten. Hatten Sie schlechte Beispiele anderenorts vor Augen?

Ich habe sehr oft gesehen, dass es beim Rücktritt in Klöstern allerhand Schwierigkeiten gab, sowohl bei diesem Akt selbst wie auch hinterher. Das brachte viele Probleme sowohl für die ehemaligen Oberen oder Oberinnen als auch für die Gemeinschaft. Ich habe immer gut beobachtet, warum es denn so schwierig wurde dort, und mir vorgenommen, dass ich mir und meiner Gemeinschaft das nach Möglichkeit ersparen möchte. Deshalb habe ich mein Ausscheiden aus dem Amt in dieser Weise gestaltet.

Es ging Ihnen darum, den Weg für einen Nachfolger wirklich freizumachen. Waren Sie mit dem äußeren Rücktritt auch innerlich so weit, den Rückzug ganz vollziehen zu können?

Die Entscheidung ist ja nicht vom Himmel gefallen. Ich hatte lange darum und um den rechten Zeitpunkt gerungen. Die persönliche Entscheidung war ungefähr vier Monate vor dem Rücktrittstermin gefallen. Zwei Monate vorher habe ich die Gemeinschaft informiert. Ich konnte mich also langsam an den Gedanken gewöhnen, dass ich jetzt bald nicht mehr im Amt sein werde. Das war ein guter Prozess. So konnte ich dem Nachfolger den Weg gut freimachen. Direkt nach der Weihe des neuen Abtes bin ich für ein halbes Jahr zu unseren Mitbrüdern nach Afrika gegangen, um von hier weg zu sein, und dem Nachfolger wirklich Platz zu machen.

Über Jahre und Jahrzehnte waren Sie an der Spitze einer so imposanten, großen Gemeinschaft vielfach am Tag in die Kirche gezogen, und nun hatten Sie sich hinten einzufügen. Erinnern Sie sich noch, was das emotional für Sie bedeutet hat?

Die Entscheidung war für mich klar, aber ich wusste auch nicht, wie es mir emotional damit gehen wird. Deshalb habe ich vorher ein wenig trainiert. Bei den letzten großen Pontifikalgottesdiensten an Weihnachten und Ostern, wenn ich im vollen Ornat vorne saß, habe ich manchmal zu mir selbst gesagt: »Beim nächsten Oster- oder Weihnachtsfest wirst du irgendwo da unten sitzen. Und hier, an deiner Stelle, sitzt ein anderer, von dem du noch nicht einmal den Namen weißt und von dem du auch nicht weißt, wie du mit ihm auskommst. Ist das gut so?« Dann konnte ich jedes Mal sagen: »Ja, das ist gut so. Ich mache das jetzt.« Ich habe gemerkt, es geht, aber ich habe mich das immer wieder gefragt, um mich daran zu gewöhnen. Auch bei anderen Gelegenheiten, etwa bei wichtigen Sitzungen, fragte ich mich manchmal: »Wie geht's dir damit, dass du demnächst nicht mehr hier sitzt, dass ein anderer entscheidet, vielleicht anders, als du entschieden hättest?« Ich spürte, dass auch das gut so ist. Und dabei wurde mir innerlich klar, dass es Zeit ist, den Schritt zu tun. Er war einfach reif, und damit fiel er mir auch leicht.

Hatten Sie nach dem Rücktritt einmal das Gefühl: Mir fehlt etwas?

Nein, höchstens, dass Probleme fehlten. Manchmal habe ich mich in den ersten Wochen nach dem Rücktritt gewundert, dass es mir so leicht ist und sich alles so schön und locker anfühlt. Ich wusste gar nicht, warum ich mich so gut fühlte. Erst allmählich dämmerte mir, dass das wohl mit all der Last und Verantwortung zu tun hatte, die bisher ständig auf mir lagen. Plötzlich waren sie weg. Da fehlte wirklich etwas. Aber das war ein Fehlen, das mich glücklich gemacht hat.

Dann hatte das Eintauchen in die Schar der Brüder geradezu etwas Wohliges?

Ja, das war sehr entspannend. Für mich war es nie wichtig, dauernd der Erste zu sein. Ich glaube, ich bin kein Alphatier, das immer vorne stehen muss. Ich bin sehr gerne unter anderen, ich arbeite auch gerne im Team. Und so war es für mich sehr angenehm, wieder mitten unter den Brüdern zu sein. Ich erinnere mich noch: Als ich dann zum ersten Mal bei Tisch an meinen neuen Platz ging, haben sie mich dort willkommen geheißen und sich gefreut; es war einfach schön.

»Loslassen können« ist ein Schlüsselwort jeglicher Lebenskunst. Und hier war es von Ihnen gefordert. Haben Sie auch die Härte und Zumutung gespürt, die darin liegt?

Nein, eigentlich nicht. Zunächst spürte ich einfach diese Entlastung, ein Gefühl von Freiheit und Dankbarkeit für das, was möglich war.

Das Loslassen war für Sie Entlastung, Befreiung. Hat Sie das irgendwie gekräftigt, über die unmittelbare Arbeitsentlastung hinaus?

Ich merkte beim Loslassen, wie zufrieden ich damit war, wie gut ich ohne das Amt leben konnte. Das zeigte mir: Ich bin ein Mensch geblieben, ich bin einfach ein Mönch geblieben, ich brauche kein Amt, um glücklich zu sein. Ich war wieder ganz bei mir selbst gelandet und ahnte, dass sich – wenn ich wieder gut bei Kräften bin – nochmals etwas Neues auftun könnte, auch mit den Erfahrungen meines bisherigen Lebens.

Die Versuchung, mit einem so hohen geistlichen Amt sein Ego zu stützen, ist wohl nicht aus der Luft gegriffen?

Diese Versuchung gibt es natürlich, und ich war mir nicht sicher, wie das bei mir sein wird. Ich hatte zwar vermutet, dass ich nicht so daran hänge, aber ich wusste nicht, wie es mir emotional geht, wenn all das wegfällt. Dann war ich hinterher doch sehr erleichtert, als es recht gut ging.

Worauf führen Sie es zurück, dass Sie dieses Amt nach all den Jahren offenbar recht gut loslassen konnten?

Es war mir auch während meiner Amtszeit immer sehr wichtig, mein eigenes geistliches Leben zu führen, unabhängig von dem, was an Geistlichem für die äußeren Aufgaben nötig war. Ich hatte meinen eigenen inneren Mönchsweg und befasste mich im Rahmen des Möglichen mit den Quellen unserer Spiritualität. Außerdem traf ich immer wieder Menschen, die mich auf meinem persönlichen Weg inspirierten, beispielsweise auf meinen vielen Reisen, etwa in Afrika und Peru. Das war eine gute Basis, auch jenseits des Amtes.

Einerseits sagen Sie, dass Sie das Amt ganz ausgeübt haben, andererseits, dass Sie ein eigenes Leben hatten, sodass das Amt nicht alles war in Ihrem Leben. Das ist eine Balance, die allgemein schwer zu leben ist, nicht nur im Kloster.

Ja, ich hatte mich voll eingesetzt. Aber ich habe nicht meine Identität aus dem Amt geschöpft. Das Amt war ein Dienst, und die äußeren Insignien und die privilegierte Stellung waren »Zutaten«, die teilweise hilfreich waren, zu denen ich aber immer eine innere Distanz hatte. Ich brauchte sie nicht als »Verzierung« für meine Person. Dafür bin ich viel zu einfach gestrickt. Deshalb blieb in meinem Innern noch genug Raum für ein sehr persönliches geistliches Leben, das mir Kraft für den Dienst gab, aber auch unabhängig davon war und weit über die äußeren Aufgaben hinausreichte.

Sie haben beschrieben, wie konsequent Sie Ihren Rücktritt gestaltet haben. Sollten es alle in vergleichbarer Position auf diese Weise tun, wäre das gut?

Ich habe dabei nur an mich und unsere Gemeinschaft gedacht. Wenn andere lieber traditionell an Titel und Insignien festhalten, muss ich das nicht beurteilen. Ich habe es so gemacht, wie es für mich, für uns richtig ist und weil ich auch glaube, dass es ziemlich nah am Evangelium ist.

Gab es Rückfragen damals? Es war ja doch auch etwas Ungewöhnliches.

Ja, vor allem Leute, die selbst eine Mitra tragen, haben manchmal recht kritisch nachgefragt. Es kam aber auch viel Zustimmung, vor allem von Menschen aus dem »Fußvolk« der Kirche. Und mancher hat gesagt: »Endlich tut's mal einer!« Offenbar ist bei vielen Menschen der Eindruck verbreitet, dass es zu sehr um Autorität und äußere Formen geht. Die Signale, die Papst Franziskus neuerdings setzt, gehen genau in diese Richtung. Er sieht das Amt radikal als Dienst, den wir zu tun haben. Es geht nicht um uns selbst, nicht um den Glanz der eigenen Person. Das ist Evangelium. Damit hängt auch mein Wahlspruch aus Matthäus 23,8 zusammen: »Ihr alle seid Brüder.« In diesem Zusammenhang sagt Jesus: »Ihr sollt euch nicht Lehrer, nicht Vater nennen, denn Einer ist euer Vater ...« Wenn alle Brüder sind, wird die Funktion des Vaters, der Autorität, massiv relativiert.

Das ist für das Verständnis Ihres Wahlspruchs ein sehr wichtiger Zusammenhang. Als »Vater« Abt sind Sie damit ja selbst hinterfragt.

Für mich war ein Doppeltes wichtig. Ich kann nicht nur sagen: »Ihr seid alle Brüder«, sondern das hat auch Folgen für mein Amtsverständnis. Wie geht das nun, in einer brüderlichen Gemeinschaft eine Führungsaufgabe zu haben? Das war für mich eine spannende Herausforderung. Es war nicht immer leicht, ich musste auch selbst viel lernen und habe manchen Fehler gemacht. Aber unterm Strich hat es sich gelohnt, dass wir diese Herausforderungen der Brüderlichkeit angepackt haben. Und schließlich ging es dann für mich darum, einfach wieder Bruder unter Brüdern zu sein.

Nach Ihrem Rücktritt waren Sie ein halbes Jahr in Afrika. Wann klärte sich, welche neuen Aufgaben Ihnen in der Gemeinschaft übertragen werden würden?

Eigentlich ist es so, dass der zurückgetretene Abt dem neuen Abt untersteht. Kurz bevor ich nach Afrika abreiste, ging es in einem Gespräch mit Abt Michael, meinem Nachfolger, auch um meine Zukunft. Ich sagte ihm, dass ich mich ganz nach seinen Wünschen richten werde. Er meinte darauf, er wolle diese Entscheidung erst einmal zurückstellen, bis ich wieder zurückkomme, weil er dann sehen kann, was in der Gemeinschaft läuft und wo ich wohl am ehesten gebraucht werde. Das war vernünftig, und ich konnte es auch so sehen. Im Lauf des halben Jahres in Afrika ging mir das immer wieder einmal durch den Kopf. Je näher meine Heimreise rückte, desto mehr beunruhigte mich die Frage meiner Zukunft. Vielleicht würde Abt Michael mir etwas übertragen, was mir nicht passt? Wie würde es mir damit gehen? Manchmal träumte ich sogar davon. Ein paarmal war ich versucht, ihn anzurufen oder ihm zu schreiben. Aber das habe ich mir dann selbst verboten und mir gesagt: »Das halte ich jetzt aus, nicht zu wissen, was nachher mit mir ist.« Das war für mich eine sehr gute Übung. Es hat mir gut getan, auch hier nochmals ein Stück loszulassen, einfach die Entscheidung des Nachfolgers abzuwarten.

Nach Ihrer Rückkehr kam dann der Augenblick, in dem Sie dem neuen Abt gegenüber saßen und seine Vorstellungen erfuhren. Wie war das?

Ich war sehr überrascht. Abt Michael sagte: »Ich möchte, dass du hier bei uns bleibst und nicht irgendwo anders hingehst, aber ich möchte dir keine Aufgabe geben, keine Verantwortung, davon hast du genug gehabt. Arbeit möchte ich dir schon geben und auch einen Auftrag: Ich bitte dich, hier vor allem im Bereich der Gäste mitzuarbeiten. Versuche, die Erfahrungen, die du bisher gemacht hast, in Kursarbeit und geistlicher Begleitung weiterzugeben, vor allem aber auch das, was du in den letzten Jahren in unseren eigenen monastischen Quellen und in der Begegnung mit anderen Kulturen entdeckt hast.« Abt Michael wusste, dass ich mich nebenbei immer mit diesen Themen beschäftigt habe. Er war vorher Novizenmeister, deshalb hatten wir uns immer wieder einmal über solche Themen unterhalten. Und dann sagte er noch: »Geh einfach dran, ich möchte gar nicht mehr sagen, du wirst selbst sehen, was möglich ist.« Als ich das Zimmer des Abtes verließ, war ich ganz glücklich und hatte den Eindruck, dass jetzt ein großes Tor aufgeht. Ich spüre das heute noch. Ich fühlte mich auch sehr verstanden in Bezug auf meine innersten Anliegen. Es war, als hätte ein Vater zu mir gesprochen. Ich war dankbar.

Bleiben wir bei dem Verhältnis des alten zum neuen Abt. Die Option, dass Sie an einen anderen Ort gehen, wäre nicht ungewöhnlich gewesen, um Konflikte mit dem Nachfolger zu vermeiden?

Sehr häufig gehen Obere dann an einen anderen Ort, manchmal, weil es mit der Gemeinschaft oder dem Nachfolger schwierig ist, oder weil sie anderswo gebraucht werden. Ich hatte die Entscheidung dem Nachfolger überlassen, bin aber sehr gerne in Münsterschwarzach geblieben.

Wenn man wie Sie in so einer großen Abtei wie Münsterschwarzach zum Abt gewählt wurde, dann geschieht das nur, wenn der Kandidat eine gehörige Gestaltungs- und auch Durchsetzungskraft mitbringt. Wie schwer fiel es Ihnen, nun nicht mehr maßgeblich gestalten zu können? Sie hatten wohl neue Möglichkeiten zu wirken, aber es waren keine »maßgeblichen« Aufgaben mehr.

Ich gestalte gerne, und ich habe auch viele Ideen. Aber ich habe vorhin schon gesagt, dass ich am liebsten im Team arbeite. Ich muss nicht an vorderster Stelle stehen, und mir war immer wichtig, dass wir gemeinsam gestalten, dass wir gemeinsam Entscheidungen fällen, dass wir Minderheiten integrieren, um tragfähige Entscheidungen zu finden. Ich habe in meinem derzeitigen Arbeitsbereich genug Gestaltungsmöglichkeiten. Das »Regieren« vermisse ich nicht.

Wie gehen Sie damit um, wenn ihr Nachfolger Dinge tut, die Sie nie getan hätten?

Das gab es bisher noch nicht. Aber oft habe ich schon bei einer seiner Entscheidungen gesagt: »Auf diese Idee wäre ich nicht gekommen, aber sie ist wirklich gut!«

Geben Sie ihm Ratschläge?

Ich habe zu ihm Folgendes gesagt: »Wenn mir etwas nicht passt, dann ist das zunächst mein Problem und nicht deines. Ich muss selbst sehen, wie ich damit umgehe. Ich werde deine Entscheidungen nie kritisieren, weder öffentlich noch hinter vorgehaltener Hand. Aber wenn du meine Meinung wissen willst, kannst du mich immer fragen. Ich bin sehr interessiert und denke auch mit und bin immer bereit mitzureden. Aber du musst mich fragen.«

Und das tut er?

Ja, ab und zu lädt er mich ein. Wir reden dann über persönliche Dinge oder über Themen, die in der Gemeinschaft gerade anstehen. Es ist einfach ein Gedankenaustausch. Manchmal mache ich auch einen Vorschlag oder bringe eine neue Idee vor. Aber ich habe ihm auch gesagt, dass ein Vorschlag von mir eben ein Vorschlag ist und keine Dienstanweisung. Ich erwarte nicht, dass er tut, was ich denke. Darauf sagte er: »Gut, dass du das so sagst, das hilft mir!«, und wir haben beide gelacht.

Sind Sie noch in einem Führungsgremium im Konvent?

Das wäre das Seniorat. Es ist das Beratungsgremium des Abtes, das immer auf drei Jahre gewählt wird. Als ich gefragt wurde, ob ich bereit wäre, habe ich gesagt, dass ich nicht mehr in einem Entscheidungsgremium sitzen möchte. Wir haben aber eine große Zahl von Arbeitsgruppen im Kloster. Abt Michael hat mich gebeten, in einigen dieser Gruppen mitzuarbeiten. Ich bin dort nicht der Leiter, aber ich bin dabei, wenn wir gemeinsam kreative Ideen entwickeln oder Planungen vorbereiten. Hier kann ich mich sehr gut einbringen, eben als einer in der Gruppe.

Sie sind ganz zurückgetreten. Erinnert gar nichts mehr daran, dass Sie mal der Abt gewesen sind?

Da gibt es eine nette, kleine Sache: Vor meinem ersten Namenstag, dem 24. April – es ist auch der Jahrestag meines Rücktritts –, sagte Abt Michael zu mir: »Einmal im Jahr sollten wir uns daran erinnern, dass du so viele Jahre unser Abt gewesen bist. Deshalb schlage ich vor, dass es an deinem Namenstag zum Abendessen für jeden ein Bier gibt. Bist du damit einverstanden?« Ich fand das eine sehr kreative Idee. Das ist eine dezente Erinnerung ohne viel Aufhebens, und das Schönste ist, dass jeder etwas davon hat.

Gibt es typische Probleme, die mit dem Rollenwechsel vom Abt zum Pater Fidelis zusammenhingen?

Ja, es gab einige. Die alten Mechanismen, die Oberenmechanismen, die man sich so angewöhnt im Lauf der Jahre. Wenn zum Beispiel in der Gemeinschaft bekannt gegeben wird, dass einige Posten neu besetzt werden, dann fiel mir schon mehrmals auf, dass ich gedacht habe: »Das habe ich noch gar nicht gewusst, ich wurde gar nicht gefragt.« Plötzlich sagt dann eine innere Stimme: »Du bist doch zurückgetreten, bist selbst schuld.« Dann muss ich über mich selbst lachen. Bisher wusste ich alles, war immer informiert und dieser Mechanismus, »ich muss das doch wissen« oder »ich muss doch vorher gefragt werden«, der sitzt ganz tief drin. Aber wenn ich es merke und darüber lache, dann ist es auch gut. Ich vermute, dass sich manch anderer in meiner Situation wirklich ärgert und sagt, »die hätten mich doch trotzdem fragen können« und dass daraus solche Ressentiments entstehen, die ehemalige Obere unglücklich machen, weshalb sie der Gemeinschaft oder einem Nachfolger gegenüber unklug reagieren. Deshalb bin ich froh, dass meine Seele gesund reagiert und mich einfach zum Lachen bringt über diesen merkwürdigen Oberenmechanismus. Damit erspare ich mir und meiner Umwelt manche Quengelei.

Und das Lachen hilft?

Ja, man kann das nur mit Lachen klären und mit Selbstironie. Das geht ganz gut. Dann werden diese Mechanismen auch allmählich weniger.

Wie verlief die Integration in die Gemeinschaft?

Ich sah keine besonderen Probleme. Ich fühlte mich sehr schnell und wohlwollend aufgenommen. Eine wichtige Rolle spielte dabei, dass ich ganz selbstverständlich normale Dienste in der Gemeinschaft übernahm, z. B. wochenweise den Tischdienst und Ähnliches. Wenn man unkompliziert Dienste übernimmt und mitarbeitet, ist man sehr schnell integriert.

Als Abt waren die Mönche Ihnen zum Gehorsam verpflichtet. Nun waren Sie Mönch unter Mönchen. Brauchten die Mitbrüder Zeit, um diese Gehorsamsebene, die es Ihnen gegenüber früher gab, auszublenden?

Ich weiß natürlich nicht, was in den Einzelnen vor sich geht. Es gab auch früher schwierige Beziehungen, schwierige Entscheidungen. Ich muss damit rechnen, dass manches noch unterschwellig da ist. Deshalb bin ich manchmal zurückhaltend, wenn es um bestimmte Probleme aus der Vergangenheit geht. Aber bisher ging das ganz gut. Vor allem freut mich auch das Gegenteil, dass nämlich der eine oder andere Mitbruder inzwischen auf mich zugegangen ist, um ein altes Thema zu bereinigen, nochmals darüber zu sprechen und, wo nötig, ich mich auch noch nachträglich entschuldigen konnte. Für manche ist jetzt die Beziehungsebene etwas niederschwelliger als früher. Das freut mich.

Sie waren nach dem Rücktritt als Abt weiterhin sehr aktiv. Sie konnten noch wertvoll sein für die Gemeinschaft. Wie wird das mit dem Loslassen sein, wenn eines Tages absehbar ist, dass ein Wirken in dem Umfang nicht mehr möglich ist?

Ich bin gerade 75 Jahre alt geworden. Ich habe kein Problem damit, dass ich so alt bin, aber ich merke, dass dieser Geburtstag ein Einschnitt war. Ich habe das Gefühl, dass jetzt wieder ein neuer Abschnitt ansteht und dass ich meine Aktivitäten zum Teil reduzieren sollte, weil es mir allmählich zu viel wird und weil ich merke, dass im Alter noch einmal ganz andere Themen mehr Raum brauchen. In Afrika sagt man, es sei gut, wenn es alte Menschen mit Erfahrung gibt, von denen man lernen kann. Aber es sei eine noch wichtigere Aufgabe, dass alte Menschen einen guten Kontakt zu Gott haben und dadurch Segen in die Gemeinschaft bringen. Der Gedanke fasziniert mich. Ich bin gespannt, was sich da noch entwickeln kann. Hier ist noch einmal ein wichtiger, ganz stiller Bereich, gerade auch für einen alten Mönch. Es gibt immer noch Tore, die sich öffnen können.

Die Fragen stellte Klaus Hofmeister,
Kirchenredakteur beim Hessischen Rundfunk in Frankfurt.

Quellen- und Literaturverzeichnis

Quellen aus dem Mönchtum

Athanasius von Alexandrien, Leben des heiligen Antonius (Bibliothek der Kirchenväter 31), Kempten 1917.
Regula Benedicti – Die Benediktusregel. Lateinisch/Deutsch. Hg. im Auftrag der Salzburger Äbtekonferenz, 4. Auflage, Beuron 2005.
Gregor der Große, Der heilige Benedikt. Buch II der Dialoge, lateinisch/deutsch, St. Ottilien 1995.
Michaela Puzicha, Kommentar zur Vita Benedicti, St. Ottilien 2012.
Holzherr, Georg, Die Benediktsregel. Eine Anleitung zu christlichem Leben, Freiburg/Schweiz 2005.
Evagrius Ponticus, Die Große Widerrede. Antirrhetikos. Übersetzt von Leo Trunk mit einer Einführung von Anselm Grün und Fidelis Ruppert (Quellen der Spiritualität 1), Münsterschwarzach 2010.
Evagrius Ponticus, Worte an die Mönche – Worte an eine Jungfrau. Eingeleitet und übersetzt von Wilfried Eisele, mit einer Hinführung von Fidelis Ruppert (Quellen der Spiritualität 6), Münsterschwarzach 2012.
Evagrios Pontikos, Der Praktikos. Eingeleitet und kommentiert von Gabriel Bunge (Weisungen der Väter 6), Beuron 2008.
Johannes Cassianus, Sämtliche Schriften. Übersetzt von Valentin Thalhofer (Bibliothek der Kirchenväter), 2. Band, Kempten 1879.
Johannes Cassian, Unterredungen mit den Vätern. Collationes Patrum. Teil I: Collationes 1 bis 10. Übersetzt und erläutert von Gabriele Ziegler (Quellen der Spiritualität 5), Münsterschwarzach 2011.
»Die selige Synkletike wurde gefragt.« Vita der Amma Synkletike. Hg. Karl Suso Frank (Weisung der Väter 5), Beuron 2008.
Basilius von Caesarea, Die Mönchsregeln. Hinführung und Übersetzung von Karl Suso Frank, St. Ottilien 1981.
Isaak von Antiochien, Gedicht über die Nachtwachen zu Antiochien, in: Ausgewählte Schriften der syrischen Dichter. Bibliothek der Kirchenväter VI, Kempten 1912, S. 210–216.

Literaturverzeichnis

Achenbach, Gerd B., Lebenskönnerschaft (Herder Spektrum 5123), Freiburg 2001.

Achenbach, Gerd B., Vom Richtigen im Falschen. Wege philosophischer Lebenskönnerschaft, Freiburg 2003.

Angelus Silesius, Cherubinischer Wandersmann. Hrsg. Theo Rody, Aschaffenburg 1947.

Arndt, Manfred, Ich atme den Abendstern. Anders Altern, Norderstedt o.J. (Books on Demand).

Baur, Joachim, Das Gedächtnis des Körpers. Wie Beziehungen und Lebensstile unsere Gene steuern, München 2012.

Beinert, Wolfgang, Kann man dem Glauben noch trauen? Grundlagen theologischer Erkenntnis, Regensburg 2004.

Berger, Placidus, Ars Moriendi. Die Kunst des Lebens und des Sterbens (Münsterschwarzacher Kleinschriften 176), Münsterschwarzach 2010.

Bode, Franz-Josef, Und führe uns in der Versuchung. Vom Umgang mit den eigenen Abgründen, Freiburg 2012.

Borasio, Gian Domenico, Über das Sterben. Was wir wissen. Was wir tun können. Wie wir uns darauf einstellen, München 2011.

Bourgeault, Cynthia, Centering Prayer and Inner Awakening. Foreword by Thomas Keating, Lanham 2004.

Brecht, Bertold, Ein Lesebuch für unsere Zeit, Berlin 1970.

Bujo, Bénézet, Die ethische Dimension der Gemeinschaft. Das afrikanische Modell im Nord-Süd-Dialog (Studien zur theologischen Ethik 49), Freiburg/Schweiz 1993.

Bunge, Gabriel, Drachenwein und Engelsbrot. Die Lehre des Evagrios Pontikos von Zorn und Sanftmut, Würzburg 1999.

Bunge, Gabriel, Geistliche Vaterschaft. (Eremos 1), Berlin 2011.

Curtius, Ernst Robert, Knabe und Greis. Greisin und Mädchen. In: Europäische Literatur und lateinisches Mittelalter, Bern 1954, S. 108–115.

Curtius, Ernst Robert, Puer senex, in: Gesammelte Aufsätze zur romanischen Philologie, Bern und München 1960, S. 12f.

Domek, Johanna, Benediktinische Frauen bewegen die Welt. 24 Lebensbilder, Münsterschwarzach 2009.

Dostojewskij, Fjodor, Die Brüder Karamasow. Übersetzt von Swetlana Geier, Frankfurt 2006.

Earle, Mary C., Beginning again. Benedictine Wisdom for Living with Illness, Harrisburg 2004.

Ernst, Heiko, Wie uns der Teufel reitet. Von der Aktualität der sieben Todsünden, Freiburg 2011.

Evangelisches Gesangbuch. Ausgabe für die Evangelisch-Lutherischen Kirchen in Bayern und Thüringen, München o. J.

Feldhohn, Sophronia, Kaffanke, Jakobus, Sich täglich den Tod vor Augen halten. Sterbeberichte früher Mönche und Nonnen (Weisungen der Väter 2), Beuron 2006.

Fetsch, Rupert, »Zur Reinheit des Herzens« bei Johannes Cassian anhand von Collation 1, in: Linus Eibicht u. a. (Hrsg.), Das Schauen Gottes wiedererlangen (Weisungen der Väter 21), Beuron 2012, S. 191–209.

Förster, Alexander, Sinn und Aufgabe der Philosophischen Praxis, in: Stimmen der Zeit; Heft 10, 2012, S. 662–670.

Franzen, Jonathan, Das Gehirn meines Vaters, in: ders., Anleitung zum Alleinsein. Essays, Hamburg 2007.

Geiger, Arno, Der alte König in seinem Exil, München 2011.

Geißler, Karlheinz A., Lob der Pause. Von der Vielfalt der Zeiten und der Poesie des Augenblicks, München 2012.

Gennep, Arnold van, Übergangsriten, Frankfurt 1999.

Githiga, John Gatungu, Initiation and Pastoral Psychology, Canyon, Texas 1996.

Goldbrunner, Josef, Die Lebensalter und das Glaubenkönnen, Regensburg 1973.

Grimms Märchen. Gesamtausgabe mit Illustrationen von Ludwig Richter, Bindlach 1994.

Gross, Peter, Fagetti, Karin, Glücksfall Alter. Alte Menschen sind gefährlich, weil sie keine Angst vor der Zukunft haben, Freiburg 2008.

Grün, Anselm, Ruppert, Fidelis, Christus im Bruder. Benediktinische Nächsten- und Feindesliebe (Münsterschwarzacher Kleinschriften 3), Münsterschwarzach 2004.

Grün, Anselm, Lebensmitte als geistliche Aufgabe (Münsterschwarzacher Kleinschriften 13), Münsterschwarzach, 11. Auflage 2011.

Grün, Anselm, Dufner, Meinrad, Spiritualität von unten (Münsterschwarzacher Kleinschriften 82), Münsterschwarzach 2004.

Grün, Anselm, Geistliche Begleitung bei den Wüstenvätern (Münsterschwarzacher Kleinschriften 67), Münsterschwarzach 2002.

Grün, Anselm, Vergib dir selbst (Münsterschwarzacher Kleinschriften 120), Münsterschwarzach 1999.

Grün, Anselm, Die spirituelle Hausapotheke. Für alle Fälle, Münsterschwarzach und Stuttgart 2013.

Hadot, Pierre, Philosophie als Lebensform. Antike und moderne Exerzitien der Weisheit, Berlin 1991.

Handke, Peter, Der Große Fall, Berlin 2011.

Hofmeister, Klaus, Die Kunst des Aufhörens. Leben heißt, sich dem Fluss anvertrauen, der Anfänge schenkt und Abschiede zumutet, in: Publik-Forum EXTRA 1/2013, S. 33f.

Hume, Basil, Selig die Suchenden, München 2001.

Hüther, Gerald, Was wir sind und was wir sein könnten, Frankfurt a. M. 2011.

Hüther, Gerald, Biologie der Angst. Wie aus Stress Gefühle werden, Göttingen 2012.

Jens, Walter, Küng, Hans, Menschenwürdig sterben. Ein Plädoyer für Selbstverantwortung.Mit einem Text von Inge Jens, München 2011.

Johannes vom Kreuz, Dunkle Nacht, München 1924.

Keating, Thomas, Das Gebet der Sammlung, Münsterschwarzach 2010.

Keating, Thomas, Das kontemplative Gebet, Münsterschwarzach 2012.

Kleinberg, Aviad, Die sieben Todsünden. Eine vorläufige Liste, Berlin 2010.

Knuf, Andreas, Ruhe da oben! Der Weg zu einem gelassenen Geist, Freiburg 2011.

Kuntze, Sven, Altern wie ein Gentleman. Zwischen Müßiggang und Engagement, München 2012.

Kuntze, Sven, »Ich bin ein ratlos Suchender.« Interview in Publik Forum Nr. 1/2013, S. 40–42.

Légaut, Marcel, Worte der Erfahrung, Freiburg 1975.

Magesa, Laurenti, Ethik des Lebens. Die afrikanische Kultur der Gemeinschaft (Theologie der Dritten Welt 36), Freiburg 2007.

Marti, Kurt, Heilige Vergänglichkeit. Spätsätze, Stuttgart 2011.

Matthei, Mauro, Contreras, Enrique, »Seniores venerare – Juniores diligere.« Conflit et Réconciliation des Générations dans le Monachisme Ancien, in: Collectanea Cisterciensia 39 (1977), S. 31–67.

Mercier, Pascal, Nachtzug nach Lissabon, München 2004.

Meuser, Bernhard, Christsein für Einsteiger, München 2007.

Müller-Franke, Herbert, Wüstenväter – Moderne Verhaltenstherapeuten?, in: Linus Eibicht, Jakobus Kaffanke (Hg.), Das Schauen Gottes wiedererlangen (Weisungen der Väter 21), Beuron 2012, S. 210–219.

Pascal, Blaise, Gedanken. Übertr. v. Wolfgang Rüttenauer, Birsfelden-Basel o. J.

Prokschi, Rudolf, Schlosser, Marianne, Vater, Sag mir ein Wort. Geistliche Begleitung in den Traditionen von Ost und West, Würzburg 2007.

Rahner, Karl, Frömmigkeit früher und heute, in: ders., Schriften zur Theologie. Band VII, Freiburg 1966, S. 11–31.

Rahner, Karl, Zum theologischen und anthropologischen Grundverständnis des Alters, in: ders., Schriften zur Theologie XV, Zürich 1983, S. 315–325.

Rahner, Karl, Von der Unbegreiflichkeit Gottes. Erfahrungen eines katholischen Theologen. Mit einer Einführung von Karl Kardinal Lehmann, Freiburg 2005.

Ratzinger, Joseph, Die christliche Brüderlichkeit, München, Neuausgabe 2006.

Renz, Monika, Hinübergehen. Was beim Sterben geschieht. Annäherungen an letzte Wahrheiten unseres Lebens, Freiburg 2011.

Rey, Karl Guido, Hess, Edith, Die Reise ist noch nicht zu Ende, Freiburg 2004.

Riedel, Ingrid, Die innere Freiheit des Alterns, Mannheim 2010.

Rohr, Richard, Pure Präsenz. Sehen lernen wie die Mystiker, München 2010.

Rommerskirch, Erich, Geschenk des Vertrauens. Gertrud von Le Fort, in: Der Lebensabend großer Christen, Würzburg 1978.

Ruppert, Fidelis, Mein Geliebter, die riesigen Berge. Erfahrungen in den Bergen von Peru (Münsterschwarz. Kleinschriften 86), Münsterschwarzach 1994.

Ruppert, Fidelis, Vasquez, Orlando, Mein Geliebter, die riesigen Berge. Erfahrungen in den Bergen von Peru. Illustrierte Ausgabe mit Bildern von Orlando Vasquez, Münsterschwarzach 1996.

Ruppert, Fidelis, Meditatio – Ruminatio. Zu einem Grundbegriff christlicher Meditation, in: Erbe und Auftrag 53 (1977), S. 83–93.

Ruppert, Fidelis, Nur Stellvertreter. Zum Selbstbild des Abtes in der Benediktsregel, in: Erbe und Auftrag 76 (2000), S. 107–118.

Ruppert, Fidelis, Geistlich kämpfen lernen. Benediktinische Lebenskunst für den Alltag, Münsterschwarzach 2012.

Ruppert, Fidelis, Auf dem Weg in die Weite des Herzens und in die vollkommene Gottesliebe. Der benediktinische Weg der inneren Reinigung aus der Tradition des Evagrius Pontikus und des Johannes Cassian, in: Linus Eibicht u. a. (Hg.), Das Schauen Gottes wiedererlangen (Weisungen der Väter 21), Beuron 2012, S. 73–91.

Ruppert, Fidelis, Ins Kloster gehen genügt noch nicht. Die zweite Absage an die Welt nach Johannes Cassian, in: Erbe und Auftrag, Heft 3/2013.

Sailer, Johann Michael, Die Weisheit auf der Gasse oder Sinn und Geist deutscher Sprichwörter, Frankfurt a. M. 1996.

Sartory, Gertrude, Wahrheit, mit der ich lebe. Entdeckungen auf dem Glaubensweg, München 2000.

Schaeidt, Sr. Mirijam, Aufbrüche. Geschichte der Trierer Benediktinerinnen vom Heiligsten Sakrament, Trier 2012 (Books on Demand, Norderstedt).

Schellenbaum, Peter, Die Wunde der Ungeliebten, München 1989.

Scherf, Henning, Grau ist bunt. Was im Alter möglich ist, Freiburg 2006.

Schützendorf, Erich, Das Recht der Alten auf Eigensinn. Hörbuch mit 4 CDs, München 2009.

Schwienhorst-Schönberger, Ludger, Ein Weg durch das Leid. Die Theodizeefrage im Alten Testament, in: Michael Böhnke u. a. (Hg.), Leid erfahren – Sinn suchen, Das Problem der Theodizee, Freiburg 2007, S. 7–49.

Sieveking, David, Vergiss mein nicht. Wie meine Mutter ihr Gedächtnis verlor und ich meine Eltern neu entdeckte, Freiburg 2012.

Söding, Thomas, Finanzkrise, in: Christ in der Gegenwart, 14.10.2012, S. 461.

Steffensky, Fulbert, Segnen. Skizzen zu einer Geste, in: Li Hangartner, Brigitte Vielhaus (Hg.), Segnen und gesegnet werden, Düsseldorf 2006, S. 43–53.

Steffensky, Fulbert, Aufbruch in später Zeit. Ich werde nie Boden unter die Füße bekommen, wenn ich ständig dem Vergangenen nachweine, in: Publik-Forum EXTRA 1/2013, S. 26f.

Steindl-Rast, David, Fülle und Nichts. Von innen her zum Leben erwachen, Freiburg 1999.

Steindl-Rast, David, Einladung zur Dankbarkeit. Hrsg. von Ulla Bohn, Freiburg 2012.

Steindl-Rast, David, Und ich mag mich nicht bewahren. Vom Älterwerden und Reifen, Innsbruck 2012.

Summa, Gerd, Von der Wüste zur klösterlichen Zelle, in: Linus Eibicht u. a. (Hg.), Das Schauen Gottes wiedererlangen (Weisungen der Väter 21), Beuron 2012, S. 163–190.

Thoreau, Henry David, Vom Spazieren. Essay, Zürich 2004.

Tiguila, Boniface, Afrikanische Weisheit – Monastische Weisheit (Münsterschwarzacher Kleinschriften 80), Münsterschwarzach 1994.

Tiguila, Boniface, La présence des moines et moniales âgés au sein des communautés monastiques, in: Le don des aînés. Bulletin de l'AIM 2009 No. 96, S. 7–16.

Tiguila, Boniface, Die Gegenwart alter Mönche und Nonnen in klösterlichen Gemeinschaften, in: Erbe und Auftrag 86 (2010), S. 213–215 (Dieser Artikel ist eine auszugsweise Übersetzung des vorangehenden Beitrages.).

Turner, Victor, Das Ritual. Struktur und Anti-Struktur, Frankfurt 2005.

Wachege, P. N., Living to Die, Dying to Live. African Christian Insights, Nairobi 2005.

Wallis, Velma, Zwei alte Frauen. Eine Legende von Verrat und Tapferkeit, München 2010.

Walter, Silja, Tanzen heißt auferstehen. Letztes Tagebuch, Freiburg/Schweiz 2011.

Watzlawick, Paul, Anleitung zum Unglücklichsein, München 2002.

Weilner, Ignaz, Johannes Taulers Bekehrungsweg. Die Erfahrungsgrundlagen seiner Mystik, Regensburg 1961.

Welskop-Deffaa, Eva M., Watch the gap. Politik für eine Gesellschaft des langen Lebens, in: Herder Korrespondenz Heft 1/2013, S. 37–42.

Wendler, Detlef, Vom Glück des Gehens. Ein Weg zur Lebenskunst, München 2010.

Wiedemann, Hans-Georg, Altern ist (k)eine Achterbahn. Mein Gespräch mit Gott. Publik-Forum Streitschrift, Oberursel 2013.

Wulf, Friedrich, Der Mittagsdämon oder die Krise der Lebensmitte, in: Geist und Leben 38 (1965), S. 241–245.

Ziegler, Gabriele, Wüstenmütter. Prophetische Frauen an den Wurzeln des Mönchtums, in: Monastische Informationen Nr. 152, September 2012, S. 17.

Zink, Jörg, Ich werde gerne alt, Stuttgart 1989.

Zink, Jörg, Die Stille der Zeit. Gedanken zum Älterwerden, Gütersloh 2012.

Anmerkungen

1 Vgl. zu den folgenden Ausführungen und Zitaten: Gerd B. Achenbach, Vom Richtigen im Falschen. Wege philosophischer Lebenskönnerschaft 138f.
2 Dieser Ausdruck stammt von Johann Michael Sailer, Die Weisheit auf der Gasse oder Sinn und Geist deutscher Sprichwörter.
3 Vgl. Friedrich Wulf, Der Mittagsdämon oder die Krise der Lebensmitte. Dort findet sich auch der entscheidende Hinweis auf Ignaz Weilner: Johannes Taulers Bekehrungsweg. Die Erfahrungsgrundlagen seiner Mystik.
4 Die beiden Vorträge wurden veröffentlicht von Anselm Grün: Lebensmitte als geistliche Aufgabe. In der Einführung zu dieser Kleinschrift geht Pater Anselm auf die krisenhafte Situation unserer Gemeinschaft ein, die den damaligen Hintergrund für die Beschäftigung mit diesem Thema bildete. Wie sehr dieses Thema nicht nur ein Klosterthema ist, zeigt sich auch darin, dass diese Kleinschrift immer noch verkauft wird und inzwischen eine Auflage von über 120.000 Exemplaren erreicht hat; außerdem wurde sie in zehn Sprachen übersetzt.
5 Vgl. Josef Goldbrunner, Die Lebensalter und das Glaubenkönnen, S. 11.
6 Vgl. Fidelis Ruppert, Ins Kloster gehen genügt noch nicht. Die zweite Absage an die Welt nach Johannes Cassian. Ebenso ders., Geistlich kämpfen lernen, S. 43–48.
7 Wichtige Erfahrungen aus den beiden ersten Reisen nach Peru habe ich beschrieben in: Mein Geliebter, die riesigen Berge. Dazu existiert auch eine bebilderte Ausgabe: Fidelis Ruppert, Orlando Vasquez, Mein Geliebter, die riesigen Berge. Illustrierte Ausgabe mit Bildern von Orlando Vasquez.
8 Pascal Mercier, Nachtzug nach Lissabon, S. 321.
9 Grimms Märchen. Gesamtausgabe mit Illustrationen von Ludwig Richter, S. 547.
10 Ähnlich souverän trat vor zwei Jahren der Dalai Lama als weltliches Oberhaupt der Tibeter zurück mit den Worten: »Ich fühle, jetzt ist die Zeit gekommen.« (Meldung im Internet am 22. März 2011).
11 Vgl. beispielsweise Pierre Hadot, Philosophie als Lebensform. Antike und moderne Exerzitien der Weisheit; Gerd B. Achenbach, Lebenskönnerschaft;

Alexander Förster, Sinn und Aufgabe der philosophischen Praxis; Alexander Förster bespricht in diesem Artikel verschiedene Richtungen heutiger weisheitlicher Lebensgestaltung.

12 Vgl. zum Folgenden Fidelis Ruppert, Geistlich kämpfen lernen, S. 33–48, das Kapitel »Das Ziel des geistlichen Kampfes«. Dort finden sich auch die entsprechenden Stellen- und Literaturangaben.

13 Vgl. Rupert Fetsch, »Zur Reinheit des Herzens« bei Johannes Cassian anhand von Collatio 1.

14 Vgl. Fidelis Ruppert, Auf dem Weg in die Weite des Herzens und in die vollkommene Gottesliebe. Der benediktinische Weg der inneren Reinigung aus der Tradition des Evagrius Pontikus und des Johannes Cassian.

15 Basilius von Caesarea, Die Mönchsregeln, S. 302f. (200. Frage).

16 Boniface Tiguila, La présence des moines et moniales âgés au sein des communautés monastiques, S. 10 (in der Übersetzung des Autors).

17 Zitiert bei Gabriele Ziegler, Wüstenmütter. Prophetische Frauen an den Wurzeln des Mönchtums, S. 17.

18 Es wird hier auf die Erfahrungen von Viktor Frankl im Konzentrationslager verwiesen, wo er Grundeinsichten seiner psychologischen Lehre entdeckt hat, nämlich die Notwendigkeit eines Zieles für die kreative Überwindung von Problemen und Schwierigkeiten.

19 Karl Guido Rey, Edith Hess, Die Reise ist noch nicht zu Ende, S. 85.

20 Vgl. Johannes Cassian, Unterredungen mit den Vätern 58f. (Collatio 1,2). Vgl. auch Fidelis Ruppert, Geistlich kämpfen lernen, S. 41–43.

21 Im Englischen gibt es den schönen Ausdruck »*growing* old«, was ich für mich übersetze mit: »ins Alter hinein *wachsen*«.

22 Wenn ein Mensch von schwerer Krankheit oder gar Demenz befallen ist, wären dazu natürlich noch ganz andere Gesichtspunkte hinzuzufügen. Darüber soll in einem späteren Kapitel über Krankheit noch einiges gesagt werden; vgl. das Kapitel »Hauptsach' g'sund!?«

23 Darüber mehr im Kapitel »Die Älteren ehren – die Jüngeren lieben«.

24 Johannes Cassian, Unterredungen mit den Vätern, S. 101 (Collatio 2,13).

25 Boniface Tiguila, La présence des moines et moniales âgés au sein des communautés monastiques monastiques, S. 9 (Übersetzung des Autors).

26 Johannes Cassian, Unterredungen mit den Vätern, S. 100 (Collatio 2,13).

27 Die ethische Dimension der Gemeinschaft. Das afrikanische Modell im Nord-Süd-Dialog, S. 193, mit Anm. 11. Zum Ausdruck »mzee kijana« vgl. auch die Erläuterungen oben in der Einleitung.

28 Vgl. Fidelis Ruppert, Geistlich kämpfen lernen, S. 53–59, das Kapitel »Das Schema der acht bösen Gedanken des Evagrius Ponticus.« Dort auch weitere Literaturhinweise.
29 Vgl. beispielsweise Heiko Ernst, Wie uns der Teufel reitet. Von der Aktualität der sieben Todsünden; Aviad Kleinberg, Die sieben Todsünden. Eine vorläufige Liste.
30 Franz-Josef Bode, Und führe uns in der Versuchung. Vom Umgang mit den eigenen Abgründen.
31 Zu den verschiedenen Aspekten dieses Kampfes vgl. Fidelis Ruppert, Geistlich kämpfen lernen; dort auch weiterführende Literatur.
32 Die ausführlichste Studie zu diesem Thema: Gabriel Bunge, Drachenwein und Engelsbrot. Die Lehre des Evagrios Pontikos von Zorn und Sanftmut.
33 Vgl. dazu und zu den folgenden Zitaten und Ausführungen das Kapitel »Vom Zorn zur Sanftmut« in: Fidelis Ruppert, Geistlich kämpfen lernen, S. 152–159; außerdem Evagrius Ponticus, Worte an die Mönche – Worte an eine Jungfrau, S. 26–32.
34 Vgl. das Kapitel »Wehre den Anfängen!«, in: Fidelis Ruppert, Geistlich kämpfen lernen, S. 81–83.
35 Vgl. dazu das Kapitel »Das Bibelwort als Waffe gegen die ›Gedanken‹«, in: Fidelis Ruppert, Geistlich kämpfen lernen, S. 60–73.
36 Vgl. Evagrius Ponticus, Die Große Widerrede. Antirrhetikos, S. 113–127.
37 Vgl. das Kapitel »Drinnen kämpfen«, in: Fidelis Ruppert, Geistlich kämpfen lernen, S. 87–90.
38 Anselm Grün hat neuerdings in »Die spirituelle Hausapotheke. Für alle Fälle« in lockerer Weise die Lehre des Evagrius Ponticus dargelegt und aus dessen reichhaltiger Sammlung von heilsamen Bibelworten zu den acht Grundmustern passende Texte ausgewählt und für unsere Zeit aktualisiert.
39 Der literarische Fundort ist mir leider unbekannt.
40 Vgl. Zum theologischen und anthropologischen Grundverständnis des Alters, S. 317f.
41 Einladung zur Dankbarkeit 9. Am Ende dieser Textsammlung sind noch Literatur und Internetadressen mit Texten von Bruder David zum Thema Dankbarkeit bzw. dem englischen Begriff »gratefulness« angegeben.
42 Vgl. David Steindl-Rast, Fülle und Nichts. Von innen her zum Leben erwachen. Der Titel des englischen Originals lautet »Gratefulness. The Heart of Prayer«.

43 Vgl. was oben im Kapitel über »Rechtzeitig das Alter entdecken« gesagt wurde.
44 Vgl. dazu die nüchtern-ironischen Bemerkungen des ehemaligen Rundfunk- und Fernsehjournalisten Sven Kuntze, Altern wie ein Gentleman, S. 247f. Seine Beobachtungen gipfeln in den Worten: »Es war eine bittere Erfahrung, über Nacht zur sozialen Unperson zu werden (...), denn offensichtlich war mit dem Verlust des Berufs das Interesse an meiner Person allseitig erloschen.«
45 Ich habe mit Begeisterung Paul Watzlawicks »Anleitung zum Unglücklichsein« gelesen und seither viel aus eigenen und fremden Fehlern gelernt.
46 Cherubinischer Wandersmann, S. 39 (II,30).
47 Das Wort wird häufig zitiert, aber der Fundort scheint nicht bekannt zu sein.
48 Ein Lesebuch für unsere Zeit, S. 4.
49 Vgl. dazu auch in Markus 4,26–28 das Gleichnis von der selbstwachsenden Saat, die auch dann wächst, wenn der Bauer schläft.
50 Vgl. Benediktsregel 64,10: »Immer gehe ihm Barmherzigkeit über strenges Gericht, damit er selbst Gleiches erfahre.« Vgl. zu diesem Thema auch Fidelis Ruppert, Nur Stellvertreter. Zum Selbstbild des Abtes in der Benediktsregel, S. 113f.
51 Vgl. Gerd B. Achenbach, Lebenskönnerschaft, S. 12. Ähnlich: ders., Vom Richtigen im Falschen. Wege philosophischer Lebenskönnerschaft, S. 139.
52 Zum theologischen und anthropologischen Grundverständnis des Alters. Schriften zur Theologie IV, S. 315–325, hier S. 320.
53 Vgl. Anselm Grün, Vergib dir selbst, bes. S. 33–42.
54 Zitiert in: Fidelis Ruppert, Geistlich kämpfen lernen, S.174f. Vgl. dazu auch das ganze Kapitel »Gibt es ein Paradies auf Erden?«, ebd., S. 173–177.
55 Die Wunde der Ungeliebten, S. 100.
56 Andreas Knuf, Ruhe da oben! beschreibt auf S. 7f. eine ähnliche Erfahrung an einem Traumstrand in Thailand und erläutert die psychologischen Zusammenhänge einer solchen Erfahrung.
57 Vgl. Joachim Bauer, Das Gedächtnis des Körpers. Dort wird über die neuesten Forschungsergebnisse berichtet und weitere Literatur angegeben.
58 Vgl. dazu Manfred Arndt, Ich atme den Abendstern, S. 50–55. Hier berichtet der Autor von einer solchen Männergruppe und erzählt konkrete Beispiele aus ihren Gesprächen.
59 Anselm Grün, Lebensmitte als geistliche Aufgabe, S. 35.

60 Ebd., S. 40.
61 Evagrios Pontikos, Der Praktikos, S. 161 (Kapitel 36).
62 Vgl. zu dieser Thematik Fidelis Ruppert, Geistlich kämpfen lernen.
63 Vgl. ebd.: »Dann gibt es nur noch bloße Erinnerungen und der Streit bereitet den Mönch ferner nicht mehr zum Kampf, sondern zur Kontemplation des Streites selbst.«
64 Vgl. ebd., S. 234f. (Kapitel 67).
65 Vgl. ebd., S. 272f. (Kapitel 83).
66 Manfred Arndt, Ich atme den Abendstern, S. 54.
67 Vgl. dazu: »Die selige Synkletike wurde gefragt«, S. 53f. (Kap. 62–66).
68 In der hier zitierten deutschen Übersetzung der Vita wird *mnesikakia* mit »böse Erinnerung« übersetzt. Treffender scheint mir die wörtliche Übersetzung »Erinnerungsübel« oder »Erinnerungskrankheit« zu sein, um den chronischen Charakter dieses Phänomens deutlich zu benennen.
69 Vgl. dazu Pascal Mercier, Nachtzug nach Lissabon, S. 432–434.
70 Bei der Zusammenstellung dieser psychologischen Hilfsmittel hat Gerhard Riedl wichtige Beiträge aus seiner psychologischen Arbeit eingebracht.
71 Vgl. dazu die Hinweise bei Fid. Ruppert, Geistlich kämpfen lernen, S. 150f.
72 Dieses und die folgenden Zitate aus: Wahrheit, mit der ich lebe. Entdeckungen auf dem Glaubensweg, S. 228f.
73 Grau ist bunt. Was im Alter möglich ist, S. 22.
74 Die Kunst des Aufhörens. Leben heißt, sich dem Fluss anvertrauen, der Anfänge schenkt und Abschiede zumutet, S. 34.
75 Vgl. Arnold van Gennep, Übergangsriten. Victor Turner, Das Ritual. Struktur und Anti-Struktur.
76 John Gatungu Githiga, Initiation and Pastoral Psychology, S. 55.
77 Benedikt bezieht sich hier auf die lateinische Bibelübersetzung und versteht den lateinischen Text auch anders, als die wörtliche Übersetzung des hebräischen Textes lautet, auf der unsere deutsche Übersetzung beruht. Diese textkritische Frage spielt hier keine Rolle. Es geht nur darum, wie Benedikt den Text gelesen und verstanden hat. In der lateinischen Fassung hat der Psalm die Nummer 130, nicht 131.
78 Dunkle Nacht, S. 9 (1. Strophe, 1. Kapitel); vgl. auch S. 24 und 33 (Strophe 1, Kapitel 5 und 7).
79 Zur Bedeutung der Wiederholung, die heilsame Gewohnheiten schafft, vgl. Karlheinz A. Geißler, Lob der Pause. von der Vielfalt der Zeiten und der Poesie des Augenblicks, S. 53–65.

80 Meldung im Internet am 22. März 2011.
81 In: Publik-Forum EXTRA 1/2013, S. 26.
82 Vgl. Arnold van Gennep, Übergangsriten, S. 21. Victor Turner, Das Ritual. Struktur und Anti-Struktur, S. 94f.
83 Zur Schwellenphase vgl. die vielen Stellenangaben im Register bei Arnold van Gennep, Übergangsriten, S. 261.
84 Vgl. Gerald Hüther, Biologie der Angst. Wie aus Stress Gefühle werden, S. 25f.; 62; 77.
85 Vgl. Gerald Hüther, Was wir sind und was wir sein könnten, S.122–144.
86 Wahrheit, mit der ich lebe. Entdeckungen auf dem Glaubensweg, S. 229.
87 Vgl. dazu die 14. Unterredung in: Johannes Cassianus, Sämtliche Schriften. Bd. 2, S. 115f. Dazu die weiteren Erläuterungen bei Fidelis Ruppert, Ins Kloster gehen genügt noch nicht. Die zweite Absage an die Welt nach Johannes Cassian.
88 Finanzkrise, S. 461.
89 Die innere Freiheit des Alterns, S. 124.
90 Vgl. dazu Fidelis Ruppert, Geistlich kämpfen lernen, S. 159–164.
91 Die ursprüngliche Bedeutung dieses koptischen Wortes ist nicht klar. Auf jeden Fall ist es eine Ehrfurchtsbezeichnung.
92 Vgl. dazu Joseph Ratzinger, Die christliche Brüderlichkeit.
93 Vgl. dazu Gabriel Bunge, Geistliche Vaterschaft; Anselm Grün, Geistliche Begleitung bei den Wüstenvätern; Rudolf Prokschi, MarianneSchlosser, Vater, Sag mir ein Wort. Geistliche Begleitung in den Traditionen von Ost und West.
94 Vgl. Mauro Matthei, Enrique Contreras, »Seniores venerare – Juniores diligere.« Conflit et Réconciliation des Générations dans le Monachisme Ancien.
95 Johannes Cassian, Unterredungen mit den Vätern, S. 102 (Collatio 2,13).
96 Ebd., S. 103.
97 Ebd., S. 104.
98 Vgl. ebd., S. 105.
99 Vgl. Herbert Müller-Franke, Wüstenväter – Moderne Verhaltenstherapeuten?, S. 210–213. In einem späteren Vortrag, der leider noch nicht veröffentlicht ist, hat Müller-Franke die verhaltenspsychologischen Details noch eingehender untersucht, besonders das Verhältnis der beiden Altväter zueinander.
100 Vgl. Die ethische Dimension der Gemeinschaft, S. 193.

101 Vgl. Boniface Tiguila, Afrikanische Weisheit – Monastische Weisheit. Der Autor erläutert afrikanische Sprichwörter und setzt sie mit Sprüchen der Wüstenväter in Verbindung.
102 Boniface Tiguila, Die Gegenwart alter Mönche und Nonnen, S. 213.
103 Ebd., S. 214.
104 Vgl. ebd.
105 Ebd.
106 Ebd., S. 215.
107 Ebd.
108 Vgl. zu dieser Thematik Anselm Grün, Fidelis Ruppert, Christus im Bruder. Benediktinische Nächsten- und Feindesliebe.
109 Gregor der Große, Der heilige Benedikt, S. 102f.
110 Kurt Marti beschwert sich in Heilige Vergänglichkeit 20: »Die Bezeichnungen ›Greisin‹ und ›Greis‹, einst Ehrentitel, sind verpönt und von einer obskuren Instanz aus der Sprache entfernt worden.«
111 Vgl. die Erläuterungen bei Michaela Puzicha, Kommentar zur Vita Benedicti, S. 103f; dort sind viele Parallelen aus Bibel und frühchristlicher Literatur angegeben. Außerdem Ernst Robert Curtius, Puer senex, 12f.; ebenso ders., Knabe und Greis, Greisin und Mädchen, S. 108–115.
112 Vgl. oben die Einleitung und das Kapitel »Wenn die Reife verfehlt wird«.
113 Unmittelbar danach lesen wir den Bericht von der Verkündigung Jesu und der Geburt aus der Jungfrau, die ebenso unmöglich erscheint wie die Geburt aus dem gealterten Schoß. Auch hier deutet die Geburt über die natürlichen Zusammenhänge hinaus auf ein neues, übernatürliches Leben für alle Menschen.
114 Bénézet Bujo, Die ethische Dimension der Gemeinschaft, S. 189.
115 Ebd.
116 Vgl. ebd. das Sprichwort und die Erläuterungen.
117 Ebd., S. 190. Vgl. zur Bedeutung des rechtzeitigen und friedlichen Ausscheidens aus dem Amt die ausführlichen Erläuterungen bei P. N. Wachege, Living to Die, Dying to live, S. 92–96.
118 In manchen afrikanischen Traditionen haben Menschen, die impotent sind oder deren sexuelle Fähigkeiten im Alter erloschen sind, trotz der sonst enormen Bedeutung biologischer Fruchtbarkeit eine besondere gesellschaftliche und religiöse Rolle als Vermittler zur jenseitigen Welt. Diese Unfruchtbaren werden also auch auf einer höheren Ebene fruchtbar. Vgl. dazu Laurenti Magesa, Ethik des Lebens, S. 153.

119 Worte der Erfahrung, S. 76f.
120 Ingrid Riedel, Die innere Freiheit des Alterns, S. 124.
121 Ebd.
122 Ebd., S. 125.
123 Die Gegenwart alter Mönche und Nonnen, S. 213.
124 Vgl. oben das Kapitel »Ins Alter hineinreifen«.
125 Basilius von Caesarea, Die Mönchsregeln, S. 302f (200. Frage).
126 Erich Rommerskirch, Geschenk des Vertrauens. Gertrud von Le Fort, S. 117.
127 Ebd., S. 116f.
128 Velma Wallis, Zwei alte Frauen. Eine Legende von Verrat und Tapferkeit, S. 24f.
129 Ebd., S. 34.
130 Ebd., S. 36ff.
131 Ebd., S. 110.
132 Vgl. Wolfgang Beinert, Kann man dem Glauben noch trauen? Grundlagen theologischer Erkenntnis, besonders S. 21–48, wo dazu eine große Zahl von Beispielen aus der Geschichte erläutert wird, bis hin zu nachträglichen Korrekturen im neuen Katechismus der katholischen Kirche.
133 Heilige Vergänglichkeit, S. 27.
134 Von der Unbegreiflichkeit Gottes, S. 27.
135 Frömmigkeit früher und heute, S. 22.
136 Heilige Vergänglichkeit, S. 26.
137 Von der Unbegreiflichkeit Gottes, S. 27.
138 Vgl. dazu Ludger Schwienhorst-Schönberger, Ein Weg durch das Leid. Die Theodizeefrage im Alten Testament, bes. S. 39–47.
139 Vgl. Fidelis Ruppert, Geistlich kämpfen lernen, S. 68f; 74–76. Außerdem ders., Meditatio – Ruminatio. Zu einem Grundbegriff christlicher Meditation.
140 Johanna Domek, Benediktinische Frauen bewegen die Welt, S. 116.
141 Vgl. das Kapitel »Schmerzen der Vergangenheit zulassen«.
142 Vgl. dazu vor allem das Kapitel »Die Entrümpelung des Unbewussten«, in: Thomas Keating, Das Gebet der Sammlung, S. 109–129. Weitere hilfreiche Ergänzungen in ders., Das kontemplative Gebet, passim.
143 Vgl. z. B. auch die Hinweise auf das Willkommensgebet in: Thomas Keating, Das Gebet der Sammlung, 184f. und die ausführlicheren Darlegun-

gen dazu bei Cynthia Bourgeault, Centering Prayer and Inner Awakening, S. 135–150.
144 Ich bin ein ratlos Suchender, S. 40.
145 Ebd.
146 Ebd.
147 Ebd., S. 41.
148 Ebd., S. 42.
149 Vgl. Detlef Wendler, Vom Glück des Gehens. Ein Weg zur Lebenskunst (mit vielen Literaturangaben).
150 Vgl. Henry David Thoreau, Vom Spazieren, S. 6; 87.
151 Gedanken 301 (Nr. 610). Den Hinweis auf Blaise Pascal verdanke ich Guntram Förster vom Zentrum für Augustinusforschung in Würzburg.
152 Vgl. die ironisch-spöttischen Bemerkungen von Hans-Georg Wiedemann, Altern ist (k)eine Achterbahn, S. 55–57, über Menschen, welche die Gesundheit in den Mittelpunkt ihres Lebens zu stellen scheinen.
153 Die Stille der Zeit. Gedanken zum Älterwerden, S. 9.
154 Ebd., S. 13.
155 Ebd., S. 20.
156 Ebd., S. 21.
157 Ebd., S. 110.
158 Heilige Vergänglichkeit, S. 16,17.
159 Ebd., S. 20.
160 Ebd.
161 Ebd., S. 27.
162 Ebd., S. 28.
163 Vgl. dazu auch oben die Zitate zu Anmerkung 133 und 136.
164 Ebd., S. 38.
165 Vgl. Mary C. Earle, Beginning again. Benedictine Wisdom for Living with Illness, S. 13–19; 33–38 (jeweils in der Übersetzung des Autors).
166 Ebd., S. 9.
167 Ebd., S. 1.
168 Vgl. dazu Anselm Grün – Meinrad Dufner, Spiritualität von unten.
169 Vom Richtigen im Falschen, S. 26.
170 Der Große Fall, S. 232.
171 So der Titel eines Hörbuches von Erich Schützendorf.
172 Peter Gross, Karin Fagetti, Glücksfall Alter, S. 27.

173 Vgl. die Hinweise ebd., S. 24–34. Ebenso Jonathan Franzen, Das Gehirn meines Vaters, S. 30–32.
174 Walter Jens, Hans Küng, Menschenwürdig Sterben. Ein Plädoyer für Selbstverantwortung. Mit einem Text von Inge Jens, S. 210.
175 Der alte König in seinem Exil, S. 17.
176 Ebd., S. 173.
177 Ebd., S. 186.
178 Ebd., S. 179.
179 Ebd., S. 189.
180 Ebd.
181 Athanasius von Alexandrien, Leben des heiligen Antonius, S. 774 (Kapitel 91).
182 Weitere Hinweise dazu aus dem alten Mönchtum bei Georg Holzherr. Die Benediktsregel, S. 103f.
183 Vgl. Philosophie als Lebensform, S. 53–59.
184 Zur genauen Fundstelle dieses und der folgenden Zitate vgl. ebd., S. 55 und 194.
185 Vgl. dazu Placidus Berger, Ars Moriendi. Die Kunst des Lebens und des Sterbens. Dort wird auch weiterführende Literatur angegeben.
186 Vgl. oben das gleichnamige Kapitel.
187 Bernhard Meuser, Christsein für Einsteiger, 180–185, erzählt über seine beiden Großmütter, die Sterbekreuz und Sterberosenkranz immer auf dem Nachttisch liegen hatten und täglich mit der Familie um eine »gute Sterbestunde« beteten.
188 Vgl. z. B. die ausgewogenen Darlegungen in Peter Groß, Karin Fagetti, Glücksfall Alter, S. 151–161; Gian Domenico Borasio, Über das Sterben. Was wir wissen. Was wir tun können. Wie wir uns darauf einstellen, S. 159–175.
189 Vgl. besonders Gian Domenico Borasio, Über das Sterben. Was wir wissen. Was wir tun können. Wie wir uns darauf einstellen. Dort finden sich auch zahlreiche Literaturangaben.
190 Vgl. Sophronia Feldhohn – Jakobus Kaffanke, Sich täglich den Tod vor Augen halten. Sterbeberichte früher Mönche und Nonnen.
191 Athanasius von Alexandrien, Leben des heiligen Antonius, S. 775 (Kapitel 92).
192 Gregor der Große, Der heilige Benedikt, S. 199 (Kapitel 37).
193 Tanzen heißt auferstehen. Letztes Tagebuch, S. 14.

194 Ebd., S. 62.
195 Ebd., S. 63.
196 Ebd., S. 64.
197 Zum theologischen und anthropologischen Grundverständnis des Alters, S. 321.
198 Der Text war im Internet dokumentiert.
199 Vgl. die Veröffentlichungen von Thomas Keating im Literaturverzeichnis.
200 You have to let go of everything that you've treasured and loved, whether in your ministry, in your talents, or in your aspirations.
201 Crushed as he was in body and mind beyond repair in the car accident.
202 Terrible trials like mental illness, oppression, poverty, violence and all the horrors associated with them.
203 I give myself over completely to God's will and to the love of Jesus and Mary.
204 Servant leadership, the capacity to lead out of powerlessness. And this, I suggest, is or will be the most effective form of leadership in the world of the future. People have enough of pride, pretension, power, and especially violence.
205 Eindrucksvoll hat Keating in dieser Predigt auch vom Gründerabt Edmond Futterer gesprochen, dessen Leben nach überbordenden Aktivitäten ähnlich tragisch verlief wie das von Abt Basil. Er sagt über diese tragische Endphase: »The ultimate best use of talents seems to be to sacrifice them. You may not like to hear this but i'm afraid that is the truth.«
206 Selig die Suchenden, S. 116.
207 Dieser Brauch ist allerdings auch in unserer Kultur nicht ganz unbekannt. Vgl. den Bericht über den Segen des sterbenden Vaters für seinen noch jungen Sohn bei: Fulbert Steffensky, Segnen – Skizzen zu einer Geste, S. 47.
208 Vgl. beispielsweise Monika Renz, Hinübergehen. Was beim Sterben geschieht. Annäherungen an letzte Wahrheiten unseres Lebens. Ebenso Gian Domenico Borasio, Über das Sterben. Was wir wissen. Was wir tun können. Wie wir uns darauf einstellen.
209 Eva M. Welskop-Deffaa, Watch the gap. Politik für eine Gesellschaft des langen Lebens, S. 37.
210 Vgl. ebd., S. 38.
211 Davon war am Ende des vorigen Kapitels die Rede.
212 »De ipso quippe profectu ait apostolus: ›etsi exterior homo noster corrumpitur, sed interior renovatur de die in diem.‹ Non sic proficiamus ut ex novis

veteres efficiamur, sed ipsa novitas crescat.« Den Hinweis auf diese Fundstelle verdanke ich P. Cornelius Mayer OSA vom Institut für Augustinusforschung in Würzburg.

213 Hanns Georg Wiedemann, Altern ist (k)eine Achterbahn, S. 52f.
214 Jörg Zink, Die Stille der Zeit, Gedanken zum Älterwerden, S. 45.
215 Vgl. dazu Rupert Fetsch, »Zur Reinheit des Herzens« bei Johannes Cassian, S. 200f. Ebenso Gerd Summa, Von der Wüste zur klösterlichen Zelle, S. 174f.
216 David Steindl-Rast, Und ich mag mich nicht bewahren. Vom Älterwerden und Reifen, S. 6.
217 Vgl. Silja Walter, Tanzen heißt auferstehen. Letztes Tagebuch, S. 6.
218 Ebd., S. 26.
219 Vgl. Ingrid Riedel, Die innere Freiheit des Alterns, S. 72: »Das Heute, das Jetzt ist die eigentliche Zeit des alternden Menschen, in dem er gelassen und unerschrocken auf ein immer mögliches letztes Mal zugehen kann. Das Jetzt ist aber auch die eigentliche Zeit des Menschen in jeder seiner Lebensphasen ... Der staunende Ausspruch, es sei ja immer Heute, den eine damalige Studienfreundin in jungen Jahren machte, ging mir nie mehr aus dem Sinn.«
220 Vgl. dazu Richard Rohr, Pure Präsenz. Sehen lernen wie die Mystiker. Im englischen Original heißt der Titel »The Naked Now« – Das nackte Jetzt.
221 Fjodor Dostojewskij, Die Brüder Karamasow (6. Buch, 2. Kapitel), S. 470.
222 Vgl. dazu P. N. Wachege, Living to Die, Dying to Live. African Christian Insights, S. 90.
223 Vgl. dazu oben am Ende des Kapitels »Ins Alter hineinreifen«.
224 Isaak von Antiochien, Gedicht über die Nachtwachen zu Antiochien, S. 215.
225 Johannes Cassian, Unterredungen mit den Vätern 140 (Collatio 4,2). Vgl. dazu auch Gerd Summa, Von der Wüste zur klösterlichen Zelle, S. 174f.; dort auch weitere Angaben zu ähnlichen Stellen bei Cassian.
226 Sr. Mirijam Schaeidt, Aufbrüche. Geschichte der Trierer Benediktinerinnen vom Heiligsten Sakrament, S. 7.
227 Evangelisches Gesangbuch, S. 396.